# GRAMMAIRE FRANÇAISE *PLUS!*

Cahier pratique

Quatrième édition

Sous la direction de
Hélène Poulin-Mignault
Université McGill

avec la collaboration de
Hélène Riel-Salvatore
Université McGill

**THOMSON**
**NELSON**

Australia   Canada   Mexico   Singapore   Spain   United Kingdom   United States

**THOMSON**

**NELSON**

**Grammaire française plus,
Cahier pratique, 4e édition**

Sous la direction de Hélène Poulin-Mignault
Avec la collaboration de Hélène
Riel-Salvatore

Jean-Philippe Aubert, Cécile Fay-Baulu,
Jean Fletcher, Marie-Noëlle Legoux, Irène
Saliba-Rigal, Barbara Sheppard, Gilles Six

**Associate Vice President,
Editorial Director:**
Evelyn Veitch

**Acquisitions Editor:**
Scott Couling

**Marketing Manager:**
Heather Leach

**Developmental Editor:**
Katherine Goodes, My Editor

**Production Editor:**
Tannys Williams

**Proofreader:**
Loïc Hervouet

**Manufacturing Coordinator:**
Loretta Lee

**Design Director:**
Ken Phipps

**Interior Design:**
Katherine Strain

**Cover Design:**
Katherine Strain

**Compositor:**
Carol Magee

**Printer:**
Webcom

**COPYRIGHT © 2008** by Nelson, a division of Thomson Canada Limited.

Printed and bound in Canada
1 2 3 4 10 09 08 07

For more information contact Nelson, 1120 Birchmount Road, Toronto, Ontario, M1K 5G4. Or you can visit our Internet site at http://www.nelson.com

ISBN-10: 0-17-610486-0
ISBN-13: 978-0-17-610486-3

**ALL RIGHTS RESERVED.** No part of this work covered by the copyright herein may be reproduced, transcribed, or used in any form or by any means—graphic, electronic, or mechanical, including photocopying, recording, taping, Web distribution, or information storage and retrieval systems—without the written permission of the publisher.

For permission to use material from this text or product, submit a request online at www.thomsonrights.com

Every effort has been made to trace ownership of all copyrighted material and to secure permission from copyright holders. In the event of any question arising as to the use of any material, we will be pleased to make the necessary corrections in future printings.

**Library and Archives Canada Cataloguing in Publication**

Grammaire française plus : cahier pratique / sous la direction de Hélène Poulin-Mignault avec la collaboration de Hélène Riel-Salvatore. - 4e éd.

For English-speaking students of French.

Supplement to: Beaudoin, Martin, 1965- Grammaire française, 4e éd.

ISBN 978-0-17-610486-3

1. French language—Grammar—Problems, exercises, etc.

2. French language—Textbooks for second language learners—English speakers.

I. Mignault, Hélène  II. Riel-Salvatore, Hélène

PC2105.B42 2007 Suppl. 448.2'421
C2007-902927-2

# Introduction

*Grammaire française plus* s'adresse plus particulièrement aux étudiants* qui se débrouillent relativement bien à l'oral, mais qui font encore de nombreuses erreurs qu'ils n'arrivent pas à corriger. Qu'ils soient anglophones, francophones ou allophones, le problème est le même : ils perçoivent la langue globalement et ignorent presque tout des grandes catégories grammaticales sous-jacentes à cette langue. Sans la connaissance de la structure interne de la phrase, il leur est impossible de se corriger. Leurs erreurs sont devenues des automatismes qui les empêchent de progresser.

Traditionnellement, on pouvait, jusqu'à un certain point, miser sur la connaissance que les étudiants avaient des grandes catégories grammaticales dans leur langue maternelle. Cependant, force nous est de constater que cette connaissance ne va plus de soi. C'est ce qui explique, du moins en partie, que les besoins des anglophones correspondent à ceux des francophones ou des allophones issus d'un milieu bilingue (et même trilingue) qui ont fait une bonne partie sinon toutes leurs études en anglais ou dans une autre langue que le français. Malgré leur connaissance intuitive du français, ces étudiants accusent souvent les mêmes lacunes que les anglophones. En réalité, ils ne connaissent bien aucune des langues qu'ils parlent et comprennent : ce sont, en quelque sorte, des « nilingues » souvent frustrés de n'avoir de prise réelle sur aucune langue.

L'approche traditionnelle qui consiste à présenter successivement les pronoms personnels, les temps du passé, les démonstratifs, le subjonctif, donc une série de points de grammaire sans lien fonctionnel entre eux, renvoie les étudiants à une image fragmentée de la langue. Or, ce qu'ils comprennent et qui retient leur attention, c'est la globalité du message. Si on veut les amener à produire une phrase correcte et cohérente, il faut donc partir de cet acquis pour les rendre conscients des grandes catégories grammaticales de la langue ainsi que des rapports d'interdépendance qui existent entre les différents éléments de la phrase.

Le principe de cohérence découlant directement des relations fonctionnelles entre les mots, nous avons adopté une approche qui fournit simultanément une vision synthétique, analytique et fonctionnelle de la langue. La présentation de la matière par concepts (nature et fonction des mots dans la phrase, notion de genre, modalité, place des mots dans la phrase, etc.) comporte plusieurs avantages :

1. Elle permet une répartition facile de la matière sur un, deux ou même trois trimestres de l'année scolaire;
2. Elle se prête à une utilisation « à la carte » des chapitres comme compléments à un cours d'expression orale;
3. Elle convient à l'approche cyclique ou en spirale que nous avons choisi d'adopter.

La phrase est d'abord présentée comme un ensemble cohérent dont chaque élément a une nature et une fonction déterminée par le contexte de cette phrase.

Du point de vue de la forme, les éléments de la phrase sont divisés en mots variables et en mots invariables.

Du point de vue de l'analyse des fonctions, on distingue les mots de base (nom et pronom, verbe); les mots descriptifs (adjectif, adverbe); les mots déterminatifs (article, déterminants démonstratif, possessif, interrogatif et indéfini); les mots charnières (préposition, conjonction).

*Le genre masculin est employé dans le seul but d'alléger le texte.

**La nature et la fonction des mots dans la phrase**

```
                                              ┌─ Les déterminants
                   ┌─ Les noms (les pronoms) ─┤
                   │                          └─ Les adjectifs qualificatifs
   ┌─ Les mots variables ─┤
   │               └─ Les verbes
La phrase ─┤
   │               ┌─ Les prépositions
   └─ Les mots invariables ─┤─ Les conjonctions
                   └─ Les adverbes
```

L'approche adoptée dans les chapitres est une approche cyclique ou en spirale. Elle consiste à introduire progressivement les éléments, en insistant d'abord sur leur nature et sur leur fonction dans la phrase, et à les reprendre par la suite afin d'en étudier les formes variées.

Par exemple, dans le *chapitre 2*, nous abordons essentiellement tous les éléments qui se rapportent au *nom*: les articles, les déterminants (démonstratifs, possessifs, interrogatifs, indéfinis), ainsi que les *pronoms* parce qu'ils remplacent le nom. La notion de *genre* permet d'introduire le concept de « variabilité » pour chacune de ces catégories; en effet, le genre du nom modifie la forme de tous les éléments qui, d'une manière ou d'une autre, se rattachent au nom.

Par ailleurs, le fait de présenter, en parallèle, le nom, le déterminant et l'adjectif, illustre bien les concepts de nature et de fonction des mots.

Les *adjectifs qualificatifs* sont repris plus en détail dans le *chapitre 9* où nous expliquons la place des mots dans la phrase.

Les *pronoms* sont repris dans le *chapitre 7* qui leur est entièrement consacré.

Dans le *chapitre 3*, nous étudions l'élément de base de la phrase: le *verbe*. Avant de songer à présenter les modes et la concordance des temps, il fallait d'abord s'assurer que les conjugaisons étaient acquises. De plus, comment mieux faire ressortir la « variabilité » du verbe, sinon par la conjugaison?

Le verbe est ensuite repris dans les *chapitres 4* (Le mode), *5* (L'interrogation et Le discours indirect) et *6* (La concordance des temps).

Dans le *chapitre 8*, nous définissons d'abord la *préposition* en l'opposant à la *conjonction*. Nous reprenons ensuite les prépositions (surtout **à** et **de**) et leurs compléments (noms, verbes). Nous insistons tout particulièrement sur les constructions de verbes qui sont fondamentales pour la correction syntaxique de la phrase.

Dans le *chapitre 9*, nous reprenons la phrase en insistant sur la *place des mots*. Nous introduisons *l'adverbe* puisque c'est l'élément le plus mobile de la phrase, sa place pouvant modifier le sens du verbe, de l'adjectif, d'un autre adverbe ou même de toute la phrase. Nous reprenons *l'adjectif qualificatif* (qui sert à former l'adverbe) puisqu'il peut changer de sens selon la place qu'il occupe, avant ou après le nom. Nous revoyons aussi le *pronom* dont la place change dans les différents types de phrases (déclarative, interrogative, impérative, infinitive).

Dans le *chapitre 10*, en abordant la *phrase négative*, nous reprenons tout ce qui a été vu précédemment: il sert ainsi de révision et de synthèse.

# Plan

Chaque chapitre est une unité indépendante qui comprend :

— une table des matières,

— une définition des objectifs,

— une introduction,

— un test préliminaire,

— le corrigé du test préliminaire,

— des exercices,

— le corrigé des exercices.

Dans l'*introduction*, nous nous référons au titre du chapitre en présentant l'idée, le concept ou la notion qui en constitue le noyau. Par exemple, dans l'introduction du *chapitre 1*, nous parlons essentiellement des concepts de nature et de fonction des mots dans la phrase; dans celle du *chapitre 2*, nous donnons une vue sommaire de la notion de genre en français; dans celle du *chapitre 4*, nous introduisons l'idée de mode; dans celle du *chapitre 6*, nous définissons le principe de la concordance des temps.

Le *test préliminaire* correspond point par point à la matière contenue dans le chapitre. Il doit permettre aux étudiants d'évaluer leurs connaissances ainsi que la somme de travail qu'ils devront fournir. En ce sens, le test préliminaire est une sorte de baromètre ou de pré-évaluation.

Le *chapitre* proprement dit est une feuille de route et non une grammaire. Il renvoie d'ailleurs à la *Grammaire française*\*, 4e édition de Jacqueline Ollivier et Martin Beaudoin. Il doit servir de guide aux étudiants en soulignant pour eux les points importants et en sélectionnant les explications et les exercices pertinents. Il fournit, au besoin, des mises en garde, des éclaircissements ou des remarques en vue de simplifier, dans la mesure du possible, la matière à assimiler. En ce qui concerne les exercices contenus dans le chapitre, la démarche pédagogique est toujours la même : les difficultés sont d'abord isolées, chacune faisant l'objet d'un exercice à part, puis réunies dans un exercice-synthèse. Les étudiants sont renvoyés à la *Grammaire française* pour certains exercices se prêtant à cette démarche et que le professeur pourra choisir de corriger en classe.

**NB :** Les rectifications orthographiques adoptées sous forme de recommandations par l'Académie française en 1990 commencent à peine à être utilisées et force nous est de constater que pour l'heure, elles tendent plutôt à déstabiliser ou à déconcerter bien des enseignants, tout en favorisant chez l'étudiant l'utilisation simultanée et arbitraire des deux orthographes, l'ancienne et la nouvelle, souvent dans un même texte. Peu de dictionnaires privilégient la nouvelle graphie au mot entrée, la plupart se contentant de fournir, sous forme de tableau en fin de rubrique, les deux orthographes côte à côte. C'est pourquoi dans ce cahier, nous avons maintenu l'orthographe traditionnelle. Vous trouverez la liste des rectifications orthographiques dans *Grammaire française*, p. 526-529, Appendice I. Pour celles qui touchent la forme de certains verbes en particulier, consultez aussi le *Bescherelle* qui donne l'orthographe traditionnelle tout en proposant les variantes clairement identifiées.

---

\*Pour alléger le texte, nous avons abrégé la référence à la grammaire de Jacqueline Ollivier et Martin Beaudoin en n'utilisant que la mention *Grammaire française*.

Voici la notice bibliographique complète : OLLIVIER, Jacqueline et Martin BEAUDOIN. *Grammaire française, 4e édition,* Montréal, Nelson (Thomson Canada Limited), 2004, 487 p.

# Table des matières

**Chapitre 1**  **La nature et la fonction des mots dans la phrase**  1
Objectifs  2
Introduction  2
Test préliminaire  3
Corrigé du test préliminaire  7
I.   La phrase  9
    A. Les propositions  9
    B. Comment reconnaître les propositions  9
II.  Les mots variables et les mots invariables  11
    A. La nature des mots variables  12
        1. Le verbe  12
        2. Le nom  14
        3. Le déterminant  15
        4. L'adjectif qualificatif  16
        5. Le pronom  16
    B. La fonction des mots variables  17
        1. Le sujet  17
        2. Les compléments du verbe  18
    C. La nature et la fonction des mots invariables  19
        1. La préposition  19
        2. La conjonction  19
        3. L'adverbe  19
    D. Synthèse  20
Corrigé des exercices  22

**Chapitre 2**  **La notion de genre**  27
Objectifs  27
Introduction  27
Test préliminaire  29
Corrigé du test préliminaire  31
I.   Les déterminants et les pronoms  32
    A. Les articles  32
    B  Les déterminants et les pronoms démonstratifs  35
    C. Les déterminants et les pronoms possessifs  36
    D. Les déterminants et les pronoms indéfinis  37
    E. Les déterminants et les pronoms interrogatifs  38
    F. Les pronoms relatifs  40
    G. Les pronoms personnels  40
II.  Le participe passé  42
III. Les adjectifs qualificatifs  44
Corrigé des exercices  49

**Chapitre 3**  **La conjugaison des verbes**  53
    Objectifs  53
    Introduction  54
    Test préliminaire  55
    Corrigé du test préliminaire  59
    Tableau récapitulatif des temps  60
    **I.**  Le présent de l'indicatif  60
        **A.** La conjugaison  60
            **1.** Les groupes de verbes  60
            **2.** Les verbes groupés selon leur forme au présent  61
        **B.** Les formes dérivées  66
            **1.** L'impératif  66
            **2.** Le participe présent  68
            **3.** L'imparfait  68
            **4.** Le subjonctif présent  70
    **II.**  L'infinitif présent  72
        **A.** Le futur simple  73
        **B.** Le conditionnel présent  74
    **III.**  Les temps composés  76
        **A.** Le participe passé et la voix passive  76
        **B.** Le choix de l'auxiliaire  77
        **C.** L'accord du participe passé  78
            **1.** Les verbes conjugués avec l'auxiliaire *être*  78
            **2.** Les verbes conjugués avec l'auxiliaire *avoir*  78
            **3.** Les verbes pronominaux  79
        **D.** Les formes des temps composés  79
            **1.** Le passé composé  79
            **2.** Le plus-que-parfait  82
            **3.** Le futur antérieur  83
            **4.** Le conditionnel passé  84
            **5.** Le subjonctif passé  85
    Corrigé des exercices  86

**Chapitre 4**  **Le mode**  93
    Objectifs  93
    Introduction  93
    Test préliminaire  95
    Corrigé du test préliminaire  99
    **I.**  L'indicatif ou le subjonctif ?  99
        **A.** Les verbes et les locutions déterminant le mode de la subordonnée  99
        **B.** Les conjonctions déterminant le mode de la subordonnée  102
    **II.**  L'impératif  107
    **III.**  Le rapport entre l'impératif et le subjonctif  112

  **IV.** Le conditionnel 116
   **A.** Les phrases de condition 116
   **B.** L'interrogation indirecte 119
  Corrigé des exercices 123

**Chapitre 5** **L'interrogation Le discours indirect 127**
  Objectifs 127
  Introduction 128
  Test préliminaire 129
  Corrigé du test préliminaire 133
  **I.** L'interrogation 133
   **A.** Les phrases interrogatives à réponse simple 134
   **B.** Les phrases interrogatives à réponse complexe 134
    **1.** La manière (la façon d'être ou de faire) 135
    **2.** La quantité (le prix, la distance) 135
    **3.** Le temps (l'heure, le moment, la durée) 135
    **4.** *Quelqu'un* ou *quelque chose* 137
  **II.** Le discours indirect 139
   **A.** Le discours indirect au présent 140
    **1.** Les phrases déclaratives 140
    **2.** Les phrases impératives 140
    **3.** Les phrases interrogatives 141
   **B.** Le discours indirect au passé 144
    **1.** Les changements de temps des verbes 144
    **2.** Les changements des expressions de temps 145
  Corrigé des exercices 147

**Chapitre 6** **La concordance des temps 151**
  Objectifs 151
  Introduction 151
  Test préliminaire 153
  Corrigé du test préliminaire 155
  **I.** Les temps de l'indicatif 155
   **A.** Le présent 155
   **B.** Le futur simple et le futur antérieur 156
   **C.** Les temps du passé: le passé composé, l'imparfait, le plus-que-parfait 157
    **1.** Le passé composé 157
    **2.** L'imparfait 157
    **3.** Le plus-que-parfait 158
   **D.** L'emploi des temps avec *depuis, il y a... que, il y a* 162
   **E.** Les temps du conditionnel (supposition et condition) 164
  **II.** Les temps dans les autres modes 166
   **A.** Les temps du subjonctif 166
   **B.** Les temps de l'infinitif 167
  Corrigé des exercices 168

**Chapitre 7**  **Les pronoms**  171
    Objectifs  171
    Introduction  172
    Test préliminaire  173
    Corrigé du test préliminaire  177
    **I.** Les pronoms personnels  177
        **A.** Les pronoms personnels CD et CI  178
        **B.** Les pronoms *y* et *en*  180
        **C.** Les pronoms disjoints (toniques)  183
            **1.** L'emploi des pronoms disjoints (toniques) comme compléments indirects  184
            **2.** Les pronoms disjoints (toniques) avec les verbes pronominaux  185
            **3.** Les pronoms disjoints (toniques) compléments adverbiaux ou en apposition  186
    **II.** Les pronoms relatifs  188
        **A.** Les pronoms *qui* et *que*  188
        **B.** Les pronoms compléments introduits par une préposition  189
        **C.** Le pronom *où*  189
        **D.** Les pronoms *ce qui, ce que, ce dont*  190
    **III.** Les pronoms indéfinis  192
        **A.** Le pronom indéfini *autre*  193
        **B.** Le pronom indéfini *chacun*  193
        **C.** Le pronom indéfini *certain*  193
        **D.** Le pronom indéfini *on*  194
        **E.** Les pronoms indéfinis *plusieurs, quelqu'un, quelques-un(e)s, quelque chose, tout*  195
    Corrigé des exercices  197

**Chapitre 8**  **Les prépositions**  201
    Objectifs  201
    Introduction  201
    Test préliminaire  203
    Corrigé du test préliminaire  207
    **I.** La définition de la préposition  207
    **II.** Comment reconnaître une préposition  208
    **III.** La forme du verbe après une préposition  209
    **IV.** Comment choisir la bonne préposition  209
        **A.** Une même préposition peut exprimer différents rapports  209
        **B.** Plusieurs prépositions peuvent exprimer un même rapport  219
    **V.** Le verbe et son complément  221
    **VI.** L'adjectif et son complément  233
    Corrigé des exercices  236

**Chapitre 9**   **La place des mots dans la phrase**   241
    Objectifs   241
    Introduction   241
    Test préliminaire   243
    Corrigé du test préliminaire   247
    **I.** La place de l'adjectif qualificatif   247
        **A.** La règle générale   248
        **B.** Les changements de sens selon la place de l'adjectif   252
    **II.** La formation et la place de l'adverbe   255
        **A.** La formation de l'adverbe   255
        **B.** La place de l'adverbe   256
    **III.** La place des pronoms personnels   261
        **A.** Le pronom sujet   261
        **B.** Le pronom complément   261
    Corrigé des exercices   264

**Chapitre 10**   **La négation**   269
    Objectifs   269
    Introduction   269
    Test préliminaire   271
    Corrigé du test préliminaire   275
    **I.** Les fonctions des mots négatifs   275
        **A.** Les adverbes négatifs   277
            **1.** La négation simple : *ne... pas*   277
            **2.** Les autres négations   279
            **3.** La forme restrictive : *ne... que*   281
        **B.** Les déterminants et les pronoms négatifs   283
        **C.** Les conjonctions négatives   288
    **II.** La négation multiple   290
    **III.** La négation dans les phrases impérative et infinitive   292
        **A.** La phrase impérative négative   292
        **B.** La phrase infinitive négative   292
        **C.** La phrase interrogative négative   294
    Corrigé des exercices   295

# CHAPITRE 1
## La nature et la fonction des mots dans la phrase
### Hélène Poulin-Mignault   Irène Saliba-Rigal

## Table des matières
Objectifs   2
Introduction   2
Test préliminaire   3
Corrigé du test préliminaire   7

I. La phrase   9
   A. Les propositions   9
   B. Comment reconnaître les propositions   9
      Exercices   9
II. Les mots variables et les mots invariables   11
   A. La nature des mots variables   12
      1. Le verbe   12
         a. L'auxiliaire   12
         b. Le participe passé   12
         c. L'accord du participe passé   12
            Exercice   13
         d. Le verbe transitif   14
         e. Le verbe intransitif   14
         f. Le verbe pronominal   14
      2. Le nom   14
         Exercice   14
      3. Le déterminant   15
         Exercice   15
      4. L'adjectif qualificatif   16
         Exercice   16
      5. Le pronom   16
         a. Le pronom personnel   16
         b. Le pronom démonstratif   16
         c. Le pronom possessif   17
         d. Le pronom indéfini   17
         e. Le pronom relatif   17
         f. Le pronom interrogatif   17
   B. La fonction des mots variables   17
      1. Le sujet   17
         Exercice   17
      2. Les compléments du verbe   18
         a. Le complément direct   18
         b. Le complément indirect   18
         c. Le complément adverbial   18
         d. L'attribut   18
            Exercice   18
   C. La nature et la fonction des mots invariables   19
      1. La préposition   19
      2. La conjonction   19
         a. La conjonction de coordination   19
         b. La conjonction de subordination   19
      3. L'adverbe   19
         Exercice   20
   D. Synthèse   20
      Exercice   21
Corrigé des exercices   22

# Objectifs

1. Donner une définition simple des termes grammaticaux courants.
2. Étudier la nature et la fonction des mots dans une phrase.
3. Voir comment et pourquoi certains mots varient d'une phrase à une autre.

# Introduction

Vous savez dire beaucoup de choses en français, mais vos interlocuteurs ont souvent du mal à comprendre exactement ce que vous essayez d'exprimer. Vous avez appris le français instinctivement, « par oreille », mais vous connaissez mal son code écrit. Vous avez de la difficulté à conjuguer et à choisir le temps et le mode appropriés. Vous avez atteint une sorte de plateau et ne semblez plus capable de faire des progrès en français.

Alors, il faut parler grammaire; car toute langue est un système bien organisé comportant des règles qui en déterminent l'usage.

Dans ce chapitre, nous tenterons d'analyser avec vous la structure interne de la phrase, en français, afin d'illustrer pour vous les rapports fonctionnels qui existent entre les mots. En d'autres termes, nous allons apprendre à « décomposer » la phrase globale pour étudier de plus près le fonctionnement de ses éléments les uns par rapport aux autres.

Dans la phrase, il y a deux grandes catégories de mots : les mots variables et les mots invariables. Ces mots ont une **nature** (verbe, nom, déterminant, adverbe, etc.) et une **fonction** (sujet, complément du verbe, attribut du sujet, etc.) dans une phrase donnée. Un mot peut garder la même nature et changer de fonction.

**Ex.**  Le **français** est facile.  (sujet)
J'aime le **français**.  (complément direct)
J'ai parlé à un **Français**.  (complément indirect)

Dans les phrases ci-dessus, le nom *français* est tour à tour sujet, complément direct (CD) et complément indirect (CI).

Les mots peuvent aussi changer de nature selon leur fonction dans la phrase.

**Ex.**  Connaissez-vous un bon restaurant **français** ?

Dans cette phrase, le mot *français* est adjectif puisque sa fonction est de qualifier le nom *restaurant*.

Très souvent, c'est la fonction d'un mot qui détermine sa nature; et la fonction d'un mot dépend du contexte de la phrase.

**Ex.**  Il danse **bien**. (Ici, le mot *bien* modifie le verbe *danser*, il est donc adverbe.)
Il souhaite le **bien** de tous. (Ici, le mot *bien* est le CD du verbe *souhaiter*, il est donc nom.)

La fonction d'un mot peut déterminer la forme qu'il prendra dans la phrase.

**Ex.**  C'est la voiture **que** j'ai achetée.
C'est la voiture **qui** est en panne.

Dans les phrases ci-dessus, le pronom relatif change de forme selon qu'il est CD *(que)* ou sujet *(qui)*.

Dans ce chapitre et dans les chapitres ultérieurs, ces notions deviendront progressivement plus claires pour vous.

# Test préliminaire

**I** *Combien y a-t-il de propositions dans la phrase suivante ? Récrivez chacune des propositions séparément. (20 points)*

Le document que tu m'as envoyé et dont je croyais avoir besoin n'est qu'un résumé incomplet qu'on ne pourra pas utiliser.

_____

_____

_____

_____

_____

**II** *Dans le texte ci-dessous, relevez les termes demandés. (10 × 3 points)*

L'Internet est-il en train de changer le monde ? Il y a quelques années, on ne se posait même pas la question. Aujourd'hui, elle paraît inévitable et s'accompagne d'une série d'autres interrogations quant à ses enjeux qui sont prodigieux. Économiquement, ils se calculent en milliards de dollars. Par exemple, le marché de l'éducation et de la formation à distance est parmi les plus importants au monde. Mais l'enjeu principal demeure l'évolution des sociétés à travers la formation des enfants et des adultes. Pour les pays en voie de développement, l'enseignement virtuel permettrait d'offrir à tous, où qu'ils soient, l'accès à des formations de haut niveau. On entrevoit déjà un savoir organisé, un savoir gratuit ou presque... au bout du clavier. La révolution a déjà commencé.

1. Un verbe conjugué : _____

2. Un verbe à l'infinitif : _____

3. Un adjectif qualificatif : _____

4. Un nom : _____

5. Un article : _____

6. Une préposition : _____

7. Un adverbe : _____

8. Un pronom relatif : _____

9. Un participe passé : _____

10. Un complément direct : _____

**III** *Accordez les participes passés, s'il y a lieu. (5 × 1 point)*

Marilyn est <u>rentré</u> _____ de voyage hier soir. Pour fêter son retour, ses amis ont <u>ouvert</u> _____ une bouteille de rhum et tous ont <u>bu</u> _____ et <u>dansé</u> _____ jusqu'au matin. Le lendemain, Marilyn n'est pas <u>allé</u> _____ travailler.

**IV** *Quelle est la nature et la fonction des mots soulignés ? (3 × 4 points)*

<u>Nous</u> leur avons dit de ne pas revenir.

_____

Vous <u>nous</u> avez téléphoné hier soir.

_____

Jacques et Marie <u>nous</u> invitent à leur soirée dimanche.

_____

**V** *Quelle est la fonction des mots soulignés ? (2 × 3 points)*

Les <u>malades</u> attendent l'<u>arrivée</u> du médecin.

_____

_____

**VI** *Quelle est la différence entre les deux mots soulignés ? (2 × 2 points)*

<u>Leurs</u> billets sont encore valables jusqu'à la fin du mois, mais pas <u>les nôtres</u>.

_____

_____

**VII** *Identifiez les mots soulignés (3 × 2 points) et dites ce qu'ils ont en commun. (3 points)*

« La seule chose qui nous sauve <u>de</u> la bureaucratie, c'est son inefficacité. Une bureaucratie efficace serait la <u>plus</u> grande menace <u>pour</u> la liberté. » (E. McCarthy)

_____

_____

_____

_____

**VIII** *Dites quelle est la différence entre les deux mots soulignés dans chacune des deux phrases. (4 × 2 points)*

On a jeté les fleurs fanées.

Nathalie est fière, car elle est arrivée première au test de grammaire.

**IX** *Dans la phrase suivante, trouvez les compléments de verbe; précisez le type de complément et dites à quel verbe il se rapporte. (3 × 2 points)*

J'ai envoyé un courriel à mes cousins qui vivent en France.

| Résultats |      |       |      |
|-----------|------|-------|------|
| I         | / 20 | VI    | / 4  |
| II        | / 30 | VII   | / 9  |
| III       | / 5  | VIII  | / 8  |
| IV        | / 12 | IX    | / 6  |
| V         | / 6  | Total | / 100|

NEL

# Corrigé du test préliminaire

## I

4 propositions
Le document n'est qu'un résumé incomplet
que tu m'as envoyé
et dont je croyais avoir besoin
qu'on ne pourra pas utiliser

## II

1. est / a / se posait / paraît / s'accompagne / sont / se calculent / est / demeure / permettrait / soient / entrevoit / a commencé
2. changer / offrir
3. inévitable / prodigieux / importants / principal / virtuel / haut / organisé / gratuit
4. Internet / monde / années / question / série / interrogations / enjeux / milliards / dollars / marché / éducation / formation / distance / monde / enjeu / évolution / sociétés / formation / enfants / adultes / pays / développement / enseignement / accès / formations / niveau / savoir / clavier / révolution
5. L' (Internet) / le (monde) / la (question) / une (série) / le (marché) / l' (éducation) / la (formation) / les (plus importants) / au (monde) / l' (enjeu) / l' (évolution) / des (sociétés) / la (formation) / des (enfants) / des (adultes) / les (pays) / l' (enseignement) / l'(accès) / des (formations) / un (savoir) / au (bout) / du (clavier) / La (révolution)
6. en train de (changer) / Il y a / d' (une série) / d' (autres interrogations) / quant à (ses enjeux) / en (milliards) / de (dollars) / Par (exemple) / de (l'éducation) / de (la formation) / à (distance) / parmi / au (monde) / des (sociétés) / à travers / des (enfants) / des (adultes) / Pour (les pays) / en voie de / d'(offrir) / à (tous) / à (des formations) / de (haut niveau) / au bout du (clavier)
7. ne (se posait) pas / même (pas) / Aujourd'hui / Économiquement / Par exemple / plus (importants) / (on entrevoit) déjà / presque / déjà (commencé)
8. qui (sont) / où (qu'ils soient)
9. organisé / commencé
10. le monde / la question / d'offrir / l'accès / un savoir

## III

rentrée, ouvert, bu, dansé, allée

## IV

pronom personnel, sujet du verbe *avons dit*
pronom personnel, CI du verbe *avez téléphoné*
pronom personnel, CD du verbe *invitent*

## V

sujet du verbe *attendent*
CD du verbe *attendent*

## VI

Leurs : déterminant possessif
les nôtres : pronom possessif

## VII

de : préposition
plus : adverbe
pour : préposition
Les trois mots sont invariables.

## VIII

<u>jeté</u> : participe passé du verbe *jeter*, forme le passé composé avec l'auxiliaire *avoir*
<u>fanées</u> : participe passé du verbe *faner*, utilisé comme adjectif
<u>est</u> fière : verbe *être* au présent de l'indicatif
<u>est</u> arrivée : auxiliaire *être*, aide à conjuguer le verbe *arriver* au passé composé

## IX

un courriel : CD du verbe *ai envoyé*
à mes cousins : CI du verbe *ai envoyé*
en France : complément adverbial du verbe *vivent*

# I. La phrase

## A. Les propositions

La **phrase** est l'énoncé complet d'une idée. Elle est *simple* ou *complexe*.
**Ex.** Partez ! (phrase simple)
L'été commence. (phrase simple)
Il installe le logiciel qu'il a acheté hier. (phrase complexe)

La phrase *simple* comprend *un seul verbe conjugué*. Cette phrase simple s'appelle aussi **proposition**.
**Ex. Répétez !**
Rien ne **va** plus !

La phrase *complexe* comprend *plusieurs verbes conjugués*, chacun formant la base d'une proposition distincte.
**Ex.** Serge **ira** à Vancouver parce qu'il y **a trouvé** un emploi. (deux propositions)

## B. Comment reconnaître les propositions

Pour trouver le nombre de propositions dans une phrase, il suffit de :

– repérer les verbes conjugués ;
– identifier les pronoms relatifs ou les conjonctions qui relient les propositions entre elles.
**Ex.** Le livre dont je vous **ai parlé** quand nous **nous sommes vus** au Salon du livre **a remporté** le prix Goncourt.

Dans cette phrase, il y a trois verbes conjugués, donc trois propositions. Le pronom relatif *dont* et la conjonction *quand* relient ces propositions entre elles.

La proposition principale est :

– Le livre a remporté le prix Goncourt

Les propositions subordonnées sont :

– dont je vous ai parlé
– quand nous nous sommes vus au Salon du livre

**EXERCICE I** *Dans le texte suivant, soulignez tous les verbes conjugués et encerclez les mots (pronoms relatifs et conjonctions) qui relient les propositions.*

### Légende acadienne

Deux vieillards s'aimaient d'amour tendre depuis de nombreuses années. Ils vivaient paisiblement dans un petit village reculé, perdu au fond de la campagne acadienne. Un soir, la vieille dame demande à son mari d'aller au magasin général acheter des fèves pour le souper. Au magasin, pendant qu'il attend son tour, il aperçoit au mur le portrait d'un vieillard dont l'apparence lui semble familière. Il s'approche un peu plus et s'exclame avec étonnement : « Mais c'est le portrait de mon défunt père ! Comment se fait-il que ce marchand ait dans son magasin le portrait de mon défunt père ? » Comme il n'a que très peu d'argent, il hésite à le dépenser pour acheter ce portrait. Néanmoins, l'envie d'avoir ce portrait l'emporte sur la raison et il rentre chez lui tout content de son acquisition. Comme il craint que sa vieille ne lui reproche cette folle dépense, il s'empresse d'aller cacher le portrait au grenier. Les jours suivants, il ne perd pas une occasion de monter admirer le fameux portrait, si bien que sa femme commence à se demander ce qu'il peut aller faire au grenier.

N'y tenant plus, elle profite d'une de ses sorties au village pour aller tenter d'éclaircir le mystère. Elle a tôt fait de repérer le fameux portrait. En le voyant, elle s'écrie, stupéfaite : « Ah ! le vilain ! Voilà qu'il me trompe à présent ! Et avec une vieille, laide et toute ratatinée ! Attendez un peu ! » Résolue de tirer cette histoire au clair, elle redescend à la cuisine et s'affaire à préparer le dîner en attendant son homme. Dès qu'il revient de sa promenade, elle s'empresse de lui dire, sur un ton de reproche :

— Comment, vieux coquin, oses-tu me tromper avec cette vilaine petite vieille toute plissée et laide comme un péché mortel ?

— Mais qu'est-ce que tu racontes ?

— Tu gardes son portrait au grenier, je t'ai vu monter l'admirer à plusieurs reprises.

— Mais tu fais erreur ma vieille, c'est le portrait de mon défunt père que j'ai acheté au magasin général. Tu ne trouves pas qu'il est beau ?

— Comment ! et tu oses me mentir par-dessus le marché ! Je te dis que je l'ai vu, ce portrait !

Après une discussion des plus animées, les deux vieillards montent au grenier et, ensemble, ils regardent le fameux portrait qui est à l'origine de toute cette émotion. Et c'est ainsi qu'ils découvrent, à la fois ahuris, incrédules et émerveillés, la magie du miroir.

## EXERCICE II

*Combien y a-t-il de propositions dans les phrases suivantes ? Récrivez chacune des propositions séparément.*

1. Les personnes qui deviennent pour nous des maîtres et dont nous nous souvenons toute notre vie sont souvent des êtres qui ont vécu intensément et dont la valeur n'a d'égal que l'humilité.

    Nombre de propositions : _____

    a. _____

    b. _____

    c. _____

    d. _____

    e. _____

2. Nous vivons, comme l'écrivait Catherine Dreyfus dans *Le Nouvel Observateur*, dans une « beautécratie » où la discrimination esthétique commence avant même que nos enfants aillent à l'école.

    Nombre de propositions : _____

    a. _____

    b. _____

    c. _____

d. _____

e. _____

3. On prétend souvent que la salle de classe où étudiants et enseignants passent une si grande partie de leur temps est un milieu artificiel qui ne ressemble en rien à la réalité.

   Nombre de propositions : _____

   a. _____

   b. _____

   c. _____

   d. _____

   e. _____

4. Or, vous savez comme moi que la salle de classe est une cellule sociale où il y a des lois et des rapports de force qui déterminent toute une série d'interactions non moins authentiques que celles qu'on observe hors des cadres de l'institution scolaire.

   Nombre de propositions : _____

   a. _____

   b. _____

   c. _____

   d. _____

   e. _____

## II. Les mots variables et les mots invariables

Un **mot variable** est un mot qui, sans changer de nature, peut avoir *plusieurs formes* dans la phrase. Par exemple, le verbe « vouloir » peut avoir les formes : *veux, voulions, voudra, veuille*, etc. Le pronom personnel peut prendre les formes : *je, elle, nous,* etc.; le pronom relatif : *qui, que, dont,* etc.; l'article : *le, la, un, des,* etc.; le pronom possessif : *le tien, les siennes, la nôtre,* etc.; le nom : *livre, livres*.

**Le verbe, le nom, le déterminant, l'adjectif qualificatif, le pronom sont des mots variables.**

Par contre, un **mot invariable** n'a généralement qu'**une forme** qui ne change pas d'une phrase à une autre.

**La conjonction, l'adverbe, la préposition sont des mots invariables.**

# A. La nature des mots variables

## 1. Le verbe

Le **verbe** conjugué est un mot qui exprime l'*action* ou l'*état* du sujet. À l'infinitif, il a d'autres fonctions (sujet, attribut ou complément).
**Ex.** Le cheval **est** un bel animal. (exprime l'état du sujet)
Le cheval **galope** dans le pré. (exprime l'action du sujet)
Il a répondu sans **hésiter.** (complément adverbial)

Le verbe conjugué a plusieurs formes.
**Ex.** je parle, il finira, nous ferions

La forme du verbe conjugué varie selon :

- la personne (je, tu, nous, etc.);
- le nombre (singulier, pluriel);
- le mode (indicatif, subjonctif, impératif, conditionnel) [voir chapitre 4];
- le temps (présent, passé, futur, etc.) [voir chapitres 3, 6].

Le verbe peut être conjugué à un temps simple ou à un temps composé.

Conjugué à un temps simple, il est formé d'un seul élément.
**Ex.** S'ils **viennent,** nous **fêterons.**

Conjugué à un temps composé, il est formé de deux éléments : l'auxiliaire et le participe passé.
**Ex.** S'ils **étaient venus,** nous **aurions fêté.**

a. L'**auxiliaire** est un verbe qui aide à former les temps composés. Les verbes auxiliaires sont **avoir** et **être.**
**Ex.** J'**ai** lu le journal.
Ils se **sont** dépêchés.
Vous **étiez** partis.
Elle **a** eu de la chance.

b. Le **participe passé** est la forme du verbe qui s'emploie :
- avec l'auxiliaire dans tous les temps composés;
**Ex.** Il est **venu.**
Nous avons **écrit.**

Vous remarquerez que l'auxiliaire et le participe passé sont parfois séparés par un adverbe.
**Ex.** Il est **toujours** revenu.
Elle a **beaucoup** appris.

- seul, comme adjectif.
**Ex.** Une fois la porte **fermée,** il a posé son sac.
Elle a acheté des fleurs **coupées.**

c. L'accord du participe passé
(*Grammaire française*, Chapitre 14, p. 221-223; Chapitre 22, p. 353-355; voir aussi le chapitre 2, II et le chapitre 3, III.C dans ce cahier.)

Avec l'auxiliaire **être,** le participe passé s'accorde généralement en genre (féminin ou masculin) et en nombre (singulier ou pluriel) avec le sujet du verbe.
**Ex.** Ils sont étonné**s.** (masculin, pluriel)
Elles sont revenu**es.** (féminin, pluriel)

Avec l'auxiliaire **avoir,** le participe passé est généralement invariable, sauf avec un CD qui précède le verbe.

**Ex.** Hélène a reçu des fleurs de Marc. (invariable)
Marc a envoyé des fleurs à Hélène. (invariable)
Hélène les a beaucoup aim**ées.** (*les,* CD avant le verbe, accord)

**EXERCICE III** *Soulignez les participes passés dans les phrases ci-dessous et dites pourquoi ils s'accordent ou ne s'accordent pas.*

**Ex.** Toutes les feuilles sont déjà **tombées.**
(participe passé conjugué avec l'auxiliaire **être,** donc accord avec le sujet *feuilles,* féminin, pluriel)
Les États-Unis ont **signé** des accords économiques avec la Chine.
(participe passé conjugué avec **avoir,** CD après le verbe, pas d'accord)

1. Nous avons passé des vacances extraordinaires en Grèce.

2. Mes copines sont venues et elles ont apporté leurs disques.

3. Les enfants ont enlevé leurs bottes et ils sont montés dans leur chambre.

4. Les chansons écrites par Richard Desjardins ont remporté un grand succès en Europe.

5. Nathalie m'a rapporté des épices quand elle est revenue de la Barbade.

6. Les dirigeants du syndicat ont rejeté les offres patronales proposées en fin de soirée.

d. Le **verbe transitif** est un verbe qui a besoin d'un complément (sans lequel il aurait un sens incomplet).

- Un verbe est transitif direct quand son complément est direct.
  **Ex.** Je **prends** ce crayon.

- Un verbe est transitif indirect quand son complément est indirect.
  **Ex.** Elle **parle** à ses amis.

e. Le **verbe intransitif** n'a pas besoin de complément ; il exprime, avec le sujet, une idée complète de l'action.
   **Ex.** Le soleil **brille**.
   Elle **dort**.
   Elle **parle**.

Dans les exemples précédents (*elle parle à ses amis, elle parle*), vous remarquerez que le verbe peut être transitif ou intransitif selon le contexte de la phrase.

f. Le **verbe pronominal** est un verbe qui se conjugue avec les pronoms personnels réfléchis (**me, te, se, nous, vous**). Le verbe pronominal est précédé de **se** à l'infinitif (**se** laver, **se** baigner, **se** dépêcher, etc.).
   **Ex.** Je **me** lave, tu **te** baignes, il / elle **se** dépêche, nous **nous** lavons, vous **vous**...

Notez que **je me** lave et **je te** lave n'ont pas le même sens. Pour que le verbe garde son sens pronominal, le complément doit être à la même personne que le sujet.

## 2. Le nom

Le **nom** (ou substantif) est un mot qui sert à *nommer*, c'est-à-dire à désigner les êtres, les choses, les idées (*Grammaire française*, Chapitre 1, p. 3). On reconnaît qu'un mot est un nom (nature) parce qu'il est généralement précédé d'un article ou d'un autre déterminant.

**Ex.** **Mon** frère          **Sa** sœur          **Leurs** amis
       **Quel** arbre ?       **Cette** table     **Ce** vin
       **Du** courage         **La** courtoisie   **Les** vertus

Néanmoins, un nom peut aussi être précédé d'une préposition quand il suit un autre nom pour en préciser le sens (chapitre 8 de ce cahier).
**Ex.** Une robe **de** soie
       Un verre **à** vin

Le nom, comme le verbe, est un mot *variable*. En français, il a un genre fixe (masculin ou féminin), mais il varie en nombre (singulier ou pluriel).
**Ex.** **Une** maison       **Des** maisons
       **Un** journal       **Des** journaux

Les déterminants du nom (articles, adjectifs qualificatifs, déterminants démonstratifs, possessifs, indéfinis et interrogatifs) varient avec le nom, c'est-à-dire selon le genre et le nombre du nom qu'ils déterminent.

### EXERCICE IV   *Soulignez les noms dans le texte suivant.*

Depuis le début des années cinquante, la science a apporté des éléments de réponse à une question que tous les peuples se sont posée de tout temps : qu'est-ce que le rêve ? La recherche scientifique démontre que le rêve est un besoin tant physiologique que psychologique, aussi essentiel que l'alimentation et le sommeil. Tout homme rêve et ses rêves nocturnes représentent environ un dixième de la durée de sa vie. Les expériences que vit le rêveur pendant cette période sont fascinantes. Il plonge dans un univers radicalement différent de la réalité quotidienne et où les notions de temps et d'espace sont abolies. Au cours de cette existence nocturne parallèle, les actions et les événements les plus incroyables s'accomplissent avec un parfait naturel. Et pourtant, même les rêves les plus puissants s'effacent généralement de la mémoire dès le réveil. Pourquoi disparaissent-ils si vite après avoir fait remonter à la surface les aspects les plus secrets de notre personnalité ? Pourquoi certains rêves reviennent-ils inlassablement pendant des années, parfois même durant toute une vie ? Les rêves ont-ils une signification ? À travers les âges, les rêves étaient soumis aux sorciers et aux prêtres qui en faisaient l'interprétation à leur façon. Pour le rêveur « moyen », il est difficile de décider si certains de ses rêves ont une signification ou non. En effet, il comprend rarement le processus du rêve qui, à ses yeux, n'est généralement qu'un fantasme passager. Au XX$^e$ siècle, le développement des théories psychanalytiques a jeté une lumière nouvelle sur le problème de l'interprétation des rêves. Bien des controverses subsistent malgré toutes les découvertes et l'on ne peut que spéculer sur une multitude de questions qui se posent. Cependant, l'étude des rêves représente un grand pas en avant, car elle a ouvert à l'homme les portes de son univers intérieur.

## 3. Le déterminant

**Le déterminant** est un mot placé devant un nom pour en préciser le sens (*Grammaire française*, Chapitre 2).

Il y a plusieurs sortes de déterminants :

- l'article *défini* : **la** voiture, **le** feu, **les** gens
- l'article *indéfini* : **un** travail, **une** journée, **des** idées
- l'article *partitif* : **du** pain, **de l'**eau, **de la** bière, **des** fruits
- les déterminants démonstratifs : **cette** fleur, **ce** livre, **cet** homme
- les déterminants possessifs : **notre** maison, **son** frère, **mes** amis
- les déterminants interrogatifs : **Quel** chapitre ? **Quelles** pages ? **Quels** mots ?
- les déterminants indéfinis : **tous** les jours, **certaines** idées, **quelques** fruits

Les déterminants sont donc tous des mots *variables*. L'exercice qui suit porte sur les articles. Dans le prochain chapitre, vous étudierez plus en détail comment les déterminants varient dans la phrase française.

### EXERCICE V   *Soulignez les articles dans le texte suivant.*

Connaissez-vous la rue Saint-Laurent qui marque la limite entre l'est et l'ouest de la ville de Montréal ? Eh bien ! si vous aimez les produits, les plats et les senteurs des quatre coins du monde, allez-y un samedi matin et préparez-vous à une véritable petite expédition au paradis des gourmets ! Le bas de la rue Saint-Laurent, entre la rue Viger et le boulevard René-Lévesque, fait partie du quartier chinois : restaurants et pâtisseries offrent des mets et des biscuits qui vous font venir l'eau à la bouche. Dans les épiceries, vous trouverez tous les ustensiles ainsi que les ingrédients exotiques indispensables à la réussite d'un bon repas chinois. Plus haut, entre René-Lévesque et Sainte-Catherine, on trouve, dans des magasins pittoresques et pleins à craquer, toutes les senteurs de la Méditerranée, de l'Orient et des Antilles : olives et piments marinés, cannelle, poisson séché, œufs salés, canne à sucre... Ensuite, c'est le désert jusqu'à la rue Sherbrooke où la rue Saint-Laurent reprend toute son animation et sa vocation gastronomique. Cette fois-ci, c'est l'Europe centrale qui donne le ton au quartier avec quelques établissements grecs et portugais pour apporter une note méditerranéenne... Boucheries, rôtisseries, boulangeries, fruiteries, poissonneries, charcuteries, fromageries aux devantures colorées se succèdent et offrent une variété alléchante de produits. D'énormes jambons et des saucisses fumées s'empilent dans les vitrines. Des bagels aux strudels, en passant par la choucroute fraîche, les œufs extra-frais, les fruits de mer et les lapins, on y trouve de tout pour mettre en appétit. Ajoutons qu'on y entend parler un peu toutes les langues, du français à l'anglais en passant par le grec, le portugais, l'espagnol, l'allemand, le yiddish, le créole, le hongrois et le chinois. En plein cœur de cette animation, on se croit dans la tour de Babel. La rue Saint-Laurent, c'est une perpétuelle invitation au dépaysement et au voyage pour les gourmands, les gourmets et... les polyglottes !

## 4. L'adjectif qualificatif

L'**adjectif qualificatif** est un mot qui accompagne le nom pour le *qualifier* ou pour en exprimer « une caractéristique essentielle » (*Grammaire française,* Chapitre 3). Il s'accorde en genre et en nombre avec ce nom. C'est donc, comme le nom et le déterminant, un mot *variable*.
**Ex.** Regardez la **belle** fleur **bleue**.

Le participe passé est souvent employé comme adjectif. Il suit alors le nom et s'accorde avec lui.
**Ex.** Ajoutez de la crème **fouettée**.

**EXERCICE VI** *Soulignez d'un trait les adjectifs qualificatifs et de deux traits les participes passés employés comme adjectifs.*

Toute langue a une personnalité qui lui est propre et en apprendre une autre, c'est un peu comme changer de peau, de culture ou de pays. En réalité, l'aventure pourrait très bien être agréable sinon passionnante s'il n'y avait pas la grammaire ! Car il y a les verbes et leurs multiples conjugaisons qu'il faut apprendre. Et que dire de ces innombrables règles et de leurs non moins nombreuses exceptions ! Omniprésentes, inévitables et inflexibles, elles sont logées bien confortablement dans les grammaires et prennent, semble-t-il, un malin plaisir à compliquer votre tranquille existence d'étudiant. Prenez la *Grammaire française* de Jacqueline Ollivier et Martin Beaudoin, par exemple. Quelle jolie couverture, n'est-ce pas ? Une invitation à découvrir un univers pittoresque aux couleurs chatoyantes. Mais une fois ouverte, cette grammaire perfide ne vous offre plus que du noir sur du blanc, du début à la fin. Et dire que vous rêviez déjà de splendeurs architecturales, de terrasses accueillantes et fleuries, de fine cuisine, de parfums subtils et enchanteurs, quelle déception ! D'abord décontenancés, puis intrigués et vaguement admiratifs, vous vous demandez comment les francophones arrivent à être gais, rêveurs, insouciants, enjoués, turbulents, enthousiastes et à continuer à parler tant ! Comment arrivent-ils, eux, à oublier la tyrannie de leur grammaire chaque fois qu'ils ouvrent la bouche, ce qui, il faut bien l'admettre, est plutôt fréquent ! On se demande bien pourquoi ils n'ont encore jamais songé à refaire la Révolution française ! C'est sûrement parce qu'ils demeurent inconscients de ce que signifie pour les non-francophones l'apprentissage de toutes ces règles. Ont-ils seulement pensé à tous ces pauvres malheureux qui, comme vous, n'ont pas le sang latin, mais qui sont quand même assez courageux ou téméraires pour vouloir apprendre à communiquer en français ? Nous, humbles professeurs, n'y sommes pour rien, croyez-le bien. C'est d'ailleurs par pure sympathie et dans l'unique but de vous faciliter une tâche aussi ingrate que nous avons conçu et rédigé tous ces chapitres. Ne nous remerciez pas, apprivoisez plutôt cette redoutable grammaire !

## 5. Le pronom

Le **pronom** est un mot qui remplace en général le nom, d'où le terme « pro-nom » : pour le nom. Ses fonctions dans la phrase sont donc les mêmes que celles du nom. Il s'agit d'un mot *variable* dont vous apprendrez le fonctionnement en détail dans le chapitre 7.

Il y a plusieurs sortes de pronoms : personnels, démonstratifs, possessifs, indéfinis, relatifs, interrogatifs.

a. Le **pronom personnel**
   **Ex.** Pierre ? Je ne **le** connais pas.
   Du café ? Je vais **en** acheter.

b. Le **pronom démonstratif**
   **Ex.** J'aime mieux la musique de Mozart que **celle** de Bach.

c. Le **pronom possessif**
   **Ex.** Tes chaussures sont plus confortables que **les miennes.**

d. Le **pronom indéfini**
   **Ex.** Mes amis ? **Tous** seront présents demain soir.

e. Le **pronom relatif**
   **Ex.** La fille **qui** dansait avec Jacques s'appelle Christine.

f. Le **pronom interrogatif**
   **Ex.** **Qui** dansait avec Jacques ? Christine.

**Remarque**

Ne confondez pas **qui** pronom relatif et **qui** pronom interrogatif. Ils ont la même forme, mais leur nature diffère ; le pronom relatif relie les deux propositions alors que le pronom interrogatif sert à poser une question.

## B. La fonction des mots variables

### 1. Le sujet

Le **sujet** est le mot ou le groupe de mots dont le verbe conjugué décrit l'action ou l'état.
**Ex.** **Les enfants** jouent dehors.
   **Le portrait** de mes grands-parents trône dans le salon.

Le sujet n'est pas nécessairement un nom. Il peut aussi être un autre mot qui remplace le nom ou qui est utilisé comme nom.
**Ex.** **Ils** voyagent.
   Les **invités** arrivent.
   **Dormir** est bien agréable.

**Remarque**

Seul le verbe conjugué peut jouer le rôle de verbe dans la phrase. À l'infinitif, le verbe sera sujet ou complément selon le contexte.

**EXERCICE VII**   *Soulignez les sujets dans ce texte. Reliez-les par une flèche à leurs verbes respectifs.*

Le stress est un mot à la mode et une maladie dite « de civilisation ». Peu de gens échappent à ce mal du siècle ; il touche tous ceux qui sont incapables de s'adapter aux changements rapides de l'environnement. Conflits, pressions et frustrations font partie de la vie quotidienne de la plupart des gens. Ces tensions provoquent progressivement un déséquilibre biologique qui entraîne toutes sortes de maux : migraines, insomnies, troubles digestifs... Le stress peut même prédisposer à des maladies graves. Les médecins prescrivent en général des somnifères et des calmants, mais les malades risquent de devenir dépendants de leurs médicaments. Dans certains centres de recherche, les thérapeutes essaient de découvrir la cause de ces malaises. Ils proposent à leurs malades un traitement anti-stress en profondeur. Celui-ci commence par la décontraction physique au moyen de techniques de relaxation, dont l'hydrothérapie. Une fois que le malade est suffisamment détendu, le travail de rééducation continue avec les séances de rétroaction. Grâce aux électrodes posées sur son front, le sujet apprend à contrôler les situations qui l'affectent. Les lumières rouges se multiplient lorsqu'il pense à une situation stressante (la relation qu'il entretient avec son patron, par exemple). S'il réussit, grâce à la relaxation, à dominer la tempête d'émotions dans son cerveau, la lumière verte s'allume. Souvent, un bon cocktail de vitamines complète le traitement du malade déprimé. Apprendre à relaxer constitue la base du traitement. Cela semble évident, mais il fallait y penser.

## 2. Les compléments du verbe

Le **complément du verbe** est un groupe de mots rattaché au verbe pour en compléter le sens.

a. Le **complément direct** (CD) est directement rattaché au verbe. Il répond à la question : **qui ? quoi ?**
   **Ex.** J'aime **les fleurs.** (J'aime quoi ?)
   Il veut **partir en vacances.** (Il veut quoi ?)
   J'ai rencontré **mon voisin.** (J'ai rencontré qui ?)

b. Le **complément indirect** (CI) est rattaché au verbe par une préposition. Il répond à la question : **à qui ? à quoi ? de qui ? de quoi ?**
   **Ex.** David téléphone tous les jours **à Isabelle.** (David téléphone à qui ?)
   Savez-vous ce qu'il pense **d'elle ?** (... ce qu'il pense de qui ?)

c. Le **complément adverbial** est un mot ou un groupe de mots qui complète l'idée du verbe en indiquant le lieu, le temps, le but, la cause, etc. Il est souvent précédé d'une préposition. Pour identifier le complément adverbial, on pose, après le verbe, une des questions suivantes : **où ? quand ? pourquoi ? comment ? combien ?** etc.
   **Ex.** Il habite **au centre-ville.** (Il habite où ?)
   Elle est partie **ce matin.** (Elle est partie quand ?)
   Elle est partie **en voiture.** (Elle est partie comment ?)

d. L'**attribut** sert à décrire la « manière d'être » du sujet. Il est rattaché à ce sujet par un verbe d'état, le plus souvent le verbe *être* (appelé *copule* parce qu'il « relie » l'attribut au sujet), ou à un autre verbe exprimant un état, une apparence ou un devenir. Il sert à décrire le sujet du verbe.
   **Ex.** Il sera **médecin.**
   Ils sont (ou ils semblent) **contents.**
   Les pommes sont **mûres.**

**EXERCICE VIII** *Dans les phrases suivantes, soulignez :*
*d'un trait le CD;*
*de deux traits le CI;*
*et encadrez le complément adverbial.*

1. Quand j'aurai terminé mon travail, je prendrai un bain.
2. Ils se sont promenés dans le Vieux-Montréal.
3. Je connais des gens qui vont au cinéma tous les soirs.
4. Cette décision dépend de nous.
5. Pense à nos invités ! Achète aussi du café et des biscuits !
6. Nous boirons du champagne pour fêter votre retour.
7. Nous avons parlé de voyages et de bateaux chez les Tremblay.
8. Pendant la classe, je rêve à mes vacances.
9. Que pensez-vous de la crise économique ? Est-ce qu'on trouvera une solution ?
10. Tiens, prends les clés. Va au garage et parle à mon mécanicien. Je suis sûre qu'il installera tout de suite les pneus d'hiver.
11. Tu devrais regarder la télé ce soir. On passera une émission très intéressante à Télé-Québec.
12. Est-ce que vous êtes déjà allé à l'Île-aux-Coudres ?
13. Les deux pays ont repris les relations diplomatiques.

14. Les sociétés pétrolières ont découvert des gisements dans la mer de Beaufort.
15. Si tu arrives en train, téléphone à Hervé. Il ira te chercher à la gare.

## C. La nature et la fonction des mots invariables

### 1. La préposition

Une **préposition** est un mot *invariable* qui établit un rapport entre deux mots. Le mot qui suit la préposition est un complément. Voici quelques prépositions : **à, après, avec, chez, de, en, entre, pendant, pour, près, sans, sur, vers,** etc.
**Ex.** Elle est montée **dans l'autobus.** (complément adverbial)
   Il revient **de Québec.** (complément adverbial)
   Je dois téléphoner **à Sylviane.** (CI)
   Je suis des cours **d'informatique.** (complément du nom)

### 2. La conjonction

Une **conjonction** est un mot *invariable* qui unit deux mots ou deux groupes de mots (voir *Grammaire française*, Chapitre 11, p. 173-178).

a. La **conjonction de coordination** marque, entre des mots ou des propositions de même fonction : l'union (**et**), l'opposition (**mais**), l'alternative (**ou**), la négation (**ni**), la conséquence (**donc**), etc.
   **Ex.** Il est bien gentil, **mais** si ennuyeux.
      Prenez-vous du thé **ou** du café ?
      Je ne prends **ni** l'un **ni** l'autre.
      Elle a fermé son livre **et** elle s'est endormie.

b. La **conjonction de subordination** indique une dépendance entre les éléments qu'elle unit. Certaines conjonctions introduisent l'indicatif, d'autres le subjonctif.
   **Ex.** **Quand** il a appris la nouvelle, il a sauté de joie.
      **Si** elle a de la fièvre et **qu'**elle tousse, cela veut dire **qu'**elle a la grippe.
      Nous sommes sortis **bien qu'**il fasse froid.

Voici quelques conjonctions de subordination : **parce que, puisque, de manière que, dès que, depuis que, lorsque,** etc.

#### Remarque

Ne confondez pas **que** conjonction de subordination et **que** pronom relatif. Ils ont la même forme, mais pas la même fonction.
**Ex.** Je pense **que** j'ai besoin de vacances ! (conjonction)
   Ce sont les plus belles vacances **que** j'aie jamais passées ! (pronom relatif)

### 3. L'adverbe

L'**adverbe** est un mot *invariable* que l'on joint à un verbe, à un adjectif ou à un autre adverbe pour en modifier le sens (voir *Grammaire française*, Chapitre 8, p. 131-138).
**Ex.** Il court **vite.**      (modifie le verbe)
   Elle est **très** sympathique.   (modifie l'adjectif)
   Il vient **assez** rarement.   (modifie l'adverbe)

Un grand nombre d'adverbes sont formés à partir de l'adjectif et se terminent par **-ment**.
**Ex.** Naturellement, rapidement, bêtement, évidemment, gentiment, tristement, exactement, etc.

Il y a aussi des *locutions adverbiales* qui sont formées de plusieurs mots.
**Ex.** Petit à petit, à peu près, tout de suite, à propos, sans doute, en même temps, etc.

Notez que l'adverbe a toujours la fonction de complément adverbial quand il modifie le verbe.
**Ex.** Il proteste **de temps en temps.**

### EXERCICE IX    *Soulignez les adverbes dans les phrases suivantes.*

1. Il savait exactement ce que l'on pensait de lui, mais il s'en souciait peu.
2. Les cartes interbancaires peuvent s'utiliser presque partout dans le monde, mais bien des gens ne partent jamais sans devises étrangères.
3. J'ai beaucoup d'amis très sympathiques, mais malheureusement, je ne les vois pas assez souvent.
4. Les Riel seraient peut-être venus si vous les aviez avertis suffisamment à l'avance.
5. Il est à peu près certain que le monde court à la catastrophe si nous continuons à gaspiller aussi stupidement nos ressources.
6. Petit à petit l'oiseau fait son nid. (proverbe)
7. Mieux vaut tard que jamais. (proverbe)
8. Le monde appartient à ceux qui se lèvent tôt. (proverbe)

## D. Synthèse

Tous ces mots ou éléments de la phrase seront repris en détail dans les autres chapitres selon une progression « cyclique » ou en spirale.

**La nature et la fonction des mots dans la phrase**

**La phrase**
- les mots variables
  - les noms (les pronoms)
    - les déterminants
    - les adjectifs qualificatifs
  - les verbes
- les mots invariables
  - les prépositions
  - les conjonctions
  - les adverbes

Dans la catégorie des **mots variables,** vous trouverez :

- les verbes [chapitres 3, 4, 5, 6],
- les noms [chapitre 2],
- les pronoms [chapitres 2, 4, 5, 7, 9, 10],
- les articles [chapitre 2],
- les déterminants [chapitres 2, 5, 10],
- les adjectifs qualificatifs [chapitres 2, 9].

Dans la catégorie des *mots invariables*, vous trouverez :

- les prépositions [chapitre 8],
- les conjonctions [chapitres 8, 10],
- les adverbes [chapitres 5, 9, 10].

**EXERCICE X**  *Synthèse. À présent, vous devriez être capable de reconnaître les différents mots d'une phrase et de comprendre leur fonction.*
*Dites quelles sont la nature et la fonction de chacun des mots dans les phrases ci-dessous.*

**Ex.** Ma sœur portait une robe et une veste blanches.

|   | NATURE | FONCTION |
|---|---|---|
| Ma | déterminant possessif | détermine *sœur* |
| sœur | nom | sujet de *portait* |
| portait | verbe | exprime l'action du sujet |
| une | article indéfini | détermine *robe* |
| robe | nom | CD de *portait* |
| et | conjonction | relie *robe* et *veste* |
| une | article indéfini | détermine *veste* |
| veste | nom | CD de *portait* |
| blanches | adjectif qualificatif | qualifie *robe* et *veste* |

1. Les automobiles posent un grand problème dans les villes.
   Les
   automobiles
   posent
   un
   grand
   problème
   dans
   les
   villes

2. Il se prépare vite pendant que ses amis l'attendent.
   Il
   se prépare
   vite
   pendant que
   ses
   amis
   l'
   attendent

3. Téléphone tout de suite à ceux qui sont arrivés ce matin.
   Téléphone
   tout de suite
   à
   ceux
   qui
   sont arrivés
   ce
   matin

# Corrigé des exercices

## EXERCICE I

Deux vieillards s'aimaient d'amour tendre depuis de nombreuses années. Ils vivaient paisiblement dans un petit village reculé, perdu au fond de la campagne acadienne. Un soir, la vieille dame demande à son mari d'aller au magasin général acheter des fèves pour le souper. Au magasin, (pendant qu')il attend son tour, il aperçoit au mur le portrait d'un vieillard (dont) l'apparence lui semble familière. Il s'approche un peu plus (et) s'exclame avec étonnement : « Mais c'est le portrait de mon défunt père ! Comment se fait-il (que) ce marchand ait dans son magasin le portrait de mon défunt père ? » (Comme) il n'a que très peu d'argent, il hésite à le dépenser pour acheter ce portrait. Néanmoins, l'envie d'avoir ce portrait l'emporte sur la raison (et) il rentre chez lui tout content de son acquisition. (Comme) il craint (que) sa vieille ne lui reproche cette folle dépense, il s'empresse d'aller cacher le portrait au grenier. Les jours suivants, il ne perd pas une occasion de monter admirer le fameux portrait, (si bien que) sa femme commence à se demander ce (qu')il peut aller faire au grenier. N'y tenant plus, elle profite d'une de ses sorties au village pour aller tenter d'éclaircir le mystère. Elle a tôt fait de repérer le fameux portrait. En le voyant, elle s'écrie, stupéfaite : « Ah ! le vilain ! Voilà qu'il me trompe à présent ! Et avec une vieille, laide et toute ratatinée ! Attendez un peu ! » Résolue de tirer cette histoire au clair, elle redescend à la cuisine (et) s'affaire à préparer le dîner en attendant son homme. (Dès qu')il revient de sa promenade, elle s'empresse de lui dire, sur un ton de reproche :

— Comment, vieux coquin, oses-tu me tromper avec cette vilaine petite vieille toute plissée et laide comme un péché mortel ?

— Mais qu'est-ce que tu racontes ?

— Tu gardes son portrait au grenier, je t'ai vu monter l'admirer à plusieurs reprises.

— Mais tu fais erreur ma vieille, c'est le portrait de mon défunt père (que) j'ai acheté au magasin général. Tu ne trouves pas (qu')il est beau ?

— Comment ! et tu oses me mentir par-dessus le marché ! Je te dis (que) je l'ai vu, ce portrait !

Après une discussion des plus animées, les deux vieillards montent au grenier (et), ensemble, ils regardent le fameux portrait (qui) est à l'origine de toute cette émotion. Et c'est ainsi (qu')ils découvrent à la fois ahuris, incrédules et émerveillés la magie du miroir.

## EXERCICE II

1. 5 propositions
   a. Les personnes sont souvent des êtres
   b. qui deviennent pour nous des maîtres
   c. et dont nous nous souvenons toute notre vie
   d. qui ont vécu intensément
   e. et dont la valeur n'a d'égal que l'humilité

2. 4 propositions
   a. Nous vivons dans une « beautécratie »
   b. comme l'écrivait Catherine Dreyfus dans *Le Nouvel Observateur*
   c. où la discrimination esthétique commence
   d. avant même que nos enfants aillent à l'école

3. 4 propositions
    a. On prétend souvent
    b. que la salle de classe est un milieu artificiel
    c. où étudiants et enseignants passent une si grande partie de leur temps
    d. qui ne ressemble en rien à la réalité
4. 5 propositions
    a. Or, vous savez comme moi
    b. que la salle de classe est une cellule sociale
    c. où il y a des lois et des rapports de force
    d. qui déterminent toute une série d'interactions non moins authentiques que celles
    e. qu'on observe hors des cadres de l'institution scolaire

## EXERCICE III

1. passé : participe passé conjugué avec **avoir,** pas d'accord

2. venues : participe passé conjugué avec **être,** accord avec le sujet *mes copines*, féminin, pluriel
   apporté : participe passé conjugué avec **avoir,** pas d'accord

3. enlevé : participe passé conjugué avec **avoir,** pas d'accord
   montés : participe passé conjugué avec **être,** accord avec le sujet *ils*, masculin, pluriel

4. écrites : participe passé employé comme adjectif, donc accord avec le nom *chansons*, féminin, pluriel
   remporté : participe passé conjugué avec **avoir,** pas d'accord

5. rapporté : participe passé conjugué avec **avoir,** pas d'accord
   revenue : participe passé conjugué avec **être,** accord avec le sujet *elle*, féminin, singulier

6. rejeté : participe passé conjugué avec **avoir,** pas d'accord
   proposées : participe passé employé comme adjectif, donc accord avec le nom *offres*, féminin, pluriel

## EXERCICE IV

Depuis le début des années cinquante, la science a apporté des éléments de réponse à une question que tous les peuples se sont posée de tout temps : qu'est-ce que le rêve ? La recherche scientifique démontre que le rêve est un besoin tant physiologique que psychologique, aussi essentiel que l'alimentation et le sommeil. Tout homme rêve et ses rêves nocturnes représentent environ un dixième de la durée de sa vie. Les expériences que vit le rêveur pendant cette période sont fascinantes. Il plonge dans un univers radicalement différent de la réalité quotidienne et où les notions de temps et d'espace sont abolies. Au cours de cette existence nocturne parallèle, les actions et les événements les plus incroyables s'accomplissent avec un parfait naturel. Et pourtant, même les rêves les plus puissants s'effacent généralement de la mémoire dès le réveil. Pourquoi disparaissent-ils si vite après avoir fait remonter à la surface les aspects les plus secrets de notre personnalité ? Pourquoi certains rêves reviennent-ils inlassablement pendant des années, parfois même durant toute une vie ? Les rêves ont-ils une signification ? À travers les âges, les rêves étaient soumis aux sorciers et aux prêtres qui en faisaient l'interprétation à leur façon. Pour le rêveur « moyen », il est difficile de décider si certains de ses rêves ont une signification ou non. En effet, il comprend rarement le processus du rêve qui, à ses yeux, n'est généralement qu'un fantasme passager. Au XXe siècle, le développement des théories psychanalytiques a jeté une lumière nouvelle sur le problème de l'interprétation des rêves. Bien des controverses subsistent malgré toutes les découvertes et l'on ne peut que spéculer sur une multitude de questions qui se posent. Cependant, l'étude des rêves représente un grand pas en avant, car elle a ouvert à l'homme les portes de son univers intérieur.

## EXERCICE V

Connaissez-vous la rue Saint-Laurent qui marque la limite entre l'est et l'ouest de la ville de Montréal ? Eh bien ! si vous aimez les produits, les plats et les senteurs des quatre coins du monde, allez-y un samedi matin et préparez-vous à une véritable petite expédition au paradis des gourmets ! Le bas de la rue Saint-Laurent, entre la rue Viger et le boulevard René-Lévesque, fait partie du quartier chinois : restaurants et pâtisseries offrent des mets et des biscuits qui vous font venir l'eau à la bouche. Dans les épiceries, vous trouverez tous les ustensiles ainsi que les ingrédients exotiques indispensables à la réussite d'un bon repas chinois. Plus haut, entre René-Lévesque et Sainte-Catherine, on trouve, dans des magasins pittoresques et pleins à craquer, toutes les senteurs de la Méditerranée, de l'Orient et des Antilles : olives et piments marinés, cannelle, poisson séché, œufs salés, canne à sucre... Ensuite, c'est le désert jusqu'à la rue Sherbrooke où la rue Saint-Laurent reprend toute son animation et sa vocation gastronomique. Cette fois-ci c'est l'Europe centrale qui donne le ton au quartier avec quelques établissements grecs et portugais pour apporter une note méditerranéenne... Boucheries, rôtisseries, boulangeries, fruiteries, poissonneries, charcuteries, fromageries aux devantures colorées se succèdent et offrent une variété alléchante de produits. D'énormes jambons et des saucisses fumées s'empilent dans les vitrines. Des bagels aux strudels, en passant par la choucroute fraîche, les œufs extra-frais, les fruits de mer et les lapins, on y trouve de tout pour mettre en appétit. Ajoutons qu'on y entend parler un peu toutes les langues, du français à l'anglais en passant par le grec, le portugais, l'espagnol, l'allemand, le yiddish, le créole, le hongrois et le chinois. En plein cœur de cette animation, on se croit dans la tour de Babel. La rue Saint-Laurent, c'est une perpétuelle invitation au dépaysement et au voyage pour les gourmands, les gourmets et... les polyglottes !

## EXERCICE VI

Toute langue a une personnalité qui lui est propre et en apprendre une autre, c'est un peu comme changer de peau, de culture ou de pays. En réalité, l'aventure pourrait très bien être agréable sinon passionnante s'il n'y avait pas la grammaire ! Car il y a les verbes et leurs multiples conjugaisons qu'il faut apprendre. Et que dire de ces innombrables règles et de leurs non moins nombreuses exceptions ! Omniprésentes, inévitables et inflexibles, elles sont logées bien confortablement dans les grammaires et prennent, semble-t-il, un malin plaisir à compliquer votre tranquille existence d'étudiant. Prenez la *Grammaire française* de Jacqueline Ollivier et Martin Beaudoin, par exemple. Quelle jolie couverture, n'est-ce pas ? Une invitation à découvrir un univers pittoresque aux couleurs chatoyantes. Mais une fois ouverte, cette grammaire perfide ne vous offre plus que du noir sur du blanc, du début à la fin. Et dire que vous vous rêviez déjà de splendeurs architecturales, de terrasses accueillantes et fleuries, de fine cuisine, de parfums subtils et enchanteurs, quelle déception ! D'abord décontenancés, puis intrigués et vaguement admiratifs, vous vous demandez comment les francophones arrivent à être gais, rêveurs, insouciants, enjoués, turbulents, enthousiastes et à continuer à parler tant ! Comment arrivent-ils, eux, à oublier la tyrannie de leur grammaire chaque fois qu'ils ouvrent la bouche, ce qui, il faut bien l'admettre, est plutôt fréquent ! On se demande bien pourquoi ils n'ont encore jamais songé à refaire la Révolution française ! C'est sûrement parce qu'ils demeurent inconscients de ce que signifie pour les non-francophones l'apprentissage de toutes ces règles. Ont-ils seulement pensé à tous ces pauvres malheureux qui, comme vous, n'ont pas le sang latin, mais qui sont quand même assez courageux ou téméraires pour vouloir apprendre à communiquer en français ? Nous, humbles professeurs, n'y sommes pour rien, croyez-le bien. C'est d'ailleurs par pure sympathie et dans l'unique but de vous faciliter une tâche aussi ingrate que nous avons conçu et rédigé tous ces chapitres. Ne nous remerciez pas, apprivoisez plutôt cette redoutable grammaire !

## EXERCICE VII

Le stress est un mot à la mode et une maladie dite « de civilisation ». Peu de gens échappent à ce mal du siècle; il touche tous ceux qui sont incapables de s'adapter aux changements rapides de l'environnement. Conflits, pressions et frustrations font partie de la vie quotidienne de la plupart des gens. Ces tensions provoquent progressivement un déséquilibre biologique qui entraîne toutes sortes de maux : migraines, insomnies, troubles digestifs... Le stress peut même prédisposer à des maladies graves. Les médecins prescrivent en général des somnifères et des calmants, mais les malades risquent de devenir dépendants de leurs médicaments. Dans certains centres de recherche, les thérapeutes essaient de découvrir la cause de ces malaises. Ils proposent à leurs malades un traitement anti-stress en profondeur. Celui-ci commence par la décontraction physique au moyen de techniques de relaxation, dont l'hydrothérapie. Une fois que le malade est suffisamment détendu, le travail de rééducation continue avec les séances de rétroaction. Grâce aux électrodes posées sur son front, le sujet apprend à contrôler les situations qui l'affectent. Les lumières rouges se multiplient lorsqu'il pense à une situation stressante (la relation qu'il entretient avec son patron, par exemple). S'il réussit, grâce à la relaxation, à dominer la tempête d'émotions dans son cerveau, la lumière verte s'allume. Souvent, un bon cocktail de vitamines complète le traitement du malade déprimé. Apprendre à relaxer constitue la base du traitement. Cela semble évident, mais il fallait y penser.

## EXERCICE VIII

1. Quand j'aurai terminé mon travail, je prendrai un bain.
2. Ils se sont promenés dans le Vieux-Montréal.
3. Je connais des gens qui vont au cinéma tous les soirs.
4. Cette décision dépend de nous.
5. Pense à nos invités ! Achète aussi du café et des biscuits !
6. Nous boirons du champagne pour fêter votre retour.
7. Nous avons parlé de voyages et de bateaux chez les Tremblay.
8. Pendant la classe, je rêve à mes vacances.
9. Que pensez-vous de la crise économique ? Est-ce qu'on trouvera une solution ?
10. Tiens, prends les clés. Va au garage et parle à mon mécanicien. Je suis sûre qu'il installera tout de suite les pneus d'hiver.
11. Tu devrais regarder la télé ce soir. On passera une émission très intéressante à Télé-Québec.
12. Est-ce que vous êtes déjà allé à l'Île-aux-Coudres ?
13. Les deux pays ont repris les relations diplomatiques.
14. Les sociétés pétrolières ont découvert des gisements dans la mer de Beaufort.
15. Si tu arrives en train, téléphone à Hervé. Il ira te chercher à la gare.

## EXERCICE IX

1. exactement, peu
2. presque, partout, jamais
3. très, malheureusement, assez, souvent
4. peut-être, suffisamment, à l'avance
5. à peu près, aussi, stupidement
6. Petit à petit
7. Mieux, tard, jamais
8. tôt

# EXERCICE X

|   | | NATURE | FONCTION |
|---|---|---|---|
| 1. | Les | article défini | détermine *automobiles* |
|   | automobiles | nom | sujet de *posent* |
|   | posent | verbe | exprime l'action du sujet |
|   | un | article indéfini | détermine *problème* |
|   | grand | adjectif qualificatif | qualifie *problème* |
|   | problème | nom | CD de *posent* |
|   | dans | préposition | introduit *les villes* |
|   | les | article défini | détermine *villes* |
|   | villes | nom | complément adverbial de *posent* |
| 2. | Il | pronom personnel | sujet de *se prépare* |
|   | se prépare | verbe | exprime l'action du sujet |
|   | vite | adverbe | complément adverbial de *se prépare* |
|   | pendant que | conjonction | relie les 2 propositions |
|   | ses | déterminant possessif | détermine *amis* |
|   | amis | nom | sujet de *attendent* |
|   | l' | pronom personnel | CD de *attendent* |
|   | attendent | verbe | exprime l'action du sujet |
| 3. | Téléphone | verbe | exprime l'action du sujet |
|   | tout de suite | locution adverbiale | complément adverbial de *téléphone* |
|   | à | préposition | introduit *ceux* |
|   | ceux | pronom démonstratif | CI de *téléphone* |
|   | qui | pronom relatif | sujet de *sont arrivés* |
|   | sont arrivés | verbe | exprime l'action du sujet |
|   | ce | déterminant démonstratif | détermine *matin* |
|   | matin | nom | complément adverbial de *sont arrivés* |

# CHAPITRE 2
## La notion de genre

### Hélène Poulin-Mignault

## Table des matières

Objectifs   27
Introduction   27
Test préliminaire   29
Corrigé du test préliminaire   31

I.   Les déterminants et les pronoms   32
    **A.** Les articles   32
       Exercices   32
    **B.** Les déterminants et les pronoms démonstratifs   35
       Exercice   35
    **C.** Les déterminants et les pronoms possessifs   36
       Exercice   36
    **D.** Les déterminants et les pronoms indéfinis   37
       Exercice   38
    **E.** Les déterminants et les pronoms interrogatifs   38
       Exercices   39
    **F.** Les pronoms relatifs   40
       Exercice   40
    **G.** Les pronoms personnels   40
       Exercice   41
II.  Le participe passé   42
       Exercice   43
III. Les adjectifs qualificatifs   44
       Exercices   44
Corrigé des exercices   49

## Objectifs

1. Montrer l'importance du *genre* des noms en français.
2. Fournir des exercices qui font ressortir les formes masculines et féminines des catégories grammaticales affectées par le genre des noms : les déterminants (articles, démonstratifs, possessifs, interrogatifs), les pronoms relatifs, les pronoms personnels, le mot *tout* (déterminant ou pronom indéfini), et les adjectifs qualificatifs.

## Introduction

En français, il y a deux genres pour les noms : le **masculin** et le **féminin.** Hélas, il n'existe aucune règle pour déterminer de façon logique et infaillible le genre d'un nom.

**Ex.** **la** cravate
     **le** sein maternel
     **le** problème
     **la** solution

Néanmoins, la terminaison des noms peut vous fournir une indication utile vous permettant de les classer par catégories. Vous trouverez une liste des terminaisons dans *Grammaire française*, p. 4-5.

Il est très important d'apprendre le genre du nom avec le nom, car il affecte plusieurs des éléments de la phrase.

**Ex.** **Cette** cravate **neuve** n'est pas aussi **belle** que **celle** que Louise m'a **offerte.**

**Ce** chapeau **neuf** n'est pas aussi **beau** que **celui** que Louise m'a **offert.**

Dans le test préliminaire de ce chapitre, nous mettons donc l'accent sur le genre en ce qu'il modifie la forme de certains éléments ou paradigmes de la phrase. Les exercices que vous aurez à faire ensuite traiteront chacun de ces éléments individuellement afin de vous permettre de bien saisir le rapport qui existe entre le genre et la forme des mots, d'une part, et leur fonction, d'autre part. Par conséquent, vous serez appelé à consulter plusieurs chapitres de *Grammaire française*. Vous pourrez aussi vous référer au chapitre 1 de ce cahier.

# Test préliminaire

**I** *En tenant compte du genre des noms, mettez l'article qui convient : défini, indéfini, partitif. (10 × 2 points)*

Quand on étudie _____ articles, il faut aimer _____ vin, détester _____ bière, boire _____ café, mais jamais entre _____ repas, prendre _____ tisane pendant _____ soirée et _____ bon verre de jus de fruits en tout autre occasion. Je connais bien _____ gens qui ont _____ autres goûts !

**II** *Mettez le déterminant ou le pronom qui convient : démonstratif, interrogatif ou relatif. (8 × 3 points)*

1. _____ des candidats avez-vous choisi ?

   _____ que nous avons interviewé ce matin.

2. _____ robes dois-je faire nettoyer, _____ ou _____ qui sont dans le placard ?

3. _____ décision est très sage. C'est la raison pour _____ nous l'avons prise.

4. Voici les classeurs dans _____ je range mes documents.

**III** *Mettez le déterminant ou le pronom possessif qui convient. (5 × 2 points)*

1. Paul a mis _____ cravate neuve aujourd'hui.

2. — Les enfants, où sont _____ bottes ? Il fait froid aujourd'hui !

   — On ne les porte pas parce que Martine déteste _____, Pierre et Marie ont perdu _____ et je pense que _____ sont encore chez le cordonnier !

**IV** *Complétez les phrases en employant la forme de **tout** qui convient; dites s'il s'agit d'un déterminant ou d'un pronom. (10 × 2 points)*

J'ai lu _____ (1) les explications; j'ai révisé _____ (2) les règles et j'ai fait _____ (3) les exercices du chapitre. _____ (4) va mieux maintenant que j'ai terminé _____ (5) ce travail.

1. _____
2. _____
3. _____
4. _____
5. _____

**V** *Remplacez les pronoms soulignés par un nom. (2 × 2 points)*

1. Pierre <u>lui</u> parle.

   Pierre parle _____.

2. Marie <u>la</u> regarde.

   Marie regarde _____.

**VI** *Dans la phrase suivante, soulignez deux pronoms qui ne sont pas affectés par le genre. (2 × 2 points)*

Leur psychologue leur a dit que leurs enfants leur causeraient bien des problèmes.

**VII** *Remplacez le nom souligné par le nom entre parenthèses et faites les changements nécessaires. (9 × 2 points)*

1. (chansons)

   Les beaux <u>poèmes</u> que Gilles Vigneault a écrits sont connus même en Europe.

   _____
   _____

2. (auto)

   Ce <u>camion</u> n'est pas neuf, mais il est plus puissant que le mien.

   _____
   _____

3. (Suzanne)

   Je ne savais pas que <u>Marc</u> était paresseux.

   _____
   _____

| Résultats |      |       |       |
|-----------|------|-------|-------|
| I         | / 20 | V     | / 4   |
| II        | / 24 | VI    | / 4   |
| III       | / 10 | VII   | / 18  |
| IV        | / 20 | Total | / 100 |

# Corrigé du test préliminaire

**I**

les, le, la, du, les, de la / une, la, un, des, d'

**II**

1. Lequel, Celui
2. Quelles, celles-ci, celles
3. Cette, laquelle
4. lesquels

**III**

1. sa
2. vos, les siennes, les leurs, les miennes

**IV**

1. toutes : déterminant
2. toutes : déterminant
3. tous : déterminant
4. Tout : pronom
5. tout : déterminant

**V**

1. à Marie / à Jean
2. la télévision / Catherine

**VI**

<u>leur</u> a dit, <u>leur</u> causeraient

**VII**

1. Les <u>belles</u> chansons que Gilles Vigneault a <u>écrites</u> sont <u>connues</u> même en Europe.
2. <u>Cette</u> auto n'est pas <u>neuve</u>, mais <u>elle</u> est plus <u>puissante</u> que <u>la mienne</u>.
3. Je ne savais pas que Suzanne était <u>paresseuse</u>.

# I. Les déterminants et les pronoms

## A. Les articles

Lisez attentivement le chapitre 2 de *Grammaire française*, p. 15-25, A.I-IV, en vous arrêtant aux exercices d'*Application immédiate*. Pour le genre des noms, vous pouvez consulter le tableau des terminaisons, p. 4-5. Faites ensuite les exercices qui suivent. Notez bien les particularités suivantes : 1) devant un nom pluriel, l'article indéfini *des* devient *de* lorsque ce nom est précédé d'un adjectif qualificatif ou après la négation (*Grammaire française*, p. 20, II.b); 2) l'article *des* peut être un article partitif (employé avec les noms de choses qu'on ne peut pas compter), un article indéfini (quand il indique le pluriel de *un* ou *une*) ou un article défini contracté (la préposition *de* + *les*); et 3) l'article partitif peut être remplacé par une expression de quantité telle que « beaucoup de », « trop de », « une douzaine de », etc. (*Grammaire française*, p. 22, IIIb).

La forme et l'emploi de l'article en français n'étant repris dans aucun des chapitres ultérieurs, il importe de bien les assimiler avant de passer à autre chose.

**EXERCICE I**      *En tenant compte du genre des noms, mettez, s'il y a lieu, l'article défini qui convient. (Attention aux articles contractés.)*

1. _____ lion est _____ roi de _____ animaux.

2. _____ patience est _____ mère de toutes _____ vertus.

3. _____ argent ne fait pas _____ bonheur, mais il rend _____ malheur supportable.

4. _____ coquillage que j'ai ramassé sur _____ plage fera un joli bijou.

5. À mon avis, _____ printemps est _____ saison _____ plus stimulante de l'année.

6. On dit que _____ beauté est dans _____ œil qui regarde.

7. Je n'en reviens pas ! _____ filet de bœuf se vend maintenant 28 $ _____ kilo.

8. _____ mercredi dernier, en quittant _____ bureau, j'ai couru à _____ banque, mais hélas, elle ferme à 15 h _____ mercredi. J'ai dû y retourner _____ lendemain pendant _____ heure du déjeuner.

9. Claudine est _____ monitrice dont je vous ai parlé hier. Elle a _____ air réservé, mais elle n'a pas _____ langue dans sa poche.

10. _____ comble de _____ malchance, c'est sûrement d'aimer _____ piano, mais d'avoir _____ doigts trop courts; d'aimer _____ natation, mais d'avoir peur de _____ eau; d'étudier _____ sociologie, mais de détester

_____ foules; d'aimer _____ ville, mais de ne pas supporter _____ pollution; de préférer _____ été, mais d'avoir _____ fièvre de _____ foins; d'adorer _____ Chine, mais de ne pas digérer _____ riz; d'étudier _____ langues, mais de détester _____ grammaire.

**EXERCICE II** *En tenant compte du genre des noms, mettez, s'il y a lieu, l'article indéfini qui convient.*

1. _____ article est _____ mot qui détermine _____ nom.

2. _____ femme avertie en vaut peut-être trois. _____ homme averti ne se prononcerait pas sur _____ question pareille.

3. Tu penses bien qu'on l'a remarqué ! Il portait _____ cravate rouge vif sur _____ chemise rayée noir et blanc.

4. Ce n'est pas _____ jour de congé qu'il nous faut, mais _____ semaine de vacances.

5. J'ai fait _____ bonne affaire en achetant _____ appartement au centre-ville. C'est _____ investissement qui me rapportera à long terme.

6. _____ enfant n'est pas toujours sage comme _____ image.

7. _____ changement profond se produit rarement du jour au lendemain.

8. N'oubliez pas que _____ professeur n'est pas _____ dictionnaire ambulant.

9. _____ économie prospère est le reflet de _____ gouvernement habile et juste.

10. Donnez-moi _____ fauteuil confortable, _____ feu de cheminée, _____ bon livre et _____ soirée tranquille, je serai _____ personne heureuse.

**EXERCICE III** *En tenant compte du genre des noms, mettez, s'il y a lieu, l'article partitif qui convient. Attention : les mots et expressions de quantité remplacent l'article partitif.*

1. Au marché, je vais acheter _____ laitue, _____ fromage, _____ pain, _____ riz et _____ viande.

2. Comme dessert, je vais servir _____ gâteau, _____ glace et, pour finir, nous boirons _____ café, _____ thé ou _____ tisane.

3. Je prends _____ crème et un peu _____ sucre dans mon café.

4. Tu ne devrais pas boire autant _____ café, c'est mauvais pour la santé.

5. Pierre m'a emprunté _____ argent pour acheter _____ peinture.

6. Je voulais lui offrir un cadeau, mais j'ai eu beaucoup _____ mal à trouver quelque chose d'approprié.

7. Maxime mange _____ confiture avec _____ beurre d'arachide.

8. Notre sirop d'érable, c'est _____ or liquide.

9. Quand Manon a _____ peine, elle écoute _____ musique et boit _____ cognac.

10. Mélangez une tasse _____ farine et une pincée _____ sucre. Ajoutez deux œufs, _____ lait et _____ vanille, et vous obtiendrez assez _____ pâte pour faire une dizaine _____ crêpes.

**EXERCICE IV** *Complétez les phrases en mettant, s'il y a lieu, l'article qui s'impose (défini, indéfini ou partitif), à la forme qui convient. Attention aux mots et aux expressions de quantité, aux articles contractés et aux noms pluriels précédés d'un adjectif.*

1. Comment! Vous allez à _____ réception _____ Tremblay dimanche soir? Je croyais que vous ne sortiez jamais _____ dimanche!

2. J'ai un tas _____ habitudes auxquelles je suis fidèle, mais cette fois, j'ai _____ bonnes raisons de les oublier.

3. _____ diplomatie est toujours souhaitable, mais _____ bonne session de franc-parler est parfois inévitable.

4. Pour élever _____ famille, il faut _____ courage, une bonne dose _____ patience et surtout, aimer beaucoup _____ enfants.

5. _____ professeur Sansoucis est _____ célibataire endurci. Il enseigne _____ langues depuis dix ans et parle couramment _____ français, _____ anglais et _____ russe.

6. Que fait-on quand on a _____ goûts dispendieux et peu _____ argent?

7. Ce n'est pas _____ raison pour se priver de tout. Il y a bien _____ choses qui ne coûtent pas cher.

8. J'ai promis d'arroser _____ plantes de Martine, mais elle a oublié de me laisser _____ clé de son appartement.

9. Donnez-moi _____ papier, _____ colle et _____ ciseaux qui sont sur _____ table. Je vous surprendrai!

10. Durant _____ semaine _____ examens, Pierre a toujours _____ problèmes de santé. Pourtant, depuis qu'il est à _____ université, il en a vu _____ autres! Ses résultats n'ont jamais été inférieurs à ceux _____ autres étudiants. _____ opinion _____ professeurs a _____ importance, mais il ne faut pas en faire _____ maladie!

## B. Les déterminants et les pronoms démonstratifs

Consultez le tableau de la page 30 dans *Grammaire française* pour les différentes formes des déterminants démonstratifs, et celui de la page 107 pour les pronoms démonstratifs **variables.** Lisez ensuite les sections I et II, p. 30-31 ainsi que A.I et II, p. 107-108. Faites les exercices d'*Application immédiate* et vérifiez vos réponses. Vous constaterez que ces démonstratifs varient en genre et en nombre avec le nom qu'ils déterminent ou qu'ils remplacent, comme la plupart des déterminants et des pronoms en français (voir chapitre 1, II.A.3 et 5.b dans ce cahier).

Faites maintenant l'exercice V afin de bien distinguer les diverses formes que prennent les démonstratifs (déterminant ou pronom) et leur fonction dans la phrase.

### EXERCICE V
*Complétez les phrases en employant les pronoms ou les déterminants démonstratifs qui conviennent.*

1. En faisant _____ exercice, n'oubliez pas que le genre des noms modifie les démonstratifs; ainsi, au féminin, «ceux» devient _____ et «celui» devient _____.

2. _____ chapitre est très long et j'ai peu de temps _____ semaine.

3. Tu sais, _____ entraîneur dont je t'ai parlé hier, il sera au gymnase _____ après-midi.

4. À qui était adressée _____ lettre?

5. Ce n'est pas la peine d'acheter _____ livre si tu peux emprunter _____ de Mathieu.

6. Lequel de ces deux tableaux préférez-vous, _____ ou _____?

7. Il y avait peu de femmes à la réunion et _____ qui étaient là n'ont presque rien dit de la soirée.

8. Tout le monde était joyeux et _____ et _____ qui voulaient danser se trouvaient facilement un ou une partenaire.

9. Je n'apprécie pas _____ façon cavalière qu'il a de traiter tous _____ qui ne pensent pas comme lui.

10. Ni l'une ni l'autre de ces deux voitures ne me plaît; _____ consomme trop d'essence, _____ manque d'espace et de confort. Réflexion faite, je pense que je vais garder _____ que j'ai.

## C. Les déterminants et les pronoms possessifs

Dans *Grammaire française*, lisez attentivement les pages 33 à 38 sur les déterminants possessifs et les pages 101-102, sur les pronoms possessifs. Faites les exercices d'*Application immédiate* et vérifiez vos réponses. Vous aurez noté qu'en français, le genre du possesseur n'affecte pas les possessifs comme en anglais.

**Ex.** Il prend **sa** bicyclette, pas **la mienne**.
Elle a oublié **son** livre et **son** stylo.

La personne grammaticale du possesseur (1re, 2e ou 3e, singulier ou pluriel) détermine la forme que prennent le déterminant et le pronom possessifs.

**Ex.** Il prend **sa** bicyclette. (**la sienne**) 3e personne, singulier
Il utilise **nos** livres. (**les nôtres**) 1re personne, pluriel

Attention : dans certains contextes, le possesseur est évident et on remplace le possessif par l'article défini (voir *Grammaire française*, p. 37, IV).

Étudiez bien les tableaux, p. 33 et 101, dans *Grammaire française*. Vous verrez quand il faut tenir compte du genre de l'objet possédé.

Pour bien fixer dans votre esprit les formes des pronoms possessifs, faites l'exercice I, p. 103, dans *Grammaire française*. L'exercice qui suit vous permettra de faire une synthèse.

**EXERCICE VI**   *Complétez les phrases en utilisant les déterminants ou les pronoms possessifs qui conviennent.*

1. _____ fils de trois ans est devenu très possessif depuis quelque temps. Il ne parle que de _____ jouets, _____ banc, _____ chaise, _____ lit, _____ maison, _____ armoire, _____ trottoir, _____ rue, _____ téléviseur, _____ balançoire, bref, je n'ai plus qu'à entrer dans _____ jeu et clamer bien fort : « _____ garçon, _____ amour, _____ plus belle réalisation ! »

2. Ces jouets sont à lui, ce sont _____.

3. Il a _____ opinions, tu as _____, voilà tout !

4. Chacun _____ goûts; nous préférons _____ quartier, vous préférez _____. Par contre, nous envions _____ maison et vous enviez _____.

5. Si tu me prêtes _____ notes, je te prêterai _____.

6. Ne nous mêlons pas de cette histoire. Nous avons _____ ennuis, ils ont _____.

7. Ce n'est pas l'avion de Jules que j'ai piloté, c'est _____ ! Je viens de l'acheter et, crois-moi, je ne l'ai pas volé !

8. Les Tremblay nous laissent _____ voiture pour le week-end. C'est vraiment gentil de _____ part.

9. Vous trouvez que _____ enfants vous coûtent cher et ils sont encore à l'école primaire. _____ sont tous à l'université. _____ études me bouffent presque tout _____ salaire. Heureusement que _____ femme travaille !

10. C'est _____ faute à lui s'il a échoué à _____ examen de fin d'études. Il a passé _____ temps à faire du ski cet hiver.

## D. Les déterminants et les pronoms indéfinis

Les mots indéfinis déterminent ou remplacent les noms « d'une manière vague, indéterminée » (*Grammaire française*, p. 399).

Vous trouverez, dans *Grammaire française*, p. 399-400, un tableau de ces mots classés en ordre alphabétique et selon leur nature grammaticale : déterminants, pronoms ou adverbes.

Mis à part les adverbes qui sont des mots invariables, c'est généralement le sens même des autres mots indéfinis qui détermine leur variabilité en genre et en nombre (voir *Grammaire française*, p. 400-413).

**Remarque**

**Quelqu'un** est invariable, mais **quelques-uns** devient **quelques-unes** au féminin (voir *Grammaire française*, p. 407).

Pour ce chapitre, étudiez surtout les formes et les fonctions du mot **tout** (voir *Grammaire française*, p. 411, n° 25). Complétez ensuite l'exercice ci-dessous.

**EXERCICE VII** — *Complétez les phrases en employant la forme de **tout** qui s'impose, et indiquez s'il s'agit d'un déterminant ou d'un pronom.*

_____ (1) est bien qui finit bien.

_____ (2) ceux et _____ (3) celles qui sont inscrits dans ce cours sont des étudiants modèles, bien entendu. D'ailleurs, _____ (4) et _____ (5) ont parfaitement compris _____ (6) les explications contenues dans ce chapitre et dans leur grammaire, et ils ont déjà terminé presque _____ (7) les exercices. Étant donné qu'ils profitent de _____ (8) ce qui peut les aider à améliorer leur français, ils regardent la télévision en français _____ (9) les soirs, ils lisent régulièrement _____ (10) les journaux de langue française et ils écoutent _____ (11) le temps Radio-Québec. _____ (12) le monde sait que _____ (13) vient à point à qui sait apprendre ! C'est pourquoi _____ (14) sont très patients et ne se laissent jamais décourager par _____ (15) ces détails de genre, de nature et de fonction qui leur compliquent l'existence. _____ (16) langue a ses caprices et nous savons _____ (17) que le français ne fait pas exception à la règle. Il en fait même de très nombreuses à _____ (18) ses règles. Ce qui importe avant _____ (19), c'est que _____ (20) ces bonnes dispositions et _____ (21) ce travail acharné donnent des résultats positifs. _____ (22) étudiant modèle aime ses professeurs et trouve _____ (23) les tests justes et pertinents. C'est pourquoi il réussit toujours haut la main et dit à _____ (24) ceux qui veulent l'entendre que vouloir, c'est pouvoir !

## E. Les déterminants et les pronoms interrogatifs

Le déterminant interrogatif prend les formes **quel, quelle, quels, quelles** pour s'accorder en genre et en nombre avec le nom qu'il détermine. Il indique que l'on se questionne sur la nature ou l'indentité d'un être ou d'un objet. Il peut avoir fonction d'épithète (il précède le nom qu'il détermine) ou d'attribut (il est alors séparé du nom par le verbe *être*).

**Ex.** **Quel livre** préférez-vous ? (épithète)

**Quelles** sont **les fleurs** que vous voulez ? (attribut)

Le pronom interrogatif complexe (qui est une contraction de l'article défini + **quel**) prend les formes **lequel, laquelle, lesquels, lesquelles**. Il implique un choix parmi un ensemble d'êtres ou d'objets présents dans le contexte de la phrase. Il varie en genre et en nombre avec le nom qu'il remplace.
Ex. **Lequel** (quel livre) de ces deux **livres** préférez-vous ?
**Laquelle** (quelle fleur) de ces deux **fleurs** voulez-vous ?

Faites les exercices ci-dessous en tenant compte du genre des noms.

### EXERCICE VIII    *Mettez le déterminant interrogatif qui convient.*

1. _____ couleur préférez-vous ?
2. _____ est votre couleur préférée ?
3. _____ chansons voulez-vous apprendre ?
4. _____ sont les chansons qu'il a interprétées ?
5. À _____ heure allez-vous sortir ?
6. De _____ livres parlaient-ils ?
7. Dans _____ ville se trouvent les édifices du parlement ?
8. Dans _____ tiroirs as-tu rangé tes affaires ?
9. Pour _____ raison refuse-t-elle de répondre ?
10. Pour _____ organisme travaillez-vous ?
11. Par _____ porte doit-on sortir ?
12. Par _____ fenêtre le voleur est-il entré dans la maison ?
13. Sur _____ pied voulez-vous danser ?
14. Sur _____ murs va-t-on placer ces affiches ?
15. Avec _____ outils as-tu construit ce meuble ?
16. Près de _____ parc habitent-ils ?

### EXERCICE IX    *Mettez le pronom interrogatif qui convient. (Attention aux articles qui se contractent.)*

1. _____ de ces deux maisons pensez-vous acheter ?
2. _____ de ces exercices est le plus facile ?
3. _____ de ces méthodes sont les plus efficaces ?
4. À _____ des deux professeurs vas-tu poser la question ?

5. À _____ de ces personnes ont-ils parlé ?

6. Voici deux pinceaux. De _____ avez-vous besoin ?

7. Dans _____ de mes valises as-tu mis ma brosse à dents ?

8. Pour _____ des deux solutions ont-ils opté ?

9. Avec _____ des deux groupes voulez-vous travailler ?

10. Vous vous êtes inscrit sur une des listes, mais sur _____ ?

## F. Les pronoms relatifs

Certains pronoms relatifs ont les mêmes formes que les pronoms interrogatifs que vous venez d'étudier et ils varient de la même manière, c'est-à-dire en genre et en nombre avec le nom qu'ils remplacent. Il s'agit des pronoms : **lequel, laquelle, lesquels, lesquelles,** qui sont employés après toutes les prépositions sauf *de*.

Faites l'exercice suivant et comparez-le avec l'exercice IX sur les pronoms interrogatifs. Notez que, même si les formes des pronoms interrogatifs et relatifs sont les mêmes, leur fonction diffère (voir **Remarque**, Chapitre 1, p. 17).

**EXERCICE X**  *Mettez le pronom relatif qui convient.*

1. Connais-tu la revue à _____ je me suis abonnée ?

2. C'est le cours à _____ on m'a conseillé de m'inscrire.

3. C'est la raison pour _____ j'ai acheté tous ces cartables.

4. Il a perdu le bout de papier sur _____ il avait écrit votre adresse.

5. As-tu vu les photos pour _____ il a reçu tant d'éloges ?

6. Il m'a montré l'appareil avec _____ il les avait prises.

7. J'ai de jolies boîtes dans _____ je garde tous mes souvenirs de voyage.

8. Incroyable ! C'est la voiture derrière _____ j'étais stationné il y a dix minutes.

9. Vous trouverez facilement, c'est l'édifice devant _____ il y a une énorme sculpture de béton.

10. Voici les dictionnaires sans _____ je ne peux travailler.

## G. Les pronoms personnels

Dans ce chapitre, nous allons étudier seulement les pronoms personnels complément direct (CD) et complément indirect (CI) à la *3ᵉ personne du singulier et du pluriel*. Il s'agit des pronoms CD **le, la, l', les** et des pronoms CI **lui** et **leur**.

Le genre des pronoms CD, 3ᵉ personne du singulier, est déterminé par le genre du nom qu'ils remplacent.

**Ex.** Pierre pose **la question.**
Pierre **la** pose.
Julie regarde **le film.**
Julie **le** regarde.

Au pluriel, le pronom CD n'a qu'une forme : **les,** pour le masculin et le féminin.

**Ex.** Je regarde **les fleurs.**
Je **les** regarde.
Il écoute **les disques.**
Il **les** écoute.

Les pronoms CI, 3ᵉ personne du singulier et du pluriel, ne sont pas affectés par le genre du nom qu'ils remplacent. Il n'y a donc qu'une forme pour le singulier, **lui,** et qu'une forme pour le pluriel, **leur.**

**Ex.** Pierre téléphone à **sa sœur.**
Pierre **lui** téléphone.
Pierre téléphone à **son frère.**
Pierre **lui** téléphone.
Pierre parle à **ses sœurs.**
Pierre **leur** parle.
Pierre parle à **ses frères.**
Pierre **leur** parle.

Dans l'exercice qui suit, vous devrez d'abord établir si les noms soulignés sont CD ou CI, avant de les remplacer par les pronoms qui conviennent.

# EXERCICE XI
*Remplacez les noms soulignés par les pronoms personnels qui conviennent.*

1. Je cherche ma ceinture.

2. L'enfant parle à son père.

3. J'adore cette chanson.

4. J'aime beaucoup Marie et Jane.

5. Mes neveux obéissent à leurs parents.

6. Est-ce que tu veux ce joli vase ?

7. J'enseigne les mathématiques depuis 10 ans.

8. J'enseigne aux infirmières depuis 10 ans.

9. Les films comiques plaisent à Luc.

10. Elle écrit régulièrement à ses amis.

11. Faites cet exercice attentivement.

12. Faites faire cet exercice à Christine.

13. Comprenez-vous la règle du genre pour les pronoms ?

14. Nous trouvons ce chapitre trop long.

15. Demandez à votre professeur de vous aider.

## II. Le participe passé

Revoyez l'accord du participe passé présenté sommairement dans le chapitre 1, II.A.1.c. Au besoin, consultez *Grammaire française*, p. 221-223. Rappelez-vous qu'il n'y a généralement pas d'accord du participe passé avec l'auxiliaire *avoir*, sauf si le CD est placé avant le verbe, comme dans les exemples ci-dessous :

**Ex.** **Laquelle** (quelle gravure) as-tu acheté**e** finalement ? (**laquelle,** pronom interrogatif, CD de *acheter* placé avant le verbe)

J'ai vu cette gravure et je **l'**ai tout de suite aimé**e**. (**l',** pronom personnel, CD de *aimer* placé avant le verbe)

J'ai acheté la gravure **que** j'avais vu**e** le soir du vernissage. (**que,** pronom relatif, CD de *voir* placé avant le verbe)

Vous étudierez l'accord du participe passé plus en détail dans le chapitre 3. Pour l'instant, faites l'exercice qui suit.

**EXERCICE XII**   *Dans les phrases suivantes, accordez les participes passés, s'il y a lieu. Attention à l'auxiliaire (*être *ou* avoir*) et à la place du CD avec* avoir.

1. Toute la famille est allé_____ faire du ski dans les Alpes.

2. Cécile a mis_____ sa veste et elle est sorti_____ pique-niquer à la montagne.

3. As-tu retrouvé_____ la boucle d'oreille que tu avais perdu_____ ?

4. Heureusement que la concierge a rapporté_____ les clés qu'Alex avait oublié_____ chez elle.

5. Quelle voiture as-tu acheté_____ finalement ?

6. Toutes celles que j'ai essayé_____ m'ont semblé_____ avoir le même défaut : elles coûtent trop cher. Au bout du compte, j'ai acheté_____ une bicyclette.

7. Quand Martine est entré_____ avec sa nouvelle coiffure, tout le monde l'a remarqué_____.

8. Marc n'a pas reçu_____ la dernière lettre que je lui ai écrit_____ quand j'étais en Inde. Je l'avais pourtant bien affranchi_____.

9. Lesquelles de tes questions leur as-tu posé_____ finalement ?

10. J'ai pu leur poser presque toutes celles que j'avais préparé_____ car ils ont prolongé_____ la période de questions.

11. Les fleurs que vous m'avez offert_____ étaient superbes. Je les ai mis_____ dans un beau vase que j'ai placé_____ très en vue dans le salon.

12. Quelle couleur avez-vous choisi_____ pour la chambre ? Nous avons arrêté_____ notre choix sur le rose cendré.

13. J'aime beaucoup les chansons de Gilles Vigneault et c'est avec plaisir que j'ai écouté_____ celles qu'il a chanté_____ lors de son dernier récital.

14. Les vins qu'ils ont servi_____ hier soir étaient tous de grands crus. Leurs invités sont reparti_____ heureux.

15. Leur avez-vous montré_____ les photos que vous avez pris_____ pendant vos vacances ? Oui, et ils les ont trouvé_____ magnifiques.

# III. Les adjectifs qualificatifs

Lisez attentivement les parties A et B dans le chapitre 3 de *Grammaire française*, p. 49-57, et faites les exercices d'*Application immédiate*. Pour le genre des noms, consultez le tableau des terminaisons, p. 4-5.

Faites ensuite les exercices ci-dessous.

**EXERCICE XIII**  *Dans les phrases suivantes, remplacez le nom souligné par le nom entre parenthèses et faites les changements qui s'imposent.*

1. (maison)

    Ce petit <u>chalet</u> dans la montagne est presque neuf, très coquet, beaucoup plus fonctionnel que le mien et nettement mieux situé.

2. (il)

    <u>Elle</u> était tellement inquiète et jalouse qu'elle est demeurée muette jusqu'à la fin !

3. (pêches)

    Les <u>fruits</u> que j'ai achetés, sans être tout à fait mûrs, étaient néanmoins déjà mous et à moitié pourris.

4. (colloque)

    La prochaine <u>rencontre</u> aura lieu lundi prochain et risque d'être la plus longue et la plus ennuyeuse.

5. (robe)

   Votre ensemble neuf est très chic tel qu'il est; plus court, il serait peut-être plus mignon, mais moins élégant et sûrement moins pratique.

6. (réponse)

   Ses commentaires ont été brefs et plutôt secs.

7. (fille)

   Le gentil petit garçon roux auquel vous faites allusion est un enfant très doux et très doué.

8. (actrice)

   Méfiez-vous de cet acteur; il est manipulateur, paresseux, trompeur, un peu étrange, mais si enchanteur !

9. (îles)

   Les sites grecs les moins fréquentés sont mes favoris.

10. (réunion)

   Le congrès a été sérieux, productif, mais bref et expéditif.

11. (résultats)

   Les notes finales seront meilleures que les premières.

12. (bourse)

   Ton sac marron est plus gros, mais moins joli que ton sac vert.

13. (radio)

   Ce téléviseur portatif est supérieur à l'autre, bien qu'il soit moins cher.

14. (compagnon)

   Ma compagne de scène était une étrangère un peu sotte, un peu folle, mais très belle et peu exigeante.

15. (tartelettes)

   Essayez ces petits fours, vous verrez qu'ils sont succulents et bien frais.

**EXERCICE XIV**   *Mettez les phrases suivantes au féminin et faites les transformations qui s'imposent.*

1. Mon conjoint est un excellent cuisinier français.

2. Où sont passés les héros vaillants, nobles et courageux des temps passés ?

3. Le père de cet enfant est acteur et son oncle est instituteur.

4. Le duc, son parrain, est plus malin qu'il ne le pense.

5. Il élève un coq, un lapin, un loup, un cheval, un chat et un chien.

6. Ce bel Italien est le fils de ce grand monsieur bavard que vous voyez là-bas.

7. Ce vieux chanteur grec est un peu fou, mais très amusant, vous verrez!

8. Jean est mon frère aîné même si l'on pense qu'il est mon jumeau.

9. Ton neveu, en plus d'être très mignon, est le meilleur nageur de l'équipe.

10. Le gentil jeune homme qui vous a invité est veuf depuis un mois.

11. Essayez celui de mon cousin; il est moins beau que le mien, mais je vous assure qu'il fonctionne beaucoup mieux.

12. Tous ceux qui ont rencontré son grand-père s'accordent pour dire que c'est l'homme le plus merveilleux qu'ils aient jamais connu.

13. Ils prétendaient que le nôtre était plus gros et plus résistant que le leur. On le leur a donc prêté. Tant pis pour eux!

14. Tous avaient été invités, mais certains ont refusé de venir parce qu'ils ne supportent pas le nouveau président. Ce dernier a été forcé de démissionner et son ami, le trésorier, fera bien de l'imiter.

15. Son mari la trompe, elle le sait, mais n'ose pas lui demander des comptes de peur de le perdre complètement.

## Corrigé des exercices

### EXERCICE I

1. Le, le, des
2. La, la, les
3. L', le, le
4. Le, la
5. le, la, la
6. la, l'
7. Le, le
8. —, le, la, le, le, l'
9. la, l', la
10. Le, la, le, les, la, l', la, les, la, la, l', la, des, la, le, les, la

### EXERCICE II

1. Un, un, un
2. Une, Un, une
3. une, une
4. un, une
5. une, un, un
6. Un / Une, une
7. Un
8. qu'un, un
9. Une, d'un
10. un, un, un, une, une

### EXERCICE III

1. de la, du, du, du, de la
2. du, de la, du, du, de la
3. de la, de
4. de
5. de l', de la
6. de
7. de la, du
8. de l'
9. de la, de la, du
10. de, de, du, de la, de, de

### EXERCICE IV

1. la, des, le
2. d', de
3. La, une
4. une, du, de, les
5. Le, un, les, — / le, — / l', — / le
6. des, d'
7. une, des
8. les, la
9. du / le, de la / la, les, la
10. la, des, des, l', d', des, L', des, de l', une

### EXERCICE V

1. cet, celles, celle
2. Ce, cette
3. cet, cet / cette
4. cette
5. ce, celui
6. celui-ci, celui-là
7. celles
8. ceux, celles
9. cette, ceux
10. celle-ci, celle-là, celle

## EXERCICE VI

1. Mon, ses, son, sa, son, sa, son, son, sa, son, sa, son, Mon, mon, ma
2. les siens
3. ses, les tiennes
4. ses, notre, le vôtre, votre, la nôtre
5. tes, les miennes
6. nos, les leurs
7. le mien
8. leur, leur
9. vos, Les nôtres / Les miens, Leurs, mon, ma
10. sa, son, son

## EXERCICE VII

1. Tout : pronom
2. Tous : déterminant
3. toutes : déterminant
4. tous : pronom
5. toutes : pronom
6. toutes : déterminant
7. tous : déterminant
8. tout : déterminant
9. tous : déterminant
10. tous : déterminant
11. tout : déterminant
12. Tout : déterminant
13. tout : pronom
14. tous : pronom
15. tous : déterminant
16. Toute : déterminant
17. tous : pronom
18. toutes : déterminant
19. tout : pronom
20. toutes : déterminant
21. tout : déterminant
22. Tout : déterminant
23. tous : déterminant
24. tous : déterminant

## EXERCICE VIII

1. Quelle
2. Quelle
3. Quelles
4. Quelles
5. quelle
6. quels
7. quelle
8. quels
9. quelle
10. quel
11. quelle
12. quelle
13. quel
14. quels
15. quels
16. quel

## EXERCICE IX

1. Laquelle
2. Lequel
3. Lesquelles
4. Auquel
5. laquelle/Auxquelles
6. Duquel
7. laquelle
8. laquelle
9. lequel
10. laquelle

## EXERCICE X

1. laquelle
2. auquel
3. laquelle
4. lequel
5. lesquelles
6. lequel
7. lesquelles
8. laquelle
9. lequel
10. lesquels

## EXERCICE XI

1. Je la cherche.
2. L'enfant lui parle.
3. Je l'adore.
4. Je les aime beaucoup.
5. Mes neveux leur obéissent.
6. Est-ce que tu le veux ?
7. Je les enseigne depuis 10 ans.
8. Je leur enseigne depuis 10 ans.
9. Les films comiques lui plaisent.
10. Elle leur écrit régulièrement.
11. Faites-le attentivement.
12. Faites-lui faire cet exercice.
13. La comprenez-vous ?
14. Nous le trouvons trop long.
15. Demandez-lui de vous aider.

## EXERCICE XII

1. allée
2. mis, sortie
3. retrouvé, perdue
4. rapporté, oubliées
5. achetée
6. essayées, semblé, acheté
7. entrée, remarquée
8. reçu, écrite, affranchie
9. posées
10. préparées, prolongé
11. offertes, mises, placé
12. choisie, arrêté
13. écouté, chantées
14. servis, repartis
15. montré, prises, trouvées

## EXERCICE XIII

1. Cette petite maison dans la montagne est presque neuve, très coquette, beaucoup plus fonctionnelle que la mienne et nettement mieux située.
2. Il était tellement inquiet et jaloux qu'il est demeuré muet jusqu'à la fin !
3. Les pêches que j'ai achetées, sans être tout à fait mûres, étaient néanmoins déjà molles et à moitié pourries.
4. Le prochain colloque aura lieu lundi prochain et risque d'être le plus long et le plus ennuyeux.
5. Votre robe neuve est très chic telle qu'elle est; plus courte, elle serait peut-être plus mignonne, mais moins élégante et sûrement moins pratique.
6. Ses réponses ont été brèves et plutôt sèches.
7. La gentille petite fille rousse à laquelle vous faites allusion est une enfant très douce et très douée.
8. Méfiez-vous de cette actrice; elle est manipulatrice, paresseuse, trompeuse, un peu étrange, mais si enchanteresse !
9. Les îles grecques les moins fréquentées sont mes favorites.
10. La réunion a été sérieuse, productive, mais brève et expéditive.
11. Les résultats finals seront meilleurs que les premiers.
12. Ta bourse marron est plus grosse, mais moins jolie que ta bourse verte.
13. Cette radio portative est supérieure à l'autre, bien qu'elle soit moins chère.
14. Mon compagnon de scène était un étranger un peu sot, un peu fou, mais très beau et peu exigeant.
15. Essayez ces tartelettes, vous verrez qu'elles sont succulentes et bien fraîches.

## EXERCICE XIV

1. Ma conjointe est une excellente cuisinière française.
2. Où sont passées les héroïnes vaillantes, nobles et courageuses des temps passés ?
3. La mère de cette enfant est actrice et sa tante est institutrice.
4. La duchesse, sa marraine, est plus maligne qu'elle ne le pense.
5. Elle élève une poule, une lapine, une louve, une jument, une chatte et une chienne.
6. Cette belle Italienne est la fille de cette grande dame bavarde que vous voyez là-bas.
7. Cette vieille chanteuse grecque est un peu folle, mais très amusante, vous verrez !
8. Jeanne est ma sœur aînée même si l'on pense qu'elle est ma jumelle.
9. Ta nièce, en plus d'être très mignonne, est la meilleure nageuse de l'équipe.
10. La gentille jeune femme qui vous a invité est veuve depuis un mois.
11. Essayez celle de ma cousine; elle est moins belle que la mienne, mais je vous assure qu'elle fonctionne beaucoup mieux.

12. Toutes celles qui ont rencontré sa grand-mère s'accordent pour dire que c'est la femme la plus merveilleuse qu'elles aient jamais connue.
13. Elles prétendaient que la nôtre était plus grosse et plus résistante que la leur. On la leur a donc prêtée. Tant pis pour elles !
14. Toutes avaient été invitées, mais certaines ont refusé de venir parce qu'elles ne supportent pas la nouvelle présidente. Cette dernière a été forcée de démissionner et son amie, la trésorière, fera bien de l'imiter.
15. Sa femme le trompe, il le sait, mais n'ose pas lui demander des comptes de peur de la perdre complètement.

# CHAPITRE 3
## La conjugaison des verbes

Jean Fletcher

## Table des matières

Objectifs 53
Introduction 54
Test préliminaire 55
Corrigé du test préliminaire 59
Tableau récapitulatif des temps 60

I. Le présent de l'indicatif 60
   A. La conjugaison 60
      1. Les groupes de verbes 60
         Exercice 61
      2. Les verbes groupés selon leur forme au présent 61
         a. Les verbes qui se rattachent au modèle *aimer* 61
            Exercices 62
         b. Les verbes du troisième groupe 62
            Exercices 63
         c. Les verbes irréguliers 64
            Exercices 64
   B. Les formes dérivées 66
      1. L'impératif 66
         Exercices 67
      2. Le participe présent 68
         Exercice 68
      3. L'imparfait 68
         Exercices 69
      4. Le subjonctif présent 70
         Exercices 70
II. L'infinitif présent 72
   Exercice 72
   A. Le futur simple 73
      Exercices 73
   B. Le conditionnel présent 74
      Exercices 75
III. Les temps composés 76
   A. Le participe passé et la voix passive 76
      Exercices 76
   B. Le choix de l'auxiliaire 77
   C. L'accord du participe passé 78
      1. Les verbes conjugués avec l'auxiliaire *être* 78
      2. Les verbes conjugués avec l'auxiliaire *avoir* 78
      3. Les verbes pronominaux 79
         Exercice 79
   D. Les formes des temps composés 79
      1. Le passé composé 79
         Exercices 80
      2. Le plus-que-parfait 82
         Exercices 82
      3. Le futur antérieur 83
         Exercices 83
      4. Le conditionnel passé 84
         Exercices 84
      5. Le subjonctif passé 85
         Exercices 85
Corrigé des exercices 86

## Objectifs

1. Passer systématiquement en revue la forme des verbes, aux temps les plus courants, en mettant en valeur les rapports formels qui existent entre eux.
2. Créer les réflexes nécessaires pour reconnaître des groupes de verbes, là où c'est utile, et pour écrire la forme correcte des verbes qui présentent traditionnellement des problèmes.

# Introduction

Comme vous l'avez vu dans le chapitre 1, le verbe est un élément variable dans la phrase. À l'infinitif, il n'a qu'une forme (celle que vous trouvez dans le dictionnaire), mais conjugué, il a plusieurs formes qui sont déterminées par la personne grammaticale, le nombre, le mode, la voix et le temps (voir chapitre 1, II.A.1).

Le verbe joue un rôle *très* important : presque toutes les phrases contiennent un verbe conjugué et il suffit très souvent d'un verbe conjugué pour faire une phrase.

**Ex.** J'apprends.
Répétez !

De plus, toutes nos actions se situent dans le temps (présent, passé, futur) et le temps, en français, s'exprime souvent par la conjugaison des verbes.

L'éditeur du *Bescherelle*\* affirme que la « [...] mauvaise réputation de la conjugaison du français est largement imméritée ». En effet, bien que les formes du verbe soient nombreuses, la plupart sont immédiatement prévisibles. Aussi, vous n'aurez pas à étudier ici chaque verbe individuellement. Vous apprendrez à les classer par groupes, puis à vous servir d'un verbe modèle pour conjuguer tous les verbes faisant partie de ce groupe. Il est très important de reconnaître d'abord les groupes de verbes réguliers, pour mieux isoler ensuite les verbes irréguliers.

Dans ce chapitre, les verbes sont donc regroupés afin de vous faciliter la tâche.

Les rectifications orthographiques proposées touchent la forme de certains verbes, mais dans ce manuel, c'est l'orthographe traditionnelle que vous trouverez. Le *Bescherelle* donne l'orthographe traditionnelle des verbes et propose également les variantes clairement identifiées. Vous trouverez donc très utile de consulter *Bescherelle 1. L'Art de conjuguer. Dictionnaire de 12 000 verbes,* Hurtubise HMH, non seulement pour découvrir la forme, mais aussi pour comprendre la fonction et la valeur des verbes.

---

\**Bescherelle 1. L'Art de conjuguer. Dictionnaire de 12 000 verbes,* Hurtubise HMH, 2006.

# Test préliminaire

Dans ce test, vous passerez en revue la **forme** de tous les temps des verbes.

**I** *Donnez l'infinitif des verbes conjugués. (5 × 2 points)*

1. nous saisissons : _____

2. vous montrez : _____

3. j'aperçois : _____

4. nous nous promènerons : _____

5. il a dû : _____

**II** *Remplacez l'infinitif par le présent de l'indicatif. (12 × 2 points)*

« Comment _____ (1) (aller)-tu ce soir ?, me _____ (2) (demander) mon ami Pierre, quand je _____ (3) (rentrer).

— Ils _____ (4) (exagérer) quand même, ces professeurs, s'ils _____ (5) (établir) un nouveau système pour nos notes ! Pourquoi donc est-ce que j'_____ (6) (étudier) ? Comme tu _____ (7) (pouvoir) le voir, mon pauvre Pierre, nous, les étudiants, nous _____ (8) (devoir) nous adapter à n'importe quoi !

— Ah, mais tu ne _____ (9) (se rappeler) pas ? Nous _____ (10) (recommencer) nos sorties gastronomiques ce soir. Vite ! Tu _____ (11) (venir) ? Je t'_____ (12) (attendre). »

**III** *Mettez les verbes à l'impératif. (2 × 1 point)*

Si tu as le temps, _____ (revenir) nous voir et _____ (raconter)-nous ton voyage.

**IV** *Mettez le premier verbe au présent et le deuxième au futur. (8 × 2 points)*

1. Si le patron _____ (achever) son rapport, j' _____ (aller) tout de suite en faire des photocopies.

2. Si vous _____ (refaire) votre demande, nous l'_____ (étudier).

3. Et si nous le _____ (juger) nécessaire, vous _____ (être) convoqué bientôt.

4. Si votre demande nous _____ (plaire), le patron vous _____ (appeler).

**V** *Mettez le premier verbe à l'imparfait et le deuxième au conditionnel. (4 × 2 points)*

1. Si vous _____ (refaire) votre demande, nous _____ (pouvoir) la considérer.

2. Et si nous le _____ (juger) nécessaire, nous vous _____ (faire) passer une entrevue.

**VI** *Donnez le participe présent. (3 × 1 point)*

1. attendre : _____

2. menacer : _____

3. agir : _____

**VII** *Faites l'accord du participe passé, si c'est nécessaire. (7 × 1 point)*

1. Les enfants se sont sali _____ en jouant.

2. Maman nous a téléphoné _____ hier, tu sais.

3. La grande nouvelle a été annoncé _____, une fois que tous nos amis étaient arrivé _____.

4. Elle a sorti _____ les chocolats et elle les a tous mangé _____.

5. Malheureusement, Francine s'est cassé _____ la jambe.

**VIII** *Mettez les verbes au passé composé. (10 × 2 points)*

1. Où _____ (il; mettre) les cadeaux que nous lui _____ (offrir)? J'espère qu'il les _____ (recevoir)!

2. Quand Marie-Claire _____ (revenir) du cinéma hier soir, elle _____ (s'endormir) tout de suite. Elle _____ (ne pas pouvoir) finir d'apprendre ses verbes, mais ce matin, l'examen lui _____ (paraître) assez facile. Et à sa grande surprise, elle _____ (être classé) parmi les meilleurs!

3. Paul et Marc _____ (se connaître) au championnat l'an dernier et ils _____ (s'écrire) souvent depuis.

**IX** *Mettez les verbes au subjonctif présent. (5 × 2 points)*

Il est temps que

1. mon père _____ (consentir) à nous écouter.

2. il _____ (savoir) la vérité.

3. nous lui _____ (expliquer) tout.

4. tu _____ (prendre) la parole aussi.

5. notre projet _____ (aboutir).

| Résultats | | | |
|---|---|---|---|
| I | / 10 | VI | / 3 |
| II | / 24 | VII | / 7 |
| III | / 2 | VIII | / 20 |
| IV | / 16 | IX | / 10 |
| V | / 8 | Total | / 100 |

# Corrigé du test préliminaire

**I**

1. saisir
2. montrer
3. apercevoir
4. se promener
5. devoir

**II**

1. vas
2. demande
3. rentre
4. exagèrent
5. établissent
6. étudie
7. peux
8. devons
9. te rappelles
10. recommençons
11. viens
12. attends

**III**

reviens, raconte

**IV**

1. achève, irai
2. refaites, étudierons
3. jugeons, serez
4. plaît, appellera

**V**

1. refaisiez, pourrions
2. jugions, ferions

**VI**

1. attendant
2. menaçant
3. agissant

**VII**

1. salis
2. téléphoné
3. annoncée, arrivés
4. sorti, mangés
5. cassé

**VIII**

1. a-t-il mis, avons offerts, a reçus
2. est revenue, s'est endormie, n'a pas pu, a paru, a été classée
3. se sont connus, se sont écrit

**IX**

1. consente
2. sache
3. expliquions
4. prennes
5. aboutisse

# Tableau récapitulatif des temps

Voici un tableau qui permet de voir les rapports entre les différentes formes du verbe en français. Il vaut pour la majorité des verbes.

| \multicolumn{8}{c}{**TEMPS SIMPLES**} |
|---|---|---|---|---|---|---|---|
| Participe présent | Impératif | Présent | Imparfait | Subjonctif | Futur simple | Conditionnel présent | Infinitif présent |
| pren**ant** | prends | je prends | je pren**ais** | que je prenne | je prendr**ai** | je prendr**ais** | prendre |
|  | prenons | nous prenons | nous prenions | que nous prenions |  |  |  |
|  | prenez | ils prennent |  |  |  |  |  |

| \multicolumn{8}{c}{**TEMPS COMPOSÉS**} |
|---|---|---|---|---|---|---|---|
| Participe passé |  | Passé composé | Plus-que-parfait | Subjonctif passé | Futur antérieur | Conditionnel passé | Infinitif passé |
| pris |  | j'ai pris | j'avais pris | que j'aie pris | j'aurai pris | j'aurais pris | avoir pris |

# I. Le présent de l'indicatif

## A. La conjugaison

Rappelez-vous les terminaisons suivantes :

| Je _____**e**, _____**s** | sauf *j'ai, je peux, je veux* |
| tu _____**s** | sauf *tu peux, tu veux* |
| il, elle _____**e**, _____**t**, _____**d** | sauf *il a, il va* |
| nous _____**ons** | sauf *nous sommes* |
| vous _____**ez** | sauf *vous dites, vous êtes, vous faites* |
| ils, elles _____**ent** | sauf *ils font, ils ont, ils sont, ils vont* |

Dans l'interrogation avec inversion du sujet (**ex.** Dormez-**vous** ?), n'oubliez pas d'ajouter un **t** entre deux voyelles à la 3ᵉ personne du singulier, quand le verbe ne se termine pas par **-t** ou par **-d**.

**Ex.** donne-**t**-il ? écoute-**t**-elle ?
va-**t**-elle ? comprend-il ?
parle-**t**-elle ? finit-elle ?

### 1. Les groupes de verbes

*Les verbes réguliers modèles* (voir *Grammaire française*, Chapitre 12, p. 181) :
aimer
finir

**Remarques**

Le radical du verbe *étudier* est **étudi** — j'**étudi**e

Le radical du verbe *créer* est **cré** — je **cré**e

Les verbes désignant la couleur font partie du 2ᵉ groupe, comme **finir** : blanchir, jaunir, noircir, rougir, etc., ainsi qu'un certain nombre de verbes formés à partir d'adjectifs : ap**pauvr**ir, em**bell**ir, en**dur**cir, en**rich**ir, etc. (voir *Grammaire française*, Chapitre 12, p. 185).

### EXERCICE 1    *Mettez les verbes au présent, à la personne indiquée.*

1. imaginer :   tu _____
2. compter :    je _____
3. bâtir :      ils _____
4. apprécier :  j' _____
5. choisir :    nous _____
6. répondre :   il _____
7. réagir :     vous _____
8. montrer :    je _____

## 2. Les verbes groupés selon leur forme au présent (voir *Grammaire française*, Chapitre 12, p. 184)

a. Les verbes qui se rattachent au modèle *aimer*

| couvrir, offrir | cueillir |
| payer | nettoyer |
| commencer | manger |

Dans le cas de verbes comme *commencer* et *manger*, il est utile de se rappeler comment fonctionne l'orthographe française en général :

/k/  c → a  calmer          /s/  c → e  céder
        → o  coller                → i  cirer
        → u  cuire

/g/  g → a  gaspiller       /ʒ/  g → e  gérer
        → o  gonfler               → i  agir
        → u  guider

Pour adoucir un **c** devant **a, o, u,** on doit mettre une cédille sous le **c**.
**Ex.** avançant, façonner, déçu

Pour adoucir un **g** devant **a, o, u,** on ajoute un **e** après le **g**.
**Ex.** nageons, mangeant

peser, acheter        jeter, appeler        céder, espérer

Dans le cas de ces derniers groupes, il faut également faire attention à l'orthographe et à la prononciation par rapport à l'infinitif (voir *Grammaire française*, Chapitre 12, p. 183).

L'infinitif donne les formes pour *nous* et *vous*. Pour les autres personnes, on ajoute parfois un accent grave, parfois on double la consonne, ou encore on change l'accent aigu pour un accent grave.
**Ex.** je p**è**se, ils ach**è**tent
    elle appe**ll**e, tu je**tt**es
    il c**è**de, j'esp**è**re

**EXERCICE II**    *Mettez les verbes entre parenthèses au présent.*

1. Nous _____ (commencer) à comprendre.
2. Tu _____ (rejeter) ma suggestion !
3. Elle _____ (se promener) souvent.
4. Il _____ (interpréter) mal ma réponse.
5. Je _____ (souffrir) de rhumatismes.
6. Nous _____ (venger) sa mort !
7. _____ (acheter)-il un pantalon ?
8. Tu ne _____ (se lever) pas de bonne heure.
9. Je _____ (préférer) partir demain.
10. _____ (envoyer)-elle les paquets ?
11. Il _____ (renouveler) son abonnement.
12. Où _____ (espérer)-tu trouver ce livre ?

**EXERCICE III**    *Mettez au pluriel.*

1. je nettoie _____
2. tu te rappelles _____
3. j'avance _____
4. je protège _____
5. il paie _____
6. tu mènes _____

**EXERCICE IV**    *Mettez au singulier.*

1. nous achevons _____
2. vous exagérez _____
3. nous considérons _____
4. vous envoyez _____
5. vous gelez _____
6. nous annonçons _____

b. Les verbes du troisième groupe (voir *Grammaire française*, Chapitre 12, p. 186-187)

   rendre, vendre
   battre, mettre
   sentir, dormir, servir
   lire, dire, rire, écrire, cuire
   courir, suivre, vivre, conclure
   connaître
   tenir, venir
   prendre
   peindre, craindre
   voir, croire
   recevoir, devoir, boire

**EXERCICE V**    *Mettez les verbes au pluriel.*

1. Il vient demain. _____
2. Elle me suit. _____
3. Qu'écrit-il ? _____
4. Tu dois y aller. _____
5. Je crains le pire. _____
6. Tu le prends. _____

**EXERCICE VI**    *Mettez les verbes au singulier.*

1. Vous recevez des amis. _____
2. Nous servons du café. _____
3. Ils te connaissent bien. _____
4. Vous vivez à Paris ? _____
5. Ils cuisent à petit feu. _____
6. Vous revenez demain. _____

**EXERCICE VII**    *Mettez les verbes entre parenthèses au présent.*

1. Tu ne _____ (se mettre) pas au travail ; tu _____ (lire) la revue que tu _____ (venir) d'acheter.

2. Elle _____ (suivre) le guide, mais elle _____ (devoir) se dépêcher, car il _____ (sortir) déjà de la grande salle.

3. _____ (Reconnaître)-ils leur cousin qui les _____ (apercevoir) et _____ (courir) les rejoindre ?

4. Nous _____ (craindre) la pluie lorsque nous _____ (voir) de si gros nuages.

5. Vous me _____ (décrire) votre soirée d'une façon si vivante que je _____ (croire) y être.

6. Elle vous _____ (voir) arriver, vous lui _____ (sourire), vous lui _____ (dire) bonjour, mais elle ne _____ (se permettre) pas un mot !

7. Quand je _____ (repeindre) ma chambre, je _____ (se servir) d'un rouleau, car cela _____ (rendre) la tâche bien plus facile.

8. Comment _____ (construire)-vous ces belles phrases qui _____ (produire) une si vive impression ?

9. Mes parents _____ (recevoir) ce soir des amis qui _____ (se plaindre) sans cesse de leurs maladies. Moi, je _____ (s'endormir) !

c. *Les verbes irréguliers* (voir *Grammaire française*, Chapitre 12, p. 186-187)

| avoir | vouloir | s'asseoir |
| être | pouvoir | valoir |
| aller | savoir | falloir (il faut) |
| faire | mourir | |

### EXERCICE VIII   *Mettez les verbes entre parenthèses au présent.*

1. Nous _____ (refaire) cette expérience; cela _____ (valoir) mieux, car nous ne _____ (être) pas du tout satisfaits des résultats.

2. Paul _____ (s'asseoir) près de moi, nous _____ (prendre) un verre et je _____ (mourir) d'envie de mieux le connaître.

3. Les Tremblay _____ (faire) du ski nautique. Ils _____ (avoir) un bateau. Tu _____ (aller) leur demander s'ils _____ (vouloir) bien nous le prêter.

### EXERCICE IX   *Exercice de substitution*

| Ex. | Être : | Il _____ cher | — Il **est** cher. |
| | Ils : | | — Ils **sont** chers. |
| | Valoir : | | — Ils **valent** cher. |
| | Cela : | | — Cela **vaut** cher. |

1. Aller :        Je _____ lui parler.

2. Tu :           Tu _____ lui parler.

3. Vouloir :      Tu _____ lui parler.

4. Nous :         Nous _____ lui parler.

5. Savoir :       Nous _____ lui parler.

6. Tu :           Tu _____ lui parler.

7. Pouvoir :      Tu _____ lui parler.

8. Ils :          Ils _____ lui parler.

9. Avoir à :      Ils _____ lui parler.

10. Vous :        Vous _____ lui parler.

**EXERCICE X**     *Mettez les sujets au pluriel et faites les changements nécessaires.*

1. J'écris à Marie. _____
2. Tu veux une réponse. _____
3. Il bat le record. _____
4. Je reprends mon souffle. _____
5. Je mange trop ! _____
6. Tu amènes ton ami. _____
7. Tu pèses 100 kg ? _____
8. Il sait nager. _____
9. Je meurs de soif. _____
10. Tu t'en aperçois. _____
11. Tu dis la vérité. _____
12. Je transcris mes notes. _____

**EXERCICE XI**     *Mettez les sujets au singulier et faites les changements nécessaires.*

1. Nous tenons à parler. _____
2. Vous craignez le pire. _____
3. Ils comprennent vite. _____
4. Vous vous sentez en forme. _____
5. Ils traduisent la lettre. _____
6. Nous nous en allons. _____
7. Vous achevez le roman. _____
8. Quand revenez-vous ? _____
9. Nous cédons la place. _____
10. Vous devez l'essayer. _____

Si vous pensez avoir encore des difficultés, faites les exercices dans *Grammaire française*, Chapitre 12, p. 188-191.

## B. Les formes dérivées

Le présent de l'indicatif vous servira à trouver d'autres formes des verbes. Le tableau ci-dessous facilitera votre compréhension.

```
                      PRÉSENT DE L'INDICATIF
                ┌──────────────┼──────────────┐
          Tu, nous, vous       Nous           Ils
                │         ┌─────┴─────┐        │
           IMPÉRATIF  PARTICIPE   IMPARFAIT  SUBJONCTIF
           (I.B.1.)   PRÉSENT    (I.B.3.)    PRÉSENT
                      (I.B.2.)               (I.B.4.)
```

Vous avez bien appris le présent: ainsi vous trouverez sans difficulté l'impératif, l'imparfait, etc., de verbes tels que *boire, craindre, croire, faire, prendre, venir* ou *voir*.

Les formes **tu, nous, vous** du présent, sans le pronom sujet, donnent l'**impératif** (voir section I.B.1).

Pour former le **participe présent** à partir de **nous,** il suffit d'ajouter **-ant** au radical (voir section I.B.2).
**Ex.** aim**ant**
finiss**ant**
mange**ant**

Au même radical, vous ajouterez les terminaisons appropriées pour obtenir l'**imparfait** (voir section I.B.3).
**Ex.** je pens**ais**
nous buv**ions**
ils grandiss**aient**

Le verbe à la forme **ils**, sans la terminaison **-ent**, devient le radical du **subjonctif présent,** et on y ajoute les terminaisons appropriées (voir section I.B.4).
**Ex.** que je viv**e**
qu'elle prenn**e**
que tu vienn**es**

### 1. L'impératif (voir *Grammaire française*, Chapitre 13, p. 207-209)

Il est formé à partir des formes **tu, nous, vous** du *présent de l'indicatif*. Pour les verbes en *-er* et certains autres, on omet le **s** de la forme **tu** devant une consonne ou à la fin d'une phrase.
**Ex.** Parle. Donne-moi ton opinion. Ouvre la porte. Va-t'en. *Mais* Vas-y.

Il y a quatre impératifs irréguliers:

avoir: **aie, ayons, ayez**
être: **sois, soyons, soyez**
savoir: **sache, sachons, sachez**
vouloir: **veuille, veuillons, veuillez**

Notez le sens de **veuillez**: c'est une forme polie pour **voulez-vous?**
**Ex.** **Veuillez** fermer la porte.

Remarquez qu'à la forme affirmative le pronom suit le verbe. Vous verrez cette structure en détail dans les chapitres 4 et 9.

**Ex.** Allez-**y**.
Montrez-**le-moi**.

## EXERCICE XII   *Mettez à l'impératif.*

1. prendre (vous) _____
2. écouter (tu) _____
3. dire (vous) _____
4. obéir (nous) _____
5. travailler (tu) _____
6. achever (tu) _____

## EXERCICE XIII   *Mettez les verbes entre parenthèses au présent de l'indicatif ou à l'impératif selon le cas.*

1. Si j'_____ (obtenir) la permission, je te ferai visiter les laboratoires où nous _____ (construire) une maquette de l'avion.

2. C'est ça, _____ (appeler)-moi demain si tu _____ (sortir) ce soir.

3. _____ (éteindre) votre cigarette et _____ (s'asseoir) ici ! Vous n'y _____ (comprendre) rien, mais vous _____ (obéir).

4. Comment _____ (pouvoir)-on présenter un tel spectacle ? Cela ne _____ (plaire) à personne, personne ne _____ (s'y intéresser). N'_____ (avoir) pas peur, ils _____ (devoir) nous rembourser !

5. Les ouvriers _____ (considérer) que leurs représentants _____ (défendre) bien leurs intérêts et qu'ils _____ (atteindre) les objectifs fixés par le syndicat.

6. _____ (Savoir), chers électeurs, que je ne vous _____ (mentir) pas, même si les autres candidats _____ (croire) le contraire. Ils me _____ (méconnaître) quand ils _____ (rejeter) toutes mes idées.

7. « Si vous _____ (créer) des problèmes, vous _____ (disparaître) tout de suite », _____ (répondre) le chef. « Et _____ (être)-en sûr : je n'_____ (exagérer) pas. »

8. Tu _____ (payer) l'addition, bien sûr, mais ne _____ (laisser) pas de pourboire ! Le personnel ici _____ (servir) très mal les clients.

9. Pourquoi _____ (réagir)-ils si violemment ? _____ (Comprendre)-ils vraiment la situation ?

10. Le président _____ (répéter) toujours les mêmes mots. Cela ne _____ (pouvoir) pas continuer : nous _____ (changer) tout son discours pour demain.

## 2. Le participe présent (voir *Grammaire française*, Chapitre 20, p. 299)

Pour former le *participe présent*, vous vous rappelez :

nous finissons → finissant
nous prenons → prenant
nous croyons → croyant

À cette règle, il y a trois exceptions :

avoir → **ayant**
être → **étant**
savoir → **sachant**

**Ex.** « **Sachant** cela, vous savez tout », nous dit-on.

### EXERCICE XIV   *Donnez le participe présent des verbes entre parenthèses.*

1. En _____ (revenir) de chez mes amis, j'ai rencontré Jean.

2. Tu lis le journal en _____ (manger).

3. _____ (Craindre) le pire, nous sommes rentrés en vitesse.

4. Tu achèteras du pain en _____ (rentrer).

5. Cet acteur parle en _____ (grimacer) et cela m'énerve.

6. _____ (Connaître) bien ton ami, tu lui expliqueras mieux que moi la situation.

7. _____ (Être) sans argent, nous restons chez nous !

8. Ne te trompe pas en _____ (écrire) leur adresse.

## 3. L'imparfait (voir *Grammaire française*, Chapitre 15, p. 231-232)

L'*imparfait* est formé à partir de la 1re personne du pluriel, **nous**, du *présent*. On remplace la terminaison **-ons** par les terminaisons : **-ais, -ais, -ait, -ions, -iez, -aient.**

**Ex.**   elle all**ait**         nous buv**ions**
          tu av**ais**          vous craign**iez**

Une seule exception : être → j'**étais**

Notez l'orthographe des verbes comme *placer* et *nager* :
**Ex.** je pla**çais**   nous pla**cions**
   il na**geait**   vous na**giez**

Notez l'orthographe (double **i**) : nous étud**iions**
   nous r**iions**
   vous appréc**iiez**

## Remarque

Attention : le *présent* de certains verbes pourrait être interprété comme étant un imparfait.
**Ex.** (connaître) : je conn**ais**
   (paraître) : tu par**ais**

### EXERCICE XV   *Mettez à l'imparfait.*

1. tu descends _____
2. il démolit _____
3. il apprend _____
4. je bois _____
5. vous venez _____
6. elle veut _____
7. il doit _____
8. tu connais _____
9. j'étudie _____
10. nous commençons _____

### EXERCICE XVI   *Mettez les verbes soulignés à l'imparfait.*

1. Tu _____ te lèves très tard quand tu _____ es en vacances.

2. Je _____ me perds toujours quand je _____ vais chez ma tante.

3. Il me _____ dit qu'il _____ apprécie ton cadeau et qu'il

   _____ tient à t'en remercier.

4. Il ne _____ pleut plus. Il _____ fait très beau pendant que nous

   _____ nageons.

5. Elle _____ se met à table et _____ commence à manger avec

   appétit, car les plats que sa mère _____ prépare _____ sentent

   toujours si bon ! Parfois elle en _____ lit les recettes pour apprendre à les faire.

### 4. Le subjonctif présent (voir *Grammaire française*, Chapitre 19, p. 273-277)

Pour former le *subjonctif présent*, on remplace la terminaison **-ent** de la 3ᵉ personne du pluriel du *présent de l'indicatif* par les terminaisons **-e**, **-es**, **-e**, **-ions**, **-iez**, **-ent**.
**Ex.** ils **lis**ent → que je **lis**e, que tu **lis**es, qu'il **lis**e, que nous **lis**ions, etc.

Notez que les personnes *nous* et *vous* du subjonctif sont parfois différentes des autres. Citons les verbes du groupe *payer, acheter, jeter, céder* ainsi que certains autres tels que *prendre, tenir, venir, voir* ou *recevoir*. Dans ces cas, on utilise la même forme que l'imparfait.

Au subjonctif, donc, la forme utilisée pour la 1ʳᵉ et la 2ᵉ personnes du pluriel est presque toujours celle de l'imparfait.
**Ex.** que j'ach**è**te, que nous ach**e**tions
que tu vie**nn**es, que vous ve**n**iez

N'oubliez pas les quelques verbes irréguliers (voir *Grammaire française*, Chapitre 19, p. 276-277) :

| avoir | faire | aller | **nous** et **vous** : |
| être | pouvoir | valoir | attention ! |
| | savoir | vouloir | |

## EXERCICE XVII   *Mettez au subjonctif présent.*

1. vendre : que je _____
2. guérir : que tu _____
3. apprendre : qu'il _____
4. mettre : que je _____
5. boire : que tu _____
6. aller : qu'elle _____
7. ouvrir : que nous _____
8. être : qu'il _____
9. vivre : que tu _____
10. voir : que vous _____

**EXERCICE XVIII** *Commencez chaque phrase par **Bien que**, et faites les changements nécessaires.*
**Ex.** Tu prends des tas de vitamines, mais tu as toujours l'air fatigué.
　　　Bien que tu prennes des tas de vitamines, tu as toujours l'air fatigué.

1. Il est tard, mais nous allons au cinéma.

2. Il a du talent, mais il réussira difficilement.

3. Vous dites la vérité, mais personne ne vous croit.

4. Il ne fait pas chaud, mais nous allons nous promener.

5. Il se rend compte de son erreur, mais il ne change rien à son rapport.

**EXERCICE XIX** *Mettez les verbes entre parenthèses au subjonctif présent.*

1. Il n'y a rien dans ce magasin qui _____ (valoir) la peine d'être acheté ! Rien qui me _____ (plaire) !

2. Il faut absolument que le professeur _____ (recevoir) cela demain.

3. Le propriétaire de ce petit chien s'attend à ce que tout le monde le _____ (craindre) !

4. Il est temps que ce jeune homme _____ (savoir) ce qu'il veut faire et qu'il _____ (choisir) une profession.

5. Nous nous étonnons que tu _____ (sortir) sans manteau par un temps pareil. Pourvu que tu ne _____ (prendre) pas froid !

6. Ainsi, vous avez obtenu le rôle principal du téléroman ? Où que vous _____ (aller) désormais, que vous le _____ (vouloir) ou non, vous serez identifié avec ce personnage-là !

7. Quelque envie que nous _____ (avoir) de sortir, il faut travailler pour que nous _____ (pouvoir) une fois pour toutes apprendre les verbes français.

## II. L'infinitif présent (voir *Grammaire française*, Chapitre 21, p. 319)

Lorsque vous cherchez un verbe dans le dictionnaire, vous savez bien que c'est l'infinitif que vous allez trouver.
**Ex.** accept**er,** bo**ire,** dorm**ir,** peind**re.**

**EXERCICE XX** *Faites une seule phrase avec les propositions données, en employant l'infinitif.*
**Ex.** Il trouve son stylo; il a cherché partout avant.
Il a cherché partout **avant de trouver** son stylo.

1. Tu pars; tu diras « Au revoir » avant.

2. Il intervient; il veut avoir les renseignements avant.

3. Je dors; je lirai un peu avant.

4. Vous éteignez les lumières; vous fermerez bien les portes avant.

5. Je m'inscris; je vais voir des professeurs avant.

6. Vous prenez la décision; vous réfléchirez bien avant.

7. Il achète un nouveau DVD; il compte son argent avant.

8. Nous le punissons; il faut beaucoup réfléchir avant.

9. Tu envoies ce paquet; tu vérifieras l'adresse avant.

10. Je reçois mon diplôme; j'aurai beaucoup appris avant!

L'infinitif présent vous fournira de bonnes indications pour former le **futur** (II.A) et le **conditionnel** (II.B).

## A. Le futur simple (voir *Grammaire française*, Chapitre 17, p. 245-248)

Le signe de ce temps du verbe est la lettre **r,** suivie des terminaisons.

Formation régulière : l'infinitif, suivi des terminaisons : **-ai, -as, -a, -ons, -ez, -ont.**

**Ex.** je parler**ai**     tu finir**as**     il placer**a**
nous parler**ons**     vous finir**ez**     ils placer**ont**

Vous reconnaissez là les terminaisons du présent de l'indicatif du verbe **avoir**.

Attention aux verbes en **-re** : le **e** final disparaît.

**Ex.** il prendr**a**     ils lir**ont**
nous écrir**ons**     vous boir**ez**

**Particularités**

Au futur, il faut faire attention à la forme de verbes comme *considérer, inspirer,* dont l'infinitif se termine par une voyelle + **rer.**

**Ex.** j'attirer**ai**
il réparer**a**
nous rassurer**ons**

Alors que les verbes comme *céder* sont réguliers, il faut noter l'orthographe (et la prononciation) des verbes tels que *peser, acheter, appeler, jeter.*

**Ex.** je p**è**serai, tu ach**è**teras, j'app**ell**erai, tu j**ett**eras

Verbes irréguliers au futur : en voici les principaux.

| avoir | faire | vouloir | { courir | cueillir |
| être | savoir | pouvoir | { mourir | |
| aller | { venir | { devoir | { voir | |
| | { tenir | { recevoir | { envoyer | |
| | | s'asseoir | { falloir | |
| | | | { valoir | |

### EXERCICE XXI    *Donnez le futur des verbes suivants.*

1. apprendre : je _____
2. reconnaître : nous _____
3. partir : tu _____
4. créer : vous _____
5. tolérer : il _____
6. rire : tu _____

### EXERCICE XXII    *Mettez au futur.*

1. acheter : tu _____
2. se promener : il _____
3. renouveler : je _____
4. exagérer : elle _____
5. achever : ils _____
6. rejeter : vous _____

**EXERCICE XXIII**   *Mettez au futur.*

1. venir : il _____
2. courir : tu _____
3. aller : vous _____
4. faire : nous _____
5. envoyer : tu _____
6. vouloir : je _____
7. pouvoir : ils _____
8. avoir : elle _____

**EXERCICE XXIV**   *Mettez les verbes entre parenthèses au futur.*

1. Tu _____ (accompagner) tes amis à la gare et tu _____ (revenir) tout de suite.

2. Comment _____ (pouvoir)-il arriver à l'heure ? Il _____ (être) certainement en retard et tout le monde _____ (devoir) l'attendre.

3. Quand je _____ (revoir) Pierre, je lui _____ (dire) que nous ne _____ (sortir) plus tous les soirs.

4. Vous _____ (s'asseoir) près de moi et nous _____ (avoir) le temps de bavarder. J'_____ (adorer) ça. On _____ (se préparer) un bon café et vous me _____ (raconter) votre voyage.

**EXERCICE XXV**   *Mettez les verbes soulignés au futur.*

1. Vous _____ écrivez à ce client que nous ne _____ prenons plus de commandes cette année. Il _____ peut nous écrire en décembre. Il _____ faut prévenir les autres clients, d'ailleurs. Vous les _____ appelez cette semaine.

2. Ce soir, Jacques nous _____ montre ses photos et il nous _____ fait écouter ses commentaires. Il _____ répète les mêmes choses que les autres fois et nous _____ mourons d'ennui. Peut-être qu'un jour, il _____ améliore sa présentation !

## B. Le conditionnel présent (voir *Grammaire française*, Chapitre 18, p. 259-260)

Il s'agit du *radical du futur*, dans la plupart des cas, soit l'infinitif ou l'infinitif sans le **e** final, avec les terminaisons **-ais, -ais, -ait, -ions, -iez, -aient**.

**Ex.**  je parler**ais**           tu finir**ais**           elle mourr**ait**
        nous écrir**ions**        vous ir**iez**           ils prendr**aient**

**EXERCICE XXVI**  *Mettez au conditionnel présent.*

1. il va _____
2. tu es _____
3. ils font _____
4. il entend _____
5. vous finissez _____
6. ils prennent _____
7. vous achetez _____
8. nous venons _____
9. je peins _____
10. nous savons _____

**EXERCICE XXVII**  *Complétez la phrase « Si j'étais doué(e),… » en utilisant les phrases suivantes.*
**Ex.**  Tout le monde m'écoute.
    Si j'étais doué, tout le monde m'écouterait.

Si j'étais doué(e),

1. tout est facile. _____
2. je t'explique tout. _____
3. je deviens avocat(e). _____
4. tu peux me consulter. _____
5. tu me prends au sérieux. _____
6. nous gagnons beaucoup d'argent. _____
7. on m'offre un poste intéressant. _____
8. je fais des recherches. _____

**EXERCICE XXVIII**  *Transformez les phrases en employant **si** + imparfait, suivi du conditionnel présent.*

1. Si mes cousins appellent, tu leur répondras.

_____

2. S'il commence à pleuvoir, nous rentrerons.

_____

3. Si nous achetons de l'essence, la voiture roulera.

_____

4. Si on démolit la maison, M. Lafleur n'aura plus de logement.

_____

5. Si je me mets à travailler, je réussirai.

6. Si l'hiver est très dur, les loups viennent au village !

7. Si tu peux choisir, partiras-tu aux États-Unis ?

# III. Les temps composés

En combinant le *participe passé* avec les différents temps des verbes **avoir** ou **être**, nous formons les temps composés.

## A. Le participe passé et la voix passive

Le participe passé des deux groupes réguliers :

aimer → **aimé**
finir → **fini**

La liste des autres participes passés est assez longue. Vous en savez certains; vérifiez et apprenez les autres en faisant les exercices et en consultant *Grammaire française*, Chapitre 20, p. 309-312.

**EXERCICE XXIX** *Donnez le participe passé des verbes suivants.*

1. recevoir _____
2. ouvrir _____
3. réussir _____
4. surprendre _____
5. lire _____
6. regarder _____
7. dire _____
8. plaire _____

**EXERCICE XXX** *Remplacez les verbes entre parenthèses par le participe passé.*

Honoré de Balzac, _____ (naître) à Tours en 1799, y a _____ (faire) des études de droit et est _____ (devenir) clerc d'avoué. Ensuite, il est _____ (partir) pour Paris où il s'est _____ (mettre) à écrire. Il a _____ (devoir) travailler dur : il a _____ (pouvoir) payer ses dettes en écrivant des romans qui ont _____ (avoir) du succès. La dame qu'il aimait n'a _____ (vouloir) l'épouser qu'en 1850, et il est _____ (mourir) peu après.

Le *passif* est formé du verbe **être** suivi du *participe passé*: vous en avez un exemple dans cette phrase. Pour le passif, consultez *Grammaire française*, Chapitre 29, p. 459-460.

Dans la voix passive, le participe passé s'accorde avec le sujet, comme un adjectif.
**Ex.** Les **meubles** sont livr**és** gratuitement.
La **maison** a été démoli**e** par les ouvriers.
Mes **questions** ne seront pas compris**es.**

**EXERCICE XXXI** *Complétez en employant le passif (au présent).*

**Ex.** Le lait _____ (boire) par le chat. → Le lait est bu par le chat.

1. Le lion _____ (tuer) par les chasseurs.

2. La reine _____ (suivre) de ses dames.

3. Cette vieille maison _____ (photographier) très souvent.

4. Ses nouvelles théories _____ (critiquer) par ses collègues.

5. Un cadeau magnifique _____ (offrir) à chaque participant au concours.

**EXERCICE XXXII** *Refaites cet exercice en mettant les phrases au futur.*
**Ex.** Le lait sera bu par le chat.

1. _____
2. _____
3. _____
4. _____
5. _____

## B. Le choix de l'auxiliaire

On utilise l'auxiliaire **être** avec un certain nombre de verbes (voir *Grammaire française*, Chapitre 14, p. 220-222).

Ces verbes sont intransitifs et il s'agit essentiellement de verbes de mouvement. Ils sont faciles à regrouper.

| naître | (r)entrer | arriver | aller | monter |
| mourir | sortir | partir | venir | descendre |
| | | | revenir | |
| rester | | | devenir | retourner |
| tomber | | | parvenir | |
| | | | etc. | passer |

**Ex.** **elle** est venu**e**, **je** suis part**i(e)**

**Être** s'utilise également avec les verbes pronominaux (voir *Grammaire française*, Chapitre 14, p. 222-223).
**Ex.** **elle** s'est lav**ée**, tu **t**'es demand**é**, ils **se** sont téléphon**é**

L'auxiliaire **avoir** est utilisé dans les temps composés des autres verbes, c'est-à-dire la majorité.
**Ex.** j'**ai** répondu, ils **ont** dormi, je les **ai** vus

Notez que quand **avoir** et **être** sont utilisés comme verbes, ils se conjuguent avec l'auxiliaire **avoir** aux temps composés.
**Ex.** j'**ai eu**, nous **avons été**

**Attention aux verbes qui peuvent être transitifs et intransitifs.** (*Grammaire française*, Chapitre 14, p. 222)

Parmi les verbes qui se conjuguent avec **être**, certains peuvent être utilisés transitivement, c'est-à-dire avec un complément direct (CD). Dans ce cas, on doit les conjuguer avec l'auxiliaire **avoir**. Ces verbes sont :

| | | |
|---|---|---|
| monter | rentrer | retourner |
| descendre | sortir | passer |

**Ex.** Elle **est montée** au sixième étage.
Elle **a monté** ses valises dans sa chambre.
Pierre **est sorti** avec des amis.
Pierre **a sorti** son argent pour payer.
Nous **sommes passés** chez nos parents hier soir.
Nous **avons passé** un mois en Europe.

## C. L'accord du participe passé

### 1. Les verbes conjugués avec l'auxiliaire *être* (voir *Grammaire française*, Chapitre 14, p. 221)

Comme vous l'avez appris au chapitre 1, II.A.1.c., l'accord se fait avec le *sujet* du verbe.
**Ex.** **ils** sont rentré**s**, **elle** est né**e**

Vous venez de voir, à la section III.A, qu'il en est de même pour la voix passive.
**Ex.** **La maison** sera vendu**e**.
**Les feuilles** ont été ramassé**es**.

### 2. Les verbes conjugués avec l'auxiliaire *avoir* (voir *Grammaire française*, Chapitre 14, p. 219)

Au chapitre 2, VIII, vous avez vu que l'accord se fait avec le CD, lorsque celui-ci précède le verbe.

Pour vous rappeler comment identifier les CD et CI, consultez le chapitre 1, II.B.2.a et b.
**Ex.** Les enfants ont joué dans leur chambre et puis je **les** ai mené**s** au parc.
Où as-tu trouvé ces lunettes **que** nous avons cherché**es** toute la matinée ?

**Remarques**

Si un participe passé est suivi d'un infinitif, il faut bien analyser la phrase.
**Ex.** Je te montrerai les livres **que** j'ai aimé regarder. (Ici, **que** [= les livres] est le CD du verbe **regarder**. Il n'y a donc pas d'accord.)

### 3. Les verbes pronominaux (voir *Grammaire française*, Chapitre 22, p. 344-355)

Vous avez étudié certains aspects de cet accord au chapitre 1, II.A.1.c.

– Lorsqu'on peut remplacer l'auxiliaire **être** par **avoir,** l'accord se fait avec le CD placé devant le verbe.
   **Ex.** Elles **se** sont réveill**ées** de bonne heure. (On peut demander : « Elles ont réveillé qui ? » et répondre « elles-mêmes ».)
   Elle **s**'est lavé **les cheveux.** (« Elle a lavé quoi ? » Le CD, [**les cheveux**], suit le verbe.)
   Ils ne **se** sont pas parlé depuis six mois. (**Se** est le CI, car on parle **à** une personne.)

– Les verbes « essentiellement pronominaux »

   On appelle ainsi certains verbes qui sont toujours employés à la forme pronominale : *se souvenir, s'enfuir, se repentir, s'exclamer,* etc.

   Ici, le participe passé s'accorde avec *le sujet.*
   **Ex.** **Elle** s'est souven**ue** de notre rencontre.
   **Les joueurs** de notre équipe se sont empar**és** de la rondelle.

   Vous pouvez consulter *Grammaire française,* Chapitre 14, p. 222-223, et Chapitre 22, p. 353-355. Les francophones ont très souvent du mal à appliquer ces règles. Vous pourriez, comme eux, consulter des ouvrages telles que le *Dictionnaire des difficultés de la langue française* de Adolphe V. Thomas (Larousse).

**EXERCICE XXXIII**  *Accordez le participe passé, là où c'est nécessaire.*

1. Ils ont rentré_____ les chaises quand la pluie a commencé_____.

2. Les livres que notre professeur a recommandé_____, les as-tu regardé_____?

3. Ah, les belles histoires que Grand-père a toujours aimé_____ raconter !

4. Je leur ai demandé_____ comment ils s'étaient rencontré_____.

5. Elle s'est habillé_____ avec soin, elle est parti_____ de bonne heure et elle s'est présenté_____ à son entrevue, très détendue.

6. Comment est-ce que cette décision a été pris_____? Les membres du comité ont-ils été consulté_____?

7. Les deux garçons se sont enfui_____ de chez eux, puis ils se sont rappelé_____ la bonne cuisine de leur mère...

## D. Les formes des temps composés

### 1. Le passé composé (voir *Grammaire française*, Chapitre 14, p. 218)

Il est formé du présent des *auxiliaires* **avoir** ou **être,** suivi du *participe passé.*

**EXERCICE XXXIV**  *Mettez les verbes au passé composé.*

1. accomplir : j' _____
2. répondre : nous _____
3. revenir : elle _____
4. croire : je _____
5. écrire : elle _____
6. vivre : vous _____
7. apprendre : tu _____
8. naître : il _____
9. s'asseoir : elles _____
10. connaître : vous _____
11. permettre : nous _____
12. rester : tu _____
13. s'avancer : ils _____
14. se plaire : je _____

**EXERCICE XXXV**  *Mettez les verbes entre parenthèses au passé composé.*

1. Tu _____ (écoutes) la météo et tu _____ (prends) ton imperméable. Tu _____ (es) prudent ! Tu en _____ (as) besoin ?

2. Quand vous _____ (allez) à Québec, vous _____ (voyez) le château Frontenac sans doute.

3. Jacques _____ (vient) et nous _____ (décidons) d'aller dîner. Nous _____ (choisissons) un restaurant français, bien sûr. Nous _____ (entrons), je _____ (appelle) le serveur, et il nous _____ (apporte) la carte. Nous ne la _____ (comprenons pas) mais je _____ (réussis) quand même à commander du poisson et un bon vin. Et Jacques nous _____ (offre) du champagne.

4. Vous _____ (recevez) beaucoup d'appels pendant la matinée, Madame. Quand je _____ (veux) vous appeler, je _____ (dois) attendre longtemps. Finalement, quand je vous _____ (joins), je _____ (aperçois) mon patron, une pile de documents dans les bras. Je _____ (me dis) : « Quel bonheur ! Encore du travail pour moi ! » Heureusement que je _____ (peux) vous parler avant de m'attaquer aux documents qu'il me _____ (apporte) !

5. Pierrette _____ (se lève) en vitesse, elle _____ (se fait) un

   café, elle le _____ (avale), debout, puis elle _____ (s'assied).

   Samedi ! Elle _____ (se recouche).

**EXERCICE XXXVI** *Mettez les verbes au passé composé, en vous rappelant que c'est **avoir** ou **être** qui devient négatif ou interrogatif (voir chapitres 5 et 10).*

1. Prenez-vous un billet ? _____
2. Reste-t-il à Paris ? _____
3. Amène-t-elle son ami chez toi ? _____
4. Il ne bat jamais son chien. _____
5. Ils ne reviennent pas. _____
6. Attendez-vous longtemps ? _____
7. Elle ne se lève pas de bonne heure. _____
8. Elle ne peut pas finir ce livre. _____

**EXERCICE XXXVII** *Écrivez les verbes à la voix passive au passé composé.*

**Ex.** Toutes les fleurs _____ (cueillir).
Toutes les fleurs ont été cueillies.

1. Nous _____ (encourager) par ces remarques au sujet de notre soirée. Et en

   effet, les organisateurs _____ (féliciter) par tout le monde.

2. La table _____ (desservir) et la vaisselle _____ (faire) en un

   temps record. Mais où les assiettes _____ (elles ; ranger) ? Je ne les vois pas.

3. La partie de sucre _____ (remettre) à plus tard parce qu'il fait encore trop froid

   pour le sirop d'érable. Mais une nouvelle date _____ (ne pas choisir).

4. Savez-vous qui _____ (élire) conseiller municipal dans notre district ?

**EXERCICE XXXVIII** *Écrivez les phrases à la voix passive.*

**Ex.** On a fermé la boutique « Rosy ».
La boutique « Rosy » a été fermée.

1. On a cassé deux de mes verres !

   _____

2. Quelqu'un a trouvé une écharpe bleue.

   _____

3. On nous a consultés, bien sûr.

   _____

4. On leur a offert de très beaux cadeaux.

   _____

5. On a déjà loué la maison.

   _____

6. On n'a pas vendu les tableaux.

   _____

7. Vous a-t-on invité à la soirée ?

   _____

8. On ne les a pas mis à la porte.

   _____

**Remarque**

On emploie beaucoup moins souvent la voix passive en français qu'en anglais.

## 2. Le plus-que-parfait (voir *Grammaire française*, Chapitre 16, p. 239)

Il est formé de l'*imparfait* des *auxiliaires* **avoir** ou **être**, suivi du *participe passé*.
Ex.  La route était glissante parce qu'il **avait neigé.**
     Il m'a dit qu'il **avait eu** la grippe et qu'il **était resté** trois jours au lit.

## EXERCICE XXXIX    *Mettez au plus-que-parfait.*

1. tu comprends _____    5. nous sommes _____

2. elle connaît _____    6. nous buvons _____

3. ils descendent _____    7. tu sais _____

4. je m'arrête _____    8. vous rougissez _____

## EXERCICE XL    *Mettez les verbes entre parenthèses au plus-que-parfait.*

1. Il a su répondre à la question, puisqu'il _____ (lire) et _____

   (comprendre) les articles que son professeur lui _____ (recommander).

2. Je lui ai montré toutes les lettres que j'_____ (recevoir) la veille.

3. Aussitôt qu'il _____ (rentrer), il commençait à crier.

4. Il a quitté le bureau à midi, parce qu'il _____ (rester) très tard la veille.

5. Les chiens semblaient contents, parce que nous les _____ (promener) sur la montagne.

6. J'ai téléphoné à plusieurs reprises : elle _____ (sortir), sans doute.

7. Elle a reconnu qu'elle _____ (avoir) tort. Elle _____ (croire) comprendre que nos amis _____ (arriver) à un accord.

8. Il tombait de fatigue, tellement il _____ (courir).

9. Elle m'a dit qu'ils _____ (se connaître) autrefois, qu'ils _____ (vivre) dans le même village.

10. Selon le journal, on _____ (disqualifier) les coureurs parce qu'ils _____ (se droguer) avant la course.

11. Nous l'_____ (entendre) crier, mais mon frère nous a assurés qu'il _____ (feindre) d'avoir peur seulement, qu'il _____ (vouloir) jouer un tour à son copain.

12. Nous avons cherché partout la bague que j'_____ (perdre). Mes parents me l'_____ (offrir).

## 3. Le futur antérieur (voir *Grammaire française*, Chapitre 17, p. 250-251)

Il est formé du *futur* des *auxiliaires* **avoir** ou **être**, suivi du *participe passé*.
**Ex.** Je te donnerai mon opinion lorsque tu **auras lu** la lettre.
Dès qu'ils **seront revenus** de Paris, ils vous appelleront.

### EXERCICE XLI   *Mettez les verbes au futur antérieur.*

1. promettre : tu _____
2. conseiller : je _____
3. conclure : nous _____
4. craindre : ils _____
5. s'apercevoir : il _____
6. entreprendre : vous _____
7. s'endormir : je _____
8. arriver : elle _____

**EXERCICE XLII**  *Mettez les verbes entre parenthèses au futur antérieur.*

1. Il leur _____ (falloir) deux ans pour réaliser leur projet. Ils _____ (traduire) toute l'œuvre de Miller, et leur travail leur _____ (valoir) un prix important.

2. Bientôt vous _____ (obtenir) des résultats convaincants à vos expériences sur la migration des oiseaux. Vous les _____ (étudier) pendant plusieurs étés, n'est-ce pas ? Tout le monde _____ (vivre) des moments exaltants, sans aucun doute. Et vous _____ (résoudre) certains problèmes qui intéressent vos collègues depuis très longtemps. Vous me l'annoncerez, quand vos résultats _____ (être publié) ? Ce sera certainement fascinant.

3. Une fois que nous _____ (rentrer) et que nous _____ (se reposer) un petit moment, nous reprendrons la discussion.

4. Quand tu _____ (réussir) à comprendre la grammaire, tu _____ (s'astreindre) à des efforts considérables. Tu _____ (découvrir) des choses intéressantes.

## 4. Le conditionnel passé (voir *Grammaire française*, Chapitre 18, p. 264)

Vous vous en doutez, il est formé du *conditionnel présent* des *auxiliaires* **avoir** ou **être,** suivi du *participe passé*.
**Ex.** Nous **serions arrivés** à l'heure si nous avions trouvé le chemin plus facilement.
Mes cousins m'ont dit qu'ils **auraient pu** nous aider à déménager. Ils **seraient venus** volontiers.

**EXERCICE XLIII**  *Répondez à la question en utilisant les expressions données.*

Et si vous aviez vu atterrir un Martien ?
**Ex.**  Partir en courant — Moi, je serais parti(e) en courant.

1. lui parler _____
2. être content(e) _____
3. s'approcher de lui _____
4. l'inviter chez moi _____
5. ne pas avoir peur _____
6. monter dans sa soucoupe volante _____

7. s'envoler avec lui _____

8. découvrir de nouvelles galaxies _____

**EXERCICE XLIV** *Mettez les verbes entre parenthèses au conditionnel passé.*

1. Nos athlètes _____ (gagner) hier s'ils avaient bénéficié d'un meilleur entraînement.

2. Elle _____ (se tromper) de route si nous ne lui avions pas donné une carte de la région.

3. Si nous en avions eu l'occasion, nous _____ (aller) à Québec et nous _____ (se promener) en calèche.

4. J'_____ (arroser) tes plantes si tu me l'avais demandé.

5. S'ils avaient écouté leurs amis, ils _____ (ne pas se marier). Ils _____ (attendre) deux ou trois ans.

6. Le médecin m'a dit que j'_____ (devoir) suivre ses conseils. J'_____ (souffrir) moins, et le temps m'_____ (paraître) moins long!

7. Comme elle _____ (se dépêcher), comme elle _____ (être soulagé) si elle avait su qu'elle arrivait à la fin du cahier!

## 5. Le subjonctif passé (voir *Grammaire française*, Chapitre 19, p. 277)

Il existe un *passé du subjonctif* que l'on forme, comme les autres temps composés, à partir du *subjonctif présent* des auxiliaires **avoir** et **être** suivi du *participe passé*.
**Ex.** Il faut que tu **aies fini** ce travail avant 5 h.
Bien qu'ils se **soient dépêchés,** ils sont arrivés en retard.

**EXERCICE XLV** *Mettez ces verbes au subjonctif passé.*

1. je réponds _____

2. tu écris _____

3. il va _____

4. je viens _____

5. elle se lève _____

6. nous comprenons _____

**EXERCICE XLVI**  *Mettez les verbes entre parenthèses au subjonctif passé.*

1. Nous sommes heureux qu'elle _____ (compléter) les cours et qu'elle _____ (réussir) à obtenir son permis.

2. Je crains qu'il _____ (ne pas recevoir) ma lettre.

3. Quel dommage que tu n'_____ (pouvoir) venir avec nous !

4. Comment se fait-il que vos amis _____ (ne pas venir) hier ?

5. Le gérant attend que nous _____ (faire) nos achats pour fermer le magasin.

6. Il faut que vous _____ (courir) bien vite pour être aussi essoufflés.

7. Avant même qu'il _____ (ouvrir) la bouche, on lui a dit de se taire !

8. Pierre est content que sa sœur _____ (s'apercevoir) de sa nouvelle coiffure !

9. Il est possible qu'elle _____ (se perdre), si tu ne lui as pas indiqué le chemin.

10. Il est surprenant que personne n'_____ (penser) à voler ces tableaux.

11. Le professeur attend que nous lui _____ (remettre) nos devoirs pour nous laisser partir !

# Corrigé des exercices

## EXERCICE I

1. tu imagines
2. je compte
3. ils bâtissent
4. j'apprécie
5. nous choisissons
6. il répond
7. vous réagissez
8. je montre

## EXERCICE II

1. commençons
2. rejettes
3. se promène
4. interprète
5. souffre
6. vengeons
7. Achète-t-il
8. te lèves
9. préfère
10. Envoie-t-elle
11. renouvelle
12. espères

## EXERCICE III

1. nous nettoyons
2. vous vous rappelez
3. nous avançons
4. nous protégeons
5. ils paient/ils payent
6. vous menez

## EXERCICE IV

1. j'achève
2. tu exagères
3. je considère
4. tu envoies
5. tu gèles
6. j'annonce

## EXERCICE V

1. Ils viennent
2. Elles me suivent.
3. Qu'écrivent-ils ?
4. Vous devez
5. Nous craignons
6. Vous le prenez.

## EXERCICE VI

1. Tu reçois
2. Je sers
3. Il te connaît
4. Tu vis
5. Il cuit
6. Tu reviens

## EXERCICE VII

1. te mets
   lis
   viens
2. suit
   doit
   sort
3. Reconnaissent
   aperçoit
   court
4. craignons
   voyons
5. décrivez
   crois
6. voit
   souriez
   dites
   se permet
7. repeins
   me sers
   rend
8. construisez
   produisent
9. reçoivent
   se plaignent
   m'endors

## EXERCICE VIII

1. refaisons
   vaut
   sommes
2. s'assied/s'assoit
   prenons
   meurs
3. font
   ont
   vas
   veulent

## EXERCICE IX

1. Je vais
2. Tu vas
3. Tu veux
4. Nous voulons
5. Nous savons
6. Tu sais
7. Tu peux
8. Ils peuvent
9. Ils ont à
10. Vous avez à

## EXERCICE X

1. Nous écrivons
2. Vous voulez
3. Ils battent
4. Nous reprenons notre souffle.
5. Nous mangeons
6. Vous amenez votre ami.
7. Vous pesez
8. Ils savent
9. Nous mourons
10. Vous vous en apercevez.
11. Vous dites
12. Nous transcrivons nos notes.

## EXERCICE XI

1. Je tiens
2. Tu crains
3. Il comprend
4. Tu te sens
5. Il traduit
6. Je m'en vais.
7. Tu achèves
8. reviens-tu ?
9. Je cède
10. Tu dois

## EXERCICE XII

1. Prenez.
2. Écoute.
3. Dites.
4. Obéissons.
5. Travaille.
6. Achève.

## EXERCICE XIII

1. obtiens
   construisons
2. appelle
   sors
3. Éteignez
   asseyez-vous / assoyez-vous
   comprenez
   obéissez
4. peut
   plaît
   s'y intéresse
   ayez / aie
   doivent
5. considèrent
   défendent
   atteignent
6. Sachez
   mens
   croient
   méconnaissent
   rejettent
7. créez
   disparaissez
   répond
   soyez
   exagère
8. paies / payes
   laisse
   sert
9. réagissent
   Comprennent
10. répète
    peut
    changeons

## EXERCICE XIV

1. revenant
2. mangeant
3. Craignant
4. rentrant
5. grimaçant
6. Connaissant
7. Étant
8. écrivant

## EXERCICE XV

1. tu descendais
2. il démolissait
3. il apprenait
4. je buvais
5. vous veniez
6. elle voulait
7. il devait
8. tu connaissais
9. j'étudiais
10. nous commencions

## EXERCICE XVI

1. te levais
   étais
2. me perdais
   j'allais
3. disait
   appréciait
   tenait
4. pleuvait
   faisait
   nagions
5. se mettait
   commençait
   préparait
   sentaient
   lisait

## EXERCICE XVII

1. que je vende
2. que tu guérisses
3. qu'il apprenne
4. que je mette
5. que tu boives
6. qu'elle aille
7. que nous ouvrions
8. qu'il soit
9. que tu vives
10. que vous voyiez

## EXERCICE XVIII

1. Bien qu'il soit tard, nous...
2. Bien qu'il ait du talent, il...
3. Bien que vous disiez la vérité, personne...
4. Bien qu'il ne fasse pas chaud, nous...
5. Bien qu'il se rende compte de son erreur, il...

## EXERCICE XIX

1. vaille
   plaise
2. reçoive
3. craigne
4. sache
   choisisse
5. sortes
   prennes
6. alliez
   vouliez
7. ayons
   puissions

## EXERCICE XX

1. Tu diras « Au revoir » avant de partir.
2. Il veut avoir les renseignements avant d'intervenir.
3. Je lirai un peu avant de dormir.
4. Vous fermerez bien les portes avant d'éteindre les lumières.
5. Je vais voir des professeurs avant de m'inscrire.
6. Vous réfléchirez bien avant de prendre la décision.
7. Il compte son argent avant d'acheter un nouveau DVD.
8. Il faut beaucoup réfléchir avant de le punir. / Il nous faut beaucoup réfléchir…
9. Tu vérifieras l'adresse avant d'envoyer ce paquet.
10. J'aurai beaucoup appris avant de recevoir mon diplôme !

## EXERCICE XXI

1. j'apprendrai
2. nous reconnaîtrons
3. tu partiras
4. vous créerez
5. il tolérera
6. tu riras

## EXERCICE XXII

1. tu achèteras
2. il se promènera
3. je renouvellerai
4. elle exagérera
5. ils achèveront
6. vous rejetterez

## EXERCICE XXIII

1. il viendra
2. tu courras
3. vous irez
4. nous ferons
5. tu enverras
6. je voudrai
7. ils pourront
8. elle aura

## EXERCICE XXIV

1. accompagneras
   reviendras
2. pourra-t-il
   sera
   devra
3. reverrai
   dirai
   sortirons
4. vous assiérez / vous assoirez
   aurons
   adorerai
   se préparera
   raconterez

## EXERCICE XXV

1. écrirez
   prendrons
   pourra
   faudra
   appellerez
2. montrera
   fera
   répétera
   mourrons
   améliorera

## EXERCICE XXVI

1. il irait
2. tu serais
3. ils feraient
4. il entendrait
5. vous finiriez
6. ils prendraient
7. vous achèteriez
8. nous viendrions
9. je peindrais
10. nous saurions

## EXERCICE XXVII

1. serait
2. expliquerais
3. deviendrais
4. pourrais
5. prendrais
6. gagnerions
7. offrirait
8. ferais

## EXERCICE XXVIII

1. appelaient, répondrais
2. commençait, rentrerions
3. achetions, roulerait
4. démolissait, aurait
5. me mettais, réussirais
6. était, viendraient
7. pouvais, partirais-tu

## EXERCICE XXIX

1. reçu
2. ouvert
3. réussi
4. surpris
5. lu
6. regardé
7. dit
8. plu

## EXERCICE XXX

né, fait, devenu, parti, mis, dû, pu, eu, voulu, mort

## EXERCICE XXXI

1. est tué
2. est suivie
3. est photographiée
4. sont critiquées
5. est offert

## EXERCICE XXXII

1. sera tué
2. sera suivie
3. sera photographiée
4. seront critiquées
5. sera offert

## EXERCICE XXXIII

1. rentré
   commencé
2. recommandés
   regardés
3. aimé
4. demandé
   rencontrés
5. habillée
   partie
   présentée
6. prise
   consultés
7. enfuis
   rappelé

## EXERCICE XXXIV

1. j'ai accompli
2. nous avons répondu
3. elle est revenue
4. j'ai cru
5. elle a écrit
6. vous avez vécu
7. tu as appris
8. il est né
9. elles se sont assises
10. vous avez connu
11. nous avons permis
12. tu es resté(e)
13. ils se sont avancés
14. je me suis plu

## EXERCICE XXXV

1. as écouté
   as pris
   as été
   as eu
2. êtes allé(e, s, es)
   avez vu
3. est venu
   avons décidé
   avons choisi
   sommes entrés
   j'ai appelé
   a apporté
   ne l'avons pas comprise
   j'ai réussi
   a offert
4. avez reçu
   j'ai voulu
   j'ai dû
   ai jointe
   j'ai aperçu
   me suis dit
   j'ai pu
   m'a apportés
5. s'est levée
   s'est fait
   l'a avalé
   s'est assise
   s'est recouchée

## EXERCICE XXXVI

1. Avez-vous pris un billet ?
2. Est-il resté à Paris ?
3. A-t-elle amené… ?
4. Il n'a jamais battu…
5. Ils ne sont pas revenus.
6. Avez-vous attendu… ?
7. Elle ne s'est pas levée…
8. Elle n'a pas pu finir…

## EXERCICE XXXVII

1. avons été encouragés(es)
   ont été félicités
2. a été desservie
   a été faite
   ont-elles été rangées ?
3. a été remise
   n'a pas été choisie
4. a été élu

## EXERCICE XXXVIII

1. Deux de mes verres ont été cassés !
2. Une écharpe bleue a été trouvée.
3. Nous avons été consultés, bien sûr.
4. De très beaux cadeaux leur ont été offerts.
5. La maison a déjà été louée.
6. Les tableaux n'ont pas été vendus.
7. Avez-vous été invité à la soirée ?
8. Ils n'ont pas été mis à la porte.

## EXERCICE XXXIX

1. tu avais compris
2. elle avait connu
3. ils étaient descendus
4. je m'étais arrêté(e)
5. nous avions été
6. nous avions bu
7. tu avais su
8. vous aviez rougi

## EXERCICE XL

1. avait lu
   avait compris
   avait recommandés
2. avais reçues
3. était rentré
4. était resté
5. avions promenés
6. était sortie
7. avait eu
   avait cru
   étaient arrivés
8. avait couru
9. s'étaient connus
   avaient vécu
10. avait disqualifié
    s'étaient drogués
11. avions entendu
    avait feint
    avait voulu
12. avais perdue
    avaient offerte

## EXERCICE XLI

1. tu auras promis
2. j'aurai conseillé
3. nous aurons conclu
4. ils auront craint
5. il se sera aperçu
6. vous aurez entrepris
7. je me serai endormi(e)
8. elle sera arrivée

## EXERCICE XLII

1. aura fallu
   auront traduit
   aura valu
2. aurez obtenu
   aurez étudiés
   aura vécu
   aurez résolu
   auront été publiés
3. serons rentrés(es)
   nous serons reposés(es)
4. auras réussi
   te seras astreint(e)
   auras découvert

## EXERCICE XLIII

1. Moi, je lui aurais parlé.
2. Moi, j'aurais été content(e).
3. Moi, je me serais approché(e) de lui.
4. Moi, je l'aurais invité chez moi.
5. Moi, je n'aurais pas eu peur.
6. Moi, je serais monté(e)...
7. Moi, je me serais envolé(e)...
8. Moi, j'aurais découvert des nouvelles galaxies.

## EXERCICE XLIV

1. auraient gagné
2. se serait trompée
3. serions allés(es)
   nous serions promenés(es)
4. aurais arrosé
5. ne se seraient pas mariés
   auraient attendu
6. aurais dû
   aurais moins souffert
   aurait paru
7. se serait dépêchée
   aurait été soulagée

## EXERCICE XLV

1. que j'aie répondu
2. que tu aies écrit
3. qu'il soit allé
4. que je sois venu(e)
5. qu'elle se soit levée
6. que nous ayons compris

## EXERCICE XLVI

1. ait complété
   ait réussi
2. n'ait pas reçu
3. n'aies pu / n'aies pas pu
4. ne soient pas venus
5. ayons fait
6. ayez couru
7. ait ouvert
8. se soit aperçue
9. se soit perdue
10. n'ait pensé
11. ayons remis

# CHAPITRE 4
## Le mode

### Hélène Riel-Salvatore    Barbara Sheppard

## Table des matières

Objectifs   93
Introduction   93
Test préliminaire   95
Corrigé du test préliminaire   99

I. L'indicatif ou le subjonctif ?   99
   A. Les verbes et les locutions déterminant le mode de la subordonnée   99
      Exercices   100
   B. Les conjonctions déterminant le mode de la subordonnée   102
      Exercices   103
II. L'impératif   107
    Exercices   107
III. Le rapport entre l'impératif et le subjonctif   112
     Exercices   112
IV. Le conditionnel   116
    A. Les phrases de condition   116
       Exercices   116
    B. L'interrogation indirecte   119
       Exercices   120
Corrigé des exercices   123

## Objectifs

1. Apprécier la valeur de chacun des modes en français.
2. Voir en quoi ils s'opposent ou se complètent.
3. Reconnaître les contextes dans lesquels il faut les employer.

## Introduction

On considère traditionnellement qu'il y a quatre modes personnels en français : l'indicatif, le subjonctif, l'impératif et le conditionnel, bien que le conditionnel soit maintenant considéré comme un temps de l'indicatif. Les modes personnels se conjuguent alors que les modes impersonnels ne se conjuguent pas. Les modes impersonnels sont l'infinitif et le participe.

Pour définir le mode, on peut citer Grévisse, *Le Bon Usage* : « Les modes expriment l'attitude prise par le sujet à l'égard de l'énoncé ; ce sont les diverses manières dont ce sujet conçoit et présente l'action. » C'est donc l'intention de celui qui parle qui décide du choix du mode.

1. L'**indicatif** est le mode qui permet de présenter la réalité telle qu'elle est observée. Il porte bien son nom puisqu'il **indique** les actions ou les états observés dans notre réalité chronologique. C'est d'ailleurs pour cette raison que l'indicatif comporte autant de temps.

   **Employé seul,** dans une proposition indépendante, il décrit le monde ambiant et présente les actions ou les états d'une manière neutre et objective.

   **Ex.** À l'automne, les jours **raccourcissent**, le froid **s'installe** et les feuilles **changent** de couleur, **sèchent** et **tombent.**

**Introduit par une conjonction** de temps, de cause ou de conséquence, l'indicatif situe dans une perspective temporelle, causale ou conséquentielle, l'action ou l'état de la subordonnée par rapport à la principale.

Ex. **Quand** il **aura gagné** la médaille d'or, on **fera** une fête.
**Comme** il **a obtenu** la médaille d'or, on **a fait** une fête.
**Même s'**il n'**obtient** pas la médaille d'or, il **mérite** une célébration pour ses efforts.

**Introduit par un verbe**, l'indicatif est le mode par lequel le sujet exprime sa **certitude,** sa **connaissance** ou sa **perception** de l'action ou de l'état présenté dans la subordonnée.

Ex. Je **sais que** j'**ai** un grave problème, mais je **suis sûr que** vous **allez** m'aider. De cette façon, je **crois que** nous **avons** de bonnes chances de nous en sortir.

2. Le **subjonctif** porte aussi bien son nom. C'est le mode de la **subjectivité.** Il indique comment le sujet **évalue la réalité,** en termes d'émotions, de jugement de valeur, de nécessité, de volonté ou d'attente.

   Ex. J'ai bien hâte que tu **viennes** nous voir à Montréal. Il faudrait que tu me **dises** l'heure de ton arrivée, car il est possible qu'on **aille** te chercher à l'aéroport.

3. L'**impératif** sert à exprimer un ordre, une exhortation, un conseil ou une invitation.

   Ex. **Entrez** vite. **Enlevez** vos bottes. **Mettons-nous** tout de suite à table. Et toi, **va** te laver les mains.

4. Le **conditionnel,** autrefois considéré comme un mode, est maintenant considéré comme un temps de l'indicatif. Cela se justifie car il se rapproche du futur par sa conjugaison et parce qu'il présente les actions comme non réalisées. Cependant, le conditionnel conserve une valeur modale évidente car il ajoute souvent un point de vue subjectif à une observation.

   Ex. Il y a eu un accident. Le chauffeur se **serait endormi** au volant. (D'après les observations, c'est une probabilité, mais elle reste à confirmer.)
   Marie **aimerait** devenir médecin. (Son désir est réel et observable, mais sa réalisation est pour l'avenir et pour l'instant, non réalisé.)
   Si tu m'écoutais, tu me **comprendrais.** (Tu ne m'écoutes pas, donc tu ne me comprends pas.)
   Si tu m'avais écouté, tu m'**aurais compris.** (Tu ne m'as pas compris parce que tu ne m'as pas écouté.)
   Je voulais savoir quand il **aurait terminé.** (Je suis intéressé à connaître la date à laquelle il aura terminé ses activités.)
   Me **passeriez**-vous le sucre, s'il-vous-plaît ? (Je sais que vous allez me passer le sucre, mais je suis poli.)

Il faut noter que, dans la pratique, on sort parfois de ces définitions; le sens du mode peut, à l'occasion, s'exprimer par un temps de verbe, un infinitif, un autre mode.

Ex. Tu t'**assoiras** là et tu m'**écouteras.** (des ordres exprimés par le futur)
**Entrer** sans frapper. (un ordre exprimé par l'infinitif)
**Qu'**on me **prévienne** si le président arrive. (un ordre exprimé par le subjonctif)
**Cherchez,** vous trouverez. (« Si vous cherchez. » L'impératif indique une condition.)

# Test préliminaire

**I** *Complétez en employant l'impératif et les pronoms qui conviennent. (12 × 2 points)*

1. J'ai très mal à la tête. Est-ce que je devrais <u>me</u> reposer ? Mais oui, _____ donc jusqu'au souper.

2. Il paraît que Charles est libre samedi soir. Qu'est-ce que je dois dire à <u>Charles</u> ? _____ qu'il sera le bienvenu chez nous samedi.

3. C'est bien dommage, mais je devrais sans doute jeter <u>ces fleurs</u>, n'est-ce pas ? En effet ! _____, on va en acheter d'autres.

4. On peut s'asseoir, <u>Jules et moi</u> ? Bien sûr, _____ là, sur le divan.

5. Est-ce que tu veux que je t'achète <u>des fruits</u> au marché ? Oui, s'il te plaît, _____ si tu y vas.

6. J'ai fini mon test. Est-ce que je peux <u>m'en</u> aller ? Bien sûr, _____.

**II** *Reliez les phrases en employant un indicatif ou un subjonctif dans la proposition subordonnée. (4 × 2 points)*

1. Vous savez nager. / Il vaut mieux _____.

2. Le nouveau médicament va enfin enrayer cette terrible maladie. / Les spécialistes sont persuadés _____.

3. Elle ne reviendra plus à Montréal. / Nous sommes désolés _____.

4. Vous apprendrez beaucoup dans ce cours. / Il est probable _____.

**III** *Mettez les verbes au mode et au temps qui conviennent. Là où un mot est souligné, vous le remplacerez par le pronom approprié. (34 × 2 points)*

1. As-tu entendu la météo ? Peut-être qu'il _____ (pleuvoir) cette nuit. Je doute qu'on _____ (avoir) de la neige avant la fin du mois.

2. Dès qu'on _____ (finir) de battre les œufs et le beurre, on ajoute la farine et on mélange jusqu'à ce que la pâte _____ (devenir) lisse.

3. Ne venez pas me déranger avant que je vous _____ (dire) d'entrer.

4. Tout le monde dit que Dumas _____ (être) le meilleur athlète du pays, mais moi, je ne suis pas vraiment convaincu qu'il _____ (pouvoir) gagner le championnat.

5. Puisque tu ne veux plus rester avec nous, _____ (partir).

6. Si tu as décidé d'inviter les Duval, _____ (écrire aux Duval) aujourd'hui même.

7. J'ai bien peur que mon réveille-matin ne _____ (être) détraqué. Si je _____ (ne pas être) debout à 8 h 30 demain, _____ (me réveiller), veux-tu ?

8. Si tes amis n'aiment pas ce restaurant, _____ (aller) ailleurs !

9. Ils _____ (aller) dans l'Ouest s'ils trouvent un bon emploi.

10. S'ils _____ (aller) là-bas, ils auraient déjà trouvé du travail.

11. Nous _____ (partir) dans l'Ouest, nous aussi, si tous nos amis ne restaient pas ici.

12. Je pense que vous _____ (revenir) immédiatement si je vous avais envoyé un courriel.

13. Si elle n'est pas satisfaite de cet appareil, _____ (choisir) un autre appareil.

14. Tu veux que je _____ (venir) travailler avec toi ? _____ (m'attendre) une demi-heure.

15. Gilles dit qu'il _____ (se joindre) à nous dimanche prochain, au chalet.

16. Il serait bon que nous _____ (inviter) Henri, n'est-ce pas ?

17. Nous sommes d'accord : _____ (inviter Henri).

18. Sarah _____ (prévenir) Julie si je le lui avais demandé.

19. Si vous _____ (pouvoir) venir avec nous, vous serez les bienvenus.

20. Je n'ai plus de sucre à la maison. Si tu veux du sucre dans ton café, _____ (acheter du sucre) à l'épicerie du coin.

21. Pourvu qu'il _____ (ne pas pleuvoir) demain. C'est le dernier match de la saison.

22. Étant donné que vous _____ (savoir) toutes les réponses, tout est bien qui finit bien.

| **Résultats** | | | |
|---|---|---|---|
| I | / 24 | III | / 68 |
| II | / 8 | Total | / 100 |

# Corrigé du test préliminaire

## I

1. repose-toi / reposez-vous
2. Dis-lui / Dites-lui
3. jette-les / jetez-les
4. asseyez-vous / assoyez-vous
5. achète-m'en
6. va-t'en / allez-vous-en

## II

1. que vous sachiez nager.
2. que le nouveau médicament va enfin enrayer cette terrible maladie.
3. qu'elle ne revienne plus à Montréal.
4. que vous apprendrez beaucoup dans ce cours.

## III

1. pleuvra / va pleuvoir, ait
2. a fini / finit, devienne
3. dise
4. est, puisse / peut / pourra
5. pars
6. écris-leur
7. soit, ne suis pas, réveille-moi
8. qu'ils aillent
9. iront
10. étaient allés
11. partirions
12. seriez revenu(e), (s), (es)
13. qu'elle en choisisse un autre.
14. vienne, Attends-moi
15. se joindra
16. invitions
17. invitons-le
18. aurait prévenu
19. pouvez
20. achètes-en
21. ne pleuve pas
22. savez

# I. L'indicatif ou le subjonctif ?

L'**indicatif** s'emploie à tous les temps puisque c'est le mode de l'assertion, celui qui rend compte de la réalité telle qu'elle est perçue par le locuteur et telle qu'elle se présente dans le temps.

Le **subjonctif** n'est employé communément qu'au présent et au passé. Dans ce chapitre, nous nous limiterons au présent, puisque c'est le temps qu'on utilise le plus fréquemment. Le subjonctif passé sera étudié dans le chapitre 6.

Pour les formes des verbes à l'indicatif, consultez L'Art de conjuguer de *Bescherelle* et le chapitre 3.

Pour les formes des verbes au subjonctif, consultez le *Bescherelle*, le chapitre 3 et *Grammaire française*, Chapitre 19, p. 273-278.

L'**indicatif** s'emploie aussi bien dans des propositions principales que dans des propositions subordonnées. Par contre, le **subjonctif** s'emploie presque toujours dans des propositions subordonnées. Par conséquent, le problème de discrimination entre les deux modes se pose surtout pour les propositions subordonnées.

## A. Les verbes et les locutions déterminant le mode de la subordonnée

Les deux modes présentent la réalité de deux *manières* différentes. En utilisant l'indicatif, le locuteur veut que ce qu'il dit soit perçu comme vrai. En utilisant le subjonctif, il veut communiquer son sentiment ou sa position par rapport à une réalité.

**Ex.** Le spectacle **est** mauvais.
Je **suis déçu** que le spectacle **soit** mauvais.
« La terre **est** le centre de l'univers », **affirmaient** les anciens.
Il **est ironique** que Galilée **ait souffert** pour avoir voulu corriger cette erreur.

Dans les phrases complexes, c'est souvent le verbe de la proposition principale qui exprime cette différence.

**Ex.** On **dit** qu'il **sera** là.     Je **sais** qu'elle me **comprend**.
Il **faut** qu'il **soit** là.     Je **veux** qu'elle me **comprenne**.

Dans *Grammaire française*, Chapitre 19, p. 278-279 et 281-284, on présente de façon assez complète les verbes et les expressions qui régissent le subjonctif. Vous pourrez constater que ces verbes et ces locutions traduisent toujours un souhait, un doute, une volonté, un sentiment ou une émotion.

Par opposition, les verbes et les locutions de déclaration (*annoncer, expliquer, dire, savoir*, etc.) régissent l'indicatif.

Les verbes d'opinion (*penser, croire, trouver*, etc.) sont suivis de l'indicatif, sauf quand ils sont à la forme négative ou interrogative. Dans ce cas, il faut réfléchir avant de choisir le mode à employer (voir *Grammaire française*, tableaux : Verbes de pensée et Verbes de déclaration, p. 281-282).

**Remarque**

Le verbe *espérer* et la locution *il est probable* employés à la forme affirmative, de même que la conjonction de subordination *peut-être que*, sont suivis de l'indicatif. Considérez-les comme des exceptions.

Les exercices I et II vous aideront à mieux comprendre la différence entre les deux types de phrases. Remarquez bien les verbes et les locutions des propositions principales.

## EXERCICE I     *Mettez les verbes entre parenthèses à l'indicatif, au temps qui convient.*

1. Messieurs les jurés, dans le cas présent, vous avez pu constater que l'accusé _____ (être) innocent. Il nous a expliqué qu'il _____ (être) chez lui, comme d'habitude, au moment du crime. Après tout, on sait qu'il _____ (être) aveugle ! Alors, je suis sûr que vous _____ (l'acquitter).

2. Attention ! Cachons-nous. Je crois que le policier _____ (revenir). J'espère qu'il _____ (repartir) tout de suite, sans nous remarquer.

3. Comment t'appelles-tu ? Il me semble que je te _____ (connaître).

4. Il paraît que nous _____ (recevoir) bientôt une augmentation de salaire.

5. Le président a été grièvement blessé. On pense qu'il _____ (ne pas survivre) à l'attentat.

6. Allons, courage ! Je suis certaine que tu _____ (obtenir) ta promotion.

7. On dit que les loups _____ (être) des animaux cruels. Moi, je trouve que ce _____ (être) exagéré, ce point de vue-là. Quand ils _____ (tuer) un autre animal, c'est seulement parce qu'ils _____ (avoir) faim.

8. Cet enfant-là a mauvaise mine. J'ai l'impression qu'il _____ (ne pas prendre) assez de vitamines. Et il est certain qu'il _____ (ne pas aller) assez souvent jouer dehors.

9. Je suis convaincue que Pierre _____ (trouver) une bonne excuse pour ne pas assister à la réunion. Il considère que ces rencontres _____ (être) une perte de temps.

10. Ils prétendent que leur candidat _____ (obtenir) une très forte majorité aux prochaines élections.

**EXERCICE II**  *Mettez les verbes entre parenthèses au subjonctif présent.*

1. Je ne veux pas que tu _____ (suivre) ce cours-là. Il vaut mieux que tu en _____ (choisir) un autre.

2. Mon père serait vraiment content que je _____ (faire) mes études à la même université que lui.

3. Il est important que Jacqueline _____ (apprendre) enfin la vérité. Je regrette que tout le monde la lui _____ (cacher) depuis une semaine.

4. Le maire ne permettra jamais qu'on _____ (construire) un musée dans ce style-là. Ce n'est pas la peine que vous le lui _____ (proposer).

5. Nous regrettons que vous _____ (être) obligés de partir si tôt. La route est très mauvaise, en effet, et il faudra que Gilles _____ (conduire) prudemment.

6. Bienvenue au Château du Mont. Je souhaite que vous _____ (trouver) votre séjour agréable. Il est dommage que le temps _____ (être) si mauvais aujourd'hui. Je ne serais pas surpris qu'on _____ (avoir) un orage ce soir. Alors je suggère que vous en _____ (profiter) pour bien vous reposer jusqu'à demain.

7. Pardon, monsieur. Je ne tiens pas à ce que votre petit garçon _____ (aller) trop près de la piscine. Je crains qu'il _____ (avoir) un accident.

8. Il faudrait que Maria _____ (revenir) avant l'anniversaire de son fils.

9. Il est important que vous _____ (savoir) tous ces verbes. Un de ces jours, vous nous en remercierez. Faut-il que nous le _____ (répéter) ? Il est temps que vous _____ (prendre) vos responsabilités.

10. Il est peu probable que je vous _____ (revoir) avant l'examen, alors je vous souhaite bonne chance. Je m'attends à ce que vous _____ (obtenir) un résultat spectaculaire.

## B. Les conjonctions déterminant le mode de la subordonnée

L'**indicatif** est également employé dans les propositions subordonnées introduites par certaines conjonctions de cause, de temps ou de condition.

Cause
- comme
- du moment que
- étant donné que
- parce que
- puisque
- vu que

Temps
- après que
- aussitôt que
- dès que
- depuis que
- lorsque
- pendant que
- quand

Condition/Opposition
- si
- même si

Ces conjonctions expriment un état de fait, la constatation d'une situation présentée comme réelle.

Par contre, si vous consultez le point III, *Grammaire française*, p. 282-283, vous aurez une liste des conjonctions qui sont suivies du subjonctif. Voici les plus courantes :

But
- pour que
- afin que

Restriction
- à moins que
- quoique
- bien que
- malgré que

Condition
- à condition que
- pourvu que

Expectative
- avant que
- en attendant que
- jusqu'à ce que

Choix
- soit que... soit que

Si vous comparez cette liste avec la précédente, vous noterez que ces conjonctions expriment toutes une virtualité (condition, ou restriction, but, expectative, choix) qui rend possible, mais non certaine, la situation exprimée dans la proposition subordonnée qu'elles introduisent. Vous trouverez, aux pages 174 et 175, 2, a et b, un résumé des conjonctions déterminant le mode de la subordonnée.

Les exercices III et IV vous aideront à les classer à partir de ce qu'elles expriment.

**EXERCICE III**  *Mettez les verbes entre parenthèses à l'indicatif, au temps qui convient.*

1. Je suis bien organisé. Chaque jour, dès que je _____ (se lever), je _____ (faire) mes exercices. Quand c'_____ (être) fini, je _____ (faire) ma toilette. Pendant que je _____ (prendre) mon petit déjeuner, je _____ (revoir) mon programme de la journée.

2. Quand le chat _____ (partir), les souris _____ (danser).

3. Étant donné que vous _____ (refuser) de payer votre loyer, votre propriétaire a raison de vous mettre dehors.

4. Robert semble beaucoup plus heureux depuis qu'il _____ (connaître) Lucie.

5. Quand il _____ (faire) froid, nous avons envie de manger de bons potages chauds. En été, nous buvons beaucoup parce que notre organisme _____ (avoir) tendance à se déshydrater.

6. Comme nous _____ (ne pas sortir) souvent, nous ne sommes pas au courant des spectacles qui se _____ (donner) en ville.

7. Du moment que tu _____ (comprendre) l'introduction, tu vas trouver le reste du livre assez facile.

8. Il m'est impossible d'aller voir ce film avec vous parce que je _____ (oublier) d'apporter mes lunettes.

9. Puisque tu _____ (être) une personne discrète, je vais te confier un secret.

10. Aussitôt que Cécile _____ (arriver), tout le monde _____ (applaudir).

11. Quand ils _____ (arriver) à la maison, ils ont trouvé la porte grande ouverte.

12. Dès que je _____ (apprendre) la bonne nouvelle, j'ai appelé Diane pour la féliciter.

13. Quand on _____ (ne pas savoir) nager, on ne se jette pas à l'eau, voyons !

14. Je ne pourrai pas partir en voyage cette année parce que je _____ (dépenser) tout mon argent.

## EXERCICE IV   *Mettez les verbes entre parenthèses au subjonctif présent.*

1. Approche-toi un peu, pour que je te _____ (voir) mieux.
2. Je vais vous prêter cette somme à condition que vous me _____ (rembourser) avant la fin du mois.
3. Reste à l'école jusqu'à ce que ta maman _____ (venir) te chercher.
4. Nous allons faire cette démarche ensemble, à condition que nous _____ (être) tous d'accord.
5. Il faut qu'on _____ (attendre) Caroline. Pourvu qu'elle _____ (ne pas être) en retard !
6. Bien que cette personne _____ (avoir) toutes les qualifications requises pour le poste, il semble qu'on _____ (ne pas pouvoir) l'engager. Le patron ne pense pas qu'elle _____ (faire) l'affaire. Mais il ne faut pas qu'elle _____ (partir) sans qu'on lui _____ (dire) exactement ce qu'on pense.
7. J'ai acheté toutes ces provisions afin que Gilles _____ (ne pas être) obligé de sortir pendant quelques jours. Il a une mauvaise grippe, et j'ai bien peur que ça _____ (devenir) une pneumonie.
8. Ne quittez pas la salle avant que je _____ (finir) mon cours.
9. Charles est parti vivre en Amérique du Sud sans que ses parents le _____ (savoir).
10. Ces étudiants espiègles changent de place tous les jours pour que le professeur _____ (ne jamais pouvoir) apprendre leur nom.
11. Nous poursuivrons la grève, à moins que vous _____ (accepter) nos conditions.

12. Je ne pourrai pas prendre de décision avant qu'on _____ (m'apprendre) tous les détails de l'affaire.

13. Où sont mes clés ? Zut, je les ai perdues ! Pourvu que tu _____ (ne pas perdre) les tiennes aussi !

14. Je vais demander l'avis de Claudine, à moins que vous _____ (avoir) une meilleure idée.

Faites maintenant l'exercice V pour vérifier votre compréhension des deux modes et de leurs emplois.

**EXERCICE V**  *Mettez chaque verbe entre parenthèses au mode (indicatif, subjonctif) et aux temps qui conviennent.*

**Projets de vacances**

On discute, on propose, on hésite, on décide.

Jules 1. — Il est temps que tu _____ (se décider).

Francine 2. — Que je _____ (se décider) à quoi ?

Jules 3. — À organiser nos vacances pour cette année. Ça _____ (m'étonner) un peu que tu ne _____ (savoir) pas encore notre itinéraire, comme je te _____ (connaître).

Francine 4. — Pourquoi faut-il toujours que ce _____ (être) moi qui _____ (s'occuper) de ça ? J'attendais justement que tu m'en _____ (parler). Je préférerais que nous _____ (décider) ensemble, bien calmement. Peut-être que nous _____ (pouvoir) rester au Canada pour une fois, à moins que tu _____ (vouloir) absolument partir pour l'étranger.

Jules 5. — Du moment que je _____ (ne pas avoir) à prendre l'avion, je _____ (vouloir) bien visiter un peu ce vaste pays. Quand on _____ (s'installer) dans un de ces beaux trains confortables... ça _____ (devoir) être agréable.

Francine 6. — Le train ? Oui... mais l'agence recommande qu'on _____ (réserver) bien à l'avance. J'ai bien peur que ce _____ (être) déjà trop tard.

Jules — Trop tard ? Pour le mois de septembre ?

Francine 7. — Mais non. Nous _____ (partir) en juin puisque tu _____ (avoir) quatre semaines de vacances. Allons-nous attendre que l'automne _____ (arriver) pour aller nous promener ?

Jules 8. — Ah ! tu sais… Il est peu probable que mon patron me _____ (permettre) de partir avant septembre.

Francine 9. — Il peut aller au diable, ton patron ! Mais, maintenant que j'y _____ (penser), depuis que nous _____ (être) mariés, nous _____ (prendre) toujours nos vacances ensemble. Je propose que nous _____ (partir) chacun de notre côté, cette fois-ci. Comme ça, nous _____ (pouvoir) choisir indépendamment notre itinéraire et notre date de départ, et puis tout le monde _____ (être) satisfait, y compris ton patron.

Jules 10. — Il est vrai que nous _____ (rester) toujours ensemble pour les vacances. Cette année, donc, tu _____ (aller) voir les Rocheuses tandis que moi, je _____ (m'offrir) enfin deux semaines de pêche dans le nord du Québec ou dans les Maritimes. Après tout, je ne tiens pas absolument à ce que nous _____ (voyager) ensemble.

Francine 11. — Mais Jasmine ? Étant donné qu'elle _____ (avoir) seize ans, crois-tu qu'elle _____ (vouloir) partir avec l'un de nous ? En tout cas, je ne souhaite pas qu'elle _____ (faire) du camping avec ses amis.

Jules 12. — Demandons-lui d'abord ce qu'elle _____ (avoir envie) l'idée de faire, veux-tu ? Et _____ (vivre) les vacances ! Pourvu que je _____ (recevoir) bientôt mon remboursement d'impôts !

Lorsque les deux propositions d'une même phrase ont le même sujet, on emploie l'infinitif à la place du subjonctif. Comparez les exemples suivants.

**Je** peux réussir. (**Je** doute)
**Je** doute **de pouvoir** réussir.

**Je** peux réussir. (**Il** doute)
**Il** doute que **je** puisse réussir.

**On** apprend le français. (**On** est content)
**On** est content **d'apprendre** le français.

**On** apprend le français. (**Vous** êtes content)
**Vous** êtes content qu'**on apprenne** le français.

Consultez *Grammaire française*, Chapitre 19, p. 287-289, C, I et II, et faites l'exercice d'*Application immédiate*, p. 289. Faites ensuite les exercices IV, V et VI, p. 290-291.

Il existe plusieurs expressions idiomatiques, très courantes, formées à partir d'un verbe au subjonctif. Étudiez les exemples suivants.

Pierre n'est pas encore arrivé, **que je sache.**

**Pourvu qu'**il ne pleuve pas cet après-midi ! Il y a la finale au club de tennis !

L'un de nous viendra t'aider ; **soit** moi, **soit** Gilles.

Comme ça tu veux divorcer ? **Soit !**

**Soit dit en passant,** il n'est pas très fort en espagnol.

**Qu'on aille** à Toronto ou **qu'on reste** ici, on aura le même problème de logement.

Tu devras passer cet examen, **que tu le veuilles ou non.**

## II. L'impératif

Pour les **formes** de l'impératif, consultez le chapitre 3 de ce cahier, ainsi que *Grammaire française*, Chapitre 13, p. 207-209.

L'emploi de l'impératif comporte certaines particularités quant à l'orthographe à la 2$^e$ personne du singulier. Voyez *Grammaire française*, p. 208, « PARTICULARITÉS », et faites l'exercice d'*Application immédiate*.

À l'impératif affirmatif, la place, la forme et l'ordre habituels des **pronoms** changent. Étudiez attentivement le point II, a, et les remarques, p. 210, dans *Grammaire française*. Vous constaterez que les pronoms **me** et **te** deviennent **moi** et **toi** lorsqu'ils sont en dernière position.

| Place, forme et ordre habituels | À l'impératif affirmatif |
| --- | --- |
| Tu **te** réveilles. | Réveille-**toi.** |
| Vous **me** téléphonez. | Téléphonez-**moi.** |
| Vous **me les** donnez. | Donnez-**les-moi.** |
| Nous **leur en** offrons. | Offrons-**leur-en.** |

Faites maintenant les exercices pour vérifier votre compréhension.

### EXERCICE VI
*Transformation. Mettez les phrases à l'impératif en employant **moi** ou **nous**.*
**Ex.** Tu **m'**écris. Écris-**moi.**

1. Tu m'aides. _____

2. Vous me parlez. _____

3. Vous me répondez. _____

4. Tu me regardes. _____

5. Tu m'embrasses. _____

6. Tu me laisses tranquille. _____

7. Tu nous écoutes. _____

8. Vous nous suivez. _____

9. Vous nous rendez service. _____

10. Vous nous invitez. _____

11. Nous nous réunissons. _____

12. Nous nous habillons. _____

## EXERCICE VII    Continuez, en employant **lui** ou **leur**.

1. Nous lui écrivons. _____

2. Tu lui chantes quelque chose. _____

3. Tu lui expliques la règle. _____

4. Vous lui pardonnez. _____

5. Tu leur prêtes ton auto. _____

6. Vous leur décernez un prix. _____

7. Nous lui répondons. _____

8. Vous leur montrez le chemin. _____

9. Nous leur donnons un coup de main. _____

## EXERCICE VIII    Continuez, en employant **le, la, les.**

1. Vous l'arrêtez. _____

2. Vous les écoutez. _____

3. Nous les attendons. _____

4. Nous le renvoyons. _____

5. Tu les amènes. _____

6. Tu la cherches. _____

7. Tu le trouves. _____

8. Vous les encouragez. _____

**EXERCICE IX**  *Continuez, en employant les pronoms qui conviennent et en faisant attention à l'ordre des mots.*

1. Tu te le dis bien. _____
2. Vous nous les prêtez. _____
3. Vous nous l'achetez. _____
4. Vous m'aidez. _____
5. Tu le lui offres. _____
6. Nous les lui montrons. _____
7. Nous la lui apportons. _____
8. Tu me le donnes. _____
9. Tu nous les vends. _____
10. Vous le leur prêtez. _____
11. Nous la leur rendons. _____
12. Vous me les envoyez. _____

Les pronoms **y** et **en** sont toujours en position finale. Ainsi, lorsqu'il y a une succession de pronoms compléments dans une phrase, dont **y** ou **en**, les formes toniques **moi** et **toi** sont automatiquement exclues.

| Donne-le-**moi.** | *mais* | Donne-**m'**en. |
| Achète-la-**moi.** |  | Achète-**m'**en. |

Attention aux verbes dont l'orthographe change à la 2<sup>e</sup> personne du singulier pour des raisons phonétiques. On rajoute **-s** devant **y** ou **en**, sauf si ce pronom est suivi d'un infinitif.

**Vas**-y.   **Achètes**-en.   *mais*   **Va** en acheter.

Notez que le pronom **en** est souvent utilisé avec les nombres et les mots ou expressions de quantité. **Ex.** Donne-lui-en **un** (deux, plusieurs, une douzaine, etc.).

Dans les trois exercices qui suivent, vous devrez faire attention à ces différences, ainsi qu'à la place des pronoms dans la phrase impérative.

**EXERCICE X**  *Mettez les verbes à l'impératif (2<sup>e</sup> personne du singulier, forme familière) en remplaçant les noms par les pronoms qui conviennent.*
**Ex.** Prendre ces livres. Prends-les.

1. Donner de l'argent à Claude. _____
2. Demander des renseignements. _____
3. Demander des enveloppes à la secrétaire. _____
4. Écouter ces disques. _____

5. Écouter des disques avec moi. _____

6. Acheter des fruits. _____

7. Acheter des skis à ton fils. _____

8. Aller au supermarché. _____

9. Aller au cinéma avec tes copains. _____

10. Aller acheter du pain. _____

11. Aller chercher le journal. _____

12. Penser à ton avenir. _____

13. Ranger tes bottes là-bas. _____

14. Laisser ton frère tranquille. _____

15. Se servir généreusement. _____

## EXERCICE XI   *Continuez, en faisant attention à l'ordre des mots.*
**Ex.** Tu lui donnes du jus. Donne-lui-en.

1. Tu m'apportes des timbres. _____

2. Tu leur verses du café. _____

3. Tu nous emmènes au nouveau restaurant. _____

4. Tu nous montres des photos. _____

5. Tu lui racontes une blague. _____

6. Tu leur offres de l'argent. _____

7. Tu lui demandes des renseignements. _____

8. Tu me donnes un biscuit. _____

## EXERCICE XII   *L'impératif : mises en situation.*
*Répondez en employant l'impératif et les pronoms qui conviennent.*

**1 à 5 Forme familière. Un(e) jeune athlète reçoit des conseils de son nouvel entraîneur.**

1. — Faut-il vraiment aller régulièrement au gymnase ?

   — Absolument. _____ tous les matins.

2. — Est-ce que je dois prendre des vitamines ?

   — Oui, _____ chaque jour.

3. — Faut-il éviter les boissons alcoolisées ?

   — _____ la plupart du temps.

4. — Mais je peux boire du vin ?

   — _____ modérément.

5. — Je pense qu'il est temps d'acheter des souliers de course !

   — En effet, _____ une bonne paire.

**6 à 14 Forme familière. Un jeune entrepreneur naïf consulte son oncle, homme d'affaires.**

6. — Comment faut-il parler aux employés ?

   — _____ avec fermeté.

7. — Faut-il congédier ceux qui ne donnent pas satisfaction ?

   — _____, si c'est justifié.

8. — On ne doit pas donner une deuxième chance à ces gens-là ?

   — _____, si tu le juges à propos.

9. — Est-il bon de lire cette revue spécialisée ?

   — Certainement. _____ attentivement, ses articles sont bien documentés.

10. — Est-ce que je dois assister à tous ces congrès ennuyeux ?

    — _____ sans faute ! Ça te profitera.

11. — Je devrais engager une secrétaire, sans doute ?

    — _____, tu ne pourras pas t'en passer.

12. — Alors, il faudra lui acheter un ordinateur ?

    — Bien sûr. _____, c'est indispensable.

13. — J'ai l'impression que je devrais me renseigner un peu plus sur la gestion des affaires !

    — Effectivement ! _____ davantage.

14. — Je peux t'appeler si j'ai d'autres questions ?

    — _____ n'importe quand.

**15 à 22 Pluriel. Lors d'une réunion de consommateurs, une diététiste répond aux questions.**

15. — Peut-on servir de la crème glacée à nos enfants ?

    — _____, mais pas trop souvent.

16. — Vaut-il mieux faire notre pain, ou peut-on l'acheter ?

— _____ vous-même, si vous voulez, ou _____ dans un bon magasin d'alimentation naturelle.

17. — Que faut-il mettre dans les gâteaux ?

— _____ surtout du germe de blé.

18. — Il faut consommer beaucoup de légumes, n'est-ce pas ?

— _____ plusieurs portions par jour.

19. — Est-il vrai qu'on doit boire beaucoup d'eau ?

— _____ deux litres par jour.

20. — L'eau du robinet est-elle bonne ou faut-il la filtrer ?

— _____, de préférence.

21. — Quand faut-il changer le filtre ?

— _____ tous les mois.

22. — Il paraît qu'on doit lire attentivement les étiquettes.

— Oh! oui, _____ toujours attentivement.

## III. Le rapport entre l'impératif et le subjonctif

Consultez *Grammaire française*, p. 210, III. Notez bien l'emploi du subjonctif pour exprimer un ordre à la 3ᵉ personne du singulier et du pluriel. Faites ensuite les exercices ci-dessous pour bien discerner l'emploi des deux modes.

### EXERCICE XIII    *Remplacez les verbes soulignés par un impératif.*

1. Si tu veux me voir, <u>tu peux venir</u> jeudi après-midi.

   _____

2. <u>Tu me donneras</u> un coup de main, si tu as le temps.

   _____

3. Quand vous serez fatigués, <u>vous vous reposerez</u>.

   _____

4. Si tu n'aimes pas mon projet, <u>tu me le diras</u>.

   _____

5. Puisque nous ne pouvons pas interviewer toutes ces personnes maintenant, nous leur <u>demanderons</u> de revenir demain.

6. Si ce chat salit le plancher, <u>tu le mets</u> dehors !

7. Puisque ce problème semble être grave, <u>nous en discuterons</u> tout de suite.

8. Si Michel a besoin de matériel, <u>vous lui en fournirez</u>.

9. Quand j'aurai fini ce martini, <u>vous m'en apporterez</u> un autre.

10. Tu n'as pas besoin de nous ? Alors <u>tu te débrouilleras</u> tout seul.

11. Si tu veux manger du poisson, <u>tu iras</u> en acheter !

12. Puisque nous devons attendre quelques heures, <u>nous pouvons nous asseoir</u>.

**EXERCICE XIV** *L'impératif, 3ᵉ personne. Employez les formes du subjonctif.*

1. Michèle veut me voir ? Qu'elle _____ (venir) demain matin.

2. Il leur faut d'autres rideaux ? Qu'ils en _____ (acheter) alors.

3. Si ces employées réclament une augmentation, qu'elles _____ (se mettre) à travailler !

4. Si les gens recherchent des conditions de vie meilleures, qu'ils _____ (élire) donc un nouveau gouvernement !

5. Jean-Claude veut que je le conduise au stade en voiture ? Qu'il y _____ (aller) à pied, voyons !

6. Le petit Claude veut qu'on soit gentil avec lui et qu'on lui permette de participer à toutes nos activités ? Alors, qu'il _____ (s'essuyer) le nez, qu'il _____ (se souvenir) des règlements, qu'il _____ (ne pas jeter) le sable comme ça, qu'il _____ (courir) un peu dans le jardin chaque fois qu'il est excité, qu'il _____ (écrire) dans son cahier plutôt que sur les murs, et qu'il _____ (se taire) un peu ! Bref, qu'il _____ (se conduire) de façon correcte, qu'il _____ (se battre) moins souvent et qu'il _____ (apprendre) à jouer sagement avec les autres. Voilà, et qu'on me _____ (faire) un rapport sur lui dans quelques jours.

**EXERCICE XV** *Transformez les phrases pour qu'elles deviennent des ordres, en employant l'impératif ou le subjonctif selon le cas. Remplacez les mots soulignés par des pronoms.*

**Ex.** Je veux que vous téléphoniez à Paul. Téléphonez-lui.
Je veux qu'elle téléphone à Paul. Qu'elle lui téléphone.

1. Je veux que tu ailles à l'épicerie avec Jeannine.
   _____

2. Je veux que vous preniez de la salade.
   _____

3. Il veut que nous soyons au restaurant à sept heures.
   _____

4. Je veux qu'ils demandent la permission d'abord.
   _____

5. Nous voulons qu'elle écrive ce rapport.
   _____

6. Nous voulons que tu gardes notre clé.
   _____

7. Nous voulons que vous préveniez vos parents.
   _____

8. Il veut que tu expliques la situation à Maryse.
   _____

9. Ils veulent qu'elle rappelle la directrice.

   _____

10. Sa mère veut qu'il retourne chez les Lévesque.

    _____

11. Je veux qu'elle obéisse aux médecins.

    _____

12. Je veux que tu ramènes Charlotte.

    _____

**EXERCICE XVI** *Complétez les phrases en exprimant un ordre ou un souhait. Utilisez un impératif ou un subjonctif, selon le cas, et remplacez les mots soulignés par des pronoms.*

1. Quand vous saurez la réponse, _____ (m'appeler).

2. Si tu n'as pas besoin de ce manteau _____ (prêter à Johanne).

3. Puisque notre entraîneur n'est pas ici, _____ (partir) tous les deux, et _____ (s'amuser) au centre-ville.

4. Quand Élodie reviendra, _____ (passer) me voir.

5. Quand Lise reviendra, _____ (dire à Lise) de passer me voir, s'il vous plaît.

6. Si tu veux faire connaissance avec notre voisine, _____ (inviter la voisine) à notre soirée.

7. Si elle est un peu fatiguée, _____ (s'étendre) un petit moment sur le divan.

8. S'ils ne sont pas satisfaits de leurs achats, _____ (obtenir) un remboursement.

9. Si vous n'avez pas assez de biscuits, _____ (en prendre) d'autres et _____ (se servir) aussi de café.

10. Si Gérard n'a pas d'argent, _____ (nous demander de l'argent).

11. Puisque tu as apporté tes dessins, _____ (me montrer tes dessins).

12. Si Charles trouve ce problème tellement difficile à première vue, _____ (réfléchir au problème) plus longuement.

# IV. Le conditionnel

Il existe un conditionnel présent et un conditionnel passé. Pour les formes, consultez le chapitre 3 et *Grammaire française*, Chapitre 18, p. 259-260, et 264. Pour bien former le conditionnel présent, il faut revoir le radical du futur des verbes irréguliers.

**Ex.** faire — **fer**ai (futur)
**fer**ais (conditionnel présent)

Pour le conditionnel passé, il faut observer toutes les règles concernant l'accord du participe passé.

## A. Les phrases de condition

Dans ce chapitre, nous nous limiterons aux types les plus courants.

1. Si + présent → présent / impératif / futur

**Ex.** Si je ne **mange** pas bien le matin, je ne **peux** pas travailler.
Si tout le monde **est** prêt, **commençons.**
« Si tu y **mets** la patte, tu **auras** du bâton. » (*Il pleut bergère*. Chanson traditionnelle)

2. Si + imparfait → conditionnel présent

**Ex.** « Si j'**avais** plus de gasoline, je **monterais** toutes les belles collines. » (Robert Charlebois)

3. Si + plus-que-parfait → conditionnel passé

**Ex.** Si quelqu'un m'**avait dit** cela, je ne l'**aurais** jamais **cru.**

Il faut surtout retenir que, dans ces phrases de condition, le verbe de la proposition introduite par **si** ne peut être qu'au présent, à l'imparfait ou au plus-que-parfait, *jamais au futur ni au conditionnel*. Consultez le tableau dans *Grammaire française*, p. 266.

Faites les quatre exercices ci-dessous afin de travailler ces concordances.

**Remarque**

L'ordre des propositions n'a rien à voir avec le temps que vous devez utiliser.
**Ex. Si j'avais de l'argent,** je voyagerais.
Je voyagerais **si j'avais de l'argent.**

**EXERCICE XVII** *Complétez les phrases en employant un conditionnel présent ou passé.*

1. Si nous comprenions tous les mystères, ce _____ (être) merveilleux.

2. Si tu étais très fort en mathématiques, tu _____ (s'ennuyer) à ce cours.

3. Si j'avais été plus douée, on m'_____ (encourager) à faire des études supérieures.

4. Si le vent n'était pas si fort, je _____ (aller) patiner.

5. Si elle n'avait pas eu la grippe, elle _____ (venir) nous voir.

6. Si je m'étais mariée à seize ans, je _____ (vouloir) finir mes études quand même.

7. Si vous aviez vu ce spectacle, qu'est-ce que vous _____ (penser) de tout cela ?

8. Si l'on réduisait leur salaire, ils _____ (se mettre) en grève immédiatement.

9. Même s'ils m'avaient mis en prison, je _____ (maintenir) mon point de vue.

10. Si tu avais pu quitter ton travail un peu plus tôt, est-ce que tu _____ (aller) voir la pièce avec eux ?

11. Si vous me disiez ça, je vous _____ (croire), évidemment.

12. S'il n'était pas si occupé, il _____ (vouloir) relever ce défi.

**EXERCICE XVIII**   *Mettez les verbes à la forme qui convient : imparfait, plus-que-parfait, conditionnel présent ou passé.*

1. S'il avait commencé à neiger, on _____ (rentrer) plus tôt.

2. Si elle était disponible, je l'_____ (inviter) à la fête.

3. Je _____ (faire) plus attention si j'avais vu le danger.

4. Tu ne l'aurais pas regretté si tu _____ (avoir) le courage d'essayer.

5. Si elle _____ (trouver) cette tarte, elle l'aurait mangée tout entière.

6. Nous _____ (venir) tout de suite si tu nous avais appelés.

7. Nous ferions un meilleur travail si nous _____ (avoir) les bons outils.

8. Si cet arbre _____ (tomber) sur notre chalet, cela causerait des dommages considérables.

9. Qu'est-ce que vous _____ (faire) si je vous abandonnais ?

10. Si tu me donnais quelques conseils, je _____ (savoir) peut-être résoudre mon problème.

**EXERCICE XIX**   *Mettez les verbes à la forme qui convient.*

1. Si tu te reposes maintenant, tu _____ (se sentir) mieux après.

2. Si je _____ (finir) ce travail assez tôt, j'aurai le temps de sortir.

3. S'il faisait assez chaud, on _____ (pouvoir) manger sur la terrasse.

4. Si vous _____ (être) bien sages, on vous emmènera au planétarium.

5. Bien sûr que je t'aurais saluée si je te _____ (reconnaître).

6. S'il commence à pleuvoir, tout le monde _____ (rentrer).

7. Si ce serpent m'avait mordu, j'en _____ (mourir).

8. Tu serais beaucoup plus heureux si tu _____ (oublier) tout le passé.

9. Si l'on _____ (ne pas perdre) espoir, on s'en sortira.

10. Si vous m'écoutez bien, je vous _____ (raconter) quelque chose d'intéressant.

11. Nous _____ (pouvoir) faire des randonnées ensemble si nous achetions des bicyclettes.

12. Si j'avais apporté mon appareil, je _____ (pouvoir) prendre de belles photos.

13. S'il parlait moins, on l'_____ (écouter) davantage.

14. Si nous _____ (vivre) pendant la Renaissance, nous aurions été témoins d'événements extraordinaires.

15. Les employés _____ (s'arrêter) de travailler si le patron s'absentait.

**EXERCICE XX**   *Complétez les phrases de façon logique. (À corriger en classe.)*

1. Si l'avion n'avait pas été inventé, _____

2. Si Christophe Colomb n'avait pas traversé l'Atlantique, _____

3. Si tout le monde parlait bien le français, _____

4. Si l'on n'avait pas inventé les armes nucléaires, _____

5. Si la guerre éclate maintenant, _____

6. Si tu me prêtes 500 $, _____

7. Si les hommes avaient des ailes, _____

8. J'aurais bien peur si _____

9. Si je pouvais changer l'histoire, _____

10. Notre équipe aurait gagné facilement si _____

11. Si l'ordinateur n'existait pas, _____

12. Le premier ministre sera très ennuyé si _____

13. J'arriverais en classe à l'heure si _____

14. Je serais arrivé(e) à l'heure si _____

15. Nous aurions mieux compris si _____

16. Si ce chapitre avait été moins long, _____

## B. L'interrogation indirecte

Le conditionnel ne s'emploie jamais après **si** dans une phrase de condition, *mais* il peut s'employer dans les propositions subordonnées introduites par **si** quand il s'agit de l'*interrogation indirecte*. C'est le «whether» en anglais. Consultez *Grammaire française*, p. 262, f., 265, f et 469, C, 1.

Notez bien que c'est *le seul cas où l'on emploie le futur ou le conditionnel après si.* Il est donc très important de bien faire la distinction entre le **si** du discours indirect et le **si** de condition.

Comparez les exemples suivants.

**Discours indirect**

« Est-ce que Luc viendra ? »          Il me demande **si** Luc **viendra**.
                                        Il m'a demandé **si** Luc **viendrait**.

**Phrases de condition**

Luc viendra **si** tu l'**invites.**
Luc viendrait **si** tu l'**invitais.**
Luc serait venu **si** tu l'**avais invité.**

Comme vous le verrez plus en détail dans le chapitre 5, on utilise le discours indirect pour rapporter les paroles de quelqu'un sans faire de citation. Dans l'exemple ci-dessus, la question : « Est-ce que Luc viendra ? » est rapportée au présent (Il me demande...) et au passé (Il m'a demandé...). Notez bien le changement de temps, du futur au conditionnel, dans la proposition du discours indirect introduite par **si**.

Les deux exercices suivants vous aideront à mieux faire la distinction entre le **si** de l'interrogation indirecte et le **si** de condition.

### EXERCICE XXI
*Complétez les phrases suivantes en respectant la concordance des temps de l'interrogation indirecte.*

1. « Est-ce qu'il fera beau ? » Il se demandait s'il _____.

2. « Est-ce que les étudiants comprendront cette explication ? » On se demande si les étudiants _____.

3. « Est-ce que j'aurai la chance de lui parler ? » Marie voulait savoir si elle _____.

4. « Robert viendra-t-il ? » Ils ne m'ont pas dit si Robert _____.

5. « Pourras-tu venir ce soir ? » Je ne sais toujours pas si tu _____.

### EXERCICE XXII
*Mettez les verbes à la forme qui convient.*

1. Il ne m'a pas encore dit s'il _____ (accepter) le poste.

2. Je ne savais pas si tu _____ (arriver) à l'heure juste, alors je n'ai pas encore fait le café.

3. Si tu _____ (vouloir) savoir mon secret à tout prix, je te le dirais.

4. Mes collègues m'ont demandé si vous _____ (être) encore là l'année prochaine.

5. Nous lui avons demandé s'il _____ (être) libre mardi prochain.

6. Nous ne l'aurions pas dérangé s'il _____ (être) possible de faire autrement.

7. Je t'aimerais encore plus si tu _____ (être) moins entêté et plus drôle.

8. Il ne comprendrait jamais si j'_____ (essayer) de lui expliquer ça.

9. Charles m'a demandé si tu le _____ (remplacer) au magasin demain.

10. S'il me le _____ (demander), bien sûr que je le remplacerais.

Le dernier exercice du chapitre est une synthèse. Vous aurez à bien faire la distinction entre les quatre modes.

**Remarque**

Attention aux structures qui traduisent les locutions anglaises :

— « would, should, ought to, might » ;
— « would have, should have, ought to have, might have » ;
— « I wish you would, I wish he had done it, I wish I could have done it », etc.

En voici des exemples en français :

— Tu ne ferais jamais ça !
— Elle devrait faire plus attention.
— Cela pourrait entraîner des conséquences graves.
— Moi, je n'aurais jamais dit une chose pareille !
— Elle aurait dû se faire soigner.
— Cela aurait pu être dangereux.
— J'aimerais que tu sois là.
— J'aurais bien voulu que tu sois là.

N'oubliez pas que les mots « could » et « would » en anglais peuvent également représenter un temps du passé, non seulement un conditionnel.

**Ex.** Il m'a dit qu'il ne pouvait pas m'aider. (could not, was not able to)
Quand j'étais enfant, j'allais souvent au port. (would often go, used to go)
Je m'amusais pendant des heures à regarder les bateaux.

## EXERCICE XXIII
*En choisissant entre les quatre modes, mettez les verbes à la forme qui convient. Remplacez les mots soulignés par des pronoms.*

1. Si tante Claire veut un joli souvenir de nous tous, _____ (prendre) quelques photos pendant qu'elle _____ (être) ici.

2. Ce serait bien si elle _____ (prendre) quelques photos. Pourvu qu'elle _____ (ne pas faire) d'erreur. Si vous voulez de bonnes photos _____ (prêter <u>à tante Claire</u>) votre appareil.

3. Si ta montre ne fonctionne pas, _____ (en acheter) une autre.

4. Si j'avais pu m'acheter une montre, je _____ (arriver) à temps pour l'examen.

5. S'ils veulent réussir à l'examen, _____ (s'appliquer) un peu.

6. Ils auraient réussi à l'examen, s'ils _____ (réfléchir) davantage.

7. Il paraît que Jean _____ (faire) de gros efforts, mais je ne sais pas s'il _____ (réussir) demain.

8. Nous réussirons parce que nous _____ (travailler) très fort.

9. Je doute qu'elle _____ (obtenir) un A, mais il est fort possible qu'elle _____ (recevoir) un B⁺.

10. Peut-être que Lucie _____ (vouloir) se joindre à nous samedi. Tu veux qu'elle _____ (venir)? J'espère qu'on _____ (l'inviter). Mais oui, _____ (inviter <u>Lucie</u>).

11. On dit que cette planète-là _____ (être) habitée. En tout cas, il est peu probable que nous _____ (pouvoir) aller vérifier sur place!

12. Étant donné que ce chapitre _____ (être) si difficile, _____ (m'expliquer <u>le chapitre</u>), veux-tu?

13. Nous regrettons que vous _____ (ne pas avoir) le temps de faire ça.

14. Ta mère s'inquiète facilement. Dès que tu arriveras à Londres, _____ (téléphoner <u>à ta mère</u>) et _____ (rassurer <u>ta mère</u>).

15. Attention! Je ne voudrais pas qu'il y _____ (avoir) un accident.

16. Puisque Georges _____ (se croire) toujours si intelligent, _____ (finir) le travail tout seul.

17. Ah! voilà Denise. Elle ne m'avait pas dit si elle _____ (venir) ou non.

18. Savez-vous si nous _____ (pouvoir) encore voir cette exposition la semaine prochaine?

# Corrigé des exercices

## EXERCICE I

1. est, était, est, l'acquitterez / allez l'acquitter
2. revient / est revenu, repartira / va repartir
3. connais
4. recevrons / allons recevoir
5. ne survivra pas / ne va pas survivre
6. obtiendras / vas obtenir
7. sont, c'est, tuent, ont
8. ne prend pas, ne va pas
9. trouvera / va trouver / a trouvé, sont
10. obtiendra / va obtenir

## EXERCICE II

1. suives, choisisses
2. fasse
3. apprenne, cache
4. construise, proposiez
5. soyez, conduise
6. trouviez, soit, ait, profitiez
7. aille, (n')ait
8. revienne
9. sachiez, répétions, preniez
10. revoie, obteniez

## EXERCICE III

1. me lève, fais, est, fais, prends, revois
2. part, dansent
3. refusez / avez refusé
4. connaît
5. fait, a
6. ne sortons pas, donnent
7. comprends
8. j'ai oublié
9. es
10. arrivera, applaudira / est arrivée, a applaudi
11. sont arrivés
12. j'ai appris
13. ne sait pas
14. j'ai dépensé

## EXERCICE IV

1. voie
2. remboursiez
3. vienne
4. soyons
5. attende, ne soit pas
6. ait, ne puisse pas, fasse, parte, dise
7. ne soit pas, (ne) devienne
8. (ne) finisse
9. sachent
10. ne puisse jamais
11. n'acceptiez
12. (ne) m'apprenne
13. ne perdes pas
14. n'ayez

## EXERCICE V

1. te décides
2. me décide
3. m'étonne, saches, connais
4. soit, m'occupe, parles, décidions, pourrions / pourrons / pouvons, (ne) veuilles
5. n'ai pas, veux, s'installe, doit
6. réserve, (ne) soit
7. partons / partirons, as, arrive
8. permette
9. pense, sommes, prenons, partions, pouvons / pourrons, sera
10. restons, iras / vas aller, m'offrirai / vais m'offrir, voyagions
11. a, veuille / voudra / va vouloir, fasse
12. a, vive, reçoive

## EXERCICE VI

1. Aide-moi.
2. Parlez-moi.
3. Répondez-moi.
4. Regarde-moi.
5. Embrasse-moi.
6. Laisse-moi tranquille.
7. Écoute-nous.
8. Suivez-nous.
9. Rendez-nous service.
10. Invitez-nous.
11. Réunissons-nous.
12. Habillons-nous.

## EXERCICE VII

1. Écrivons-lui.
2. Chante-lui quelque chose.
3. Explique-lui la règle.
4. Pardonnez-lui.
5. Prête-leur ton auto.
6. Décernez-leur un prix.
7. Répondons-lui.
8. Montrez-leur le chemin.
9. Donnons-leur un coup de main.

## EXERCICE VIII

1. Arrêtez-le. / Arrêtez-la.
2. Écoutez-les.
3. Attendons-les.
4. Renvoyons-le.
5. Amène-les.
6. Cherche-la.
7. Trouve-le.
8. Encouragez-les.

## EXERCICE IX

1. Dis-le-toi bien.
2. Prêtez-les-nous.
3. Achetez-le-nous. / Achetez-la-nous.
4. Aidez-moi.
5. Offre-le-lui.
6. Montrons-les-lui.
7. Apportons-la-lui.
8. Donne-le-moi.
9. Vends-les-nous.
10. Prêtez-le-leur.
11. Rendons-la-leur.
12. Envoyez-les-moi.

## EXERCICE X

1. Donne-lui-en.
2. Demandes-en.
3. Demande-lui-en.
4. Écoute-les.
5. Écoutes-en avec moi.
6. Achètes-en.
7. Achète-lui-en.
8. Vas-y.
9. Vas-y avec eux.
10. Va en acheter.
11. Va le chercher.
12. Penses-y.
13. Range-les.
14. Laisse-le tranquille.
15. Sers-toi généreusement.

## EXERCICE XI

1. Apporte-m'en.
2. Verse-leur-en.
3. Emmène-nous-y.
4. Montre-nous-en.
5. Raconte-lui-en une.
6. Offre-leur-en.
7. Demande-lui-en.
8. Donne-m'en un.

## EXERCICE XII

1. Vas-y
2. prends-en
3. Évite-les
4. Bois-en
5. achètes-en
6. Parle-leur
7. Congédie-les
8. Donne-leur-en une
9. Lis-la
10. Assistes-y
11. Engages-en une
12. Achète-lui-en un
13. Renseigne-toi
14. Appelle-moi
15. Servez-leur-en
16. Faites-le, achetez-le
17. Mettez-y
18. Consommez-en
19. Buvez-en
20. Filtrez-la
21. Changez-le
22. lisez-les

## EXERCICE XIII

1. viens
2. Donne-moi
3. reposez-vous
4. dis-le-moi
5. demandons-leur
6. mets-le
7. discutons-en
8. fournissez-lui-en
9. apportez-m'en
10. débrouille-toi
11. va
12. assoyons-nous / asseyons-nous

## EXERCICE XIV

1. vienne
2. achètent
3. se mettent
4. élisent
5. aille
6. s'essuie, se souvienne, ne jette pas, coure, écrive, se taise, se conduise, se batte, apprenne, fasse

## EXERCICE XV

1. Vas-y avec elle.
2. Prenez-en.
3. Soyons-y à sept heures.
4. Qu'ils la demandent d'abord.
5. Qu'elle l'écrive.
6. Garde-la.
7. Prévenez-les.
8. Explique-lui la situation.
9. Qu'elle la rappelle.
10. Qu'il retourne chez eux.
11. Qu'elle leur obéisse.
12. Ramène-la.

## EXERCICE XVI

1. appelez-moi
2. prête-le-lui
3. partons, amusons-nous
4. qu'elle passe
5. dites-lui
6. invite-la
7. qu'elle s'étende
8. qu'ils obtiennent
9. prenez-en, servez-vous
10. qu'il nous en demande
11. montre-les-moi
12. qu'il y réfléchisse

## EXERCICE XVII

1. serait
2. t'ennuierais
3. m'aurait encouragée
4. j'irais
5. serait venue
6. j'aurais voulu
7. auriez pensé
8. se mettraient
9. j'aurais maintenu
10. serais allé(e)
11. croirais
12. voudrait

## EXERCICE XVIII

1. serait rentré
2. inviterais
3. J'aurais fait
4. avais eu
5. avait trouvé
6. serions venus
7. avions
8. tombait
9. feriez
10. saurais

## EXERCICE XIX

1. te sentiras
2. finis
3. pourrait
4. êtes
5. t'avais reconnue.
6. rentrera / va rentrer
7. serais mort
8. oubliais
9. ne perd pas
10. raconterai
11. pourrions
12. j'aurais pu
13. écouterait
14. avions vécu
15. s'arrêteraient

## EXERCICE XX

(À corriger en classe.)

## EXERCICE XXI

1. ferait beau.
2. comprendront cette explication.
3. aurait la chance de lui parler.
4. viendrait.
5. pourras venir ce soir.

## EXERCICE XXII

1. accepterait
2. arriverais
3. voulais
4. seriez
5. serait
6. avait été
7. étais
8. essayais
9. remplacerais
10. demandait

## EXERCICE XXIII

1. qu'elle prenne, est / sera
2. prenait, ne fasse pas, prêtez-lui
3. achètes-en
4. serais arrivé(e)
5. qu'ils s'appliquent
6. avaient réfléchi
7. a fait / fait, réussira / va réussir
8. travaillons / avons travaillé / aurons travaillé
9. obtienne, reçoive
10. voudra, vienne, l'invitera / va l'inviter, invitons-la
11. est, puissions
12. est, explique-le-moi
13. n'ayez pas
14. téléphone-lui, rassure-la
15. ait
16. se croit, qu'il finisse
17. viendrait
18. pourrons

# CHAPITRE 5

## L'interrogation
## Le discours indirect

### Cécile Fay-Baulu

## Table des matières

Objectifs 127
Introduction 128
Test préliminaire 129
Corrigé du test préliminaire 133

I. L'interrogation 133
   A. Les phrases interrogatives à réponse simple 134
      Exercice 134
   B. Les phrases interrogatives à réponse complexe 134
      1. La manière (la façon d'être ou de faire) 135
         Exercice 135
      2. La quantité (le prix, la distance) 135
         Exercice 135
      3. Le temps (l'heure, le moment, la durée) 135
         Exercices 135
      4. *Quelqu'un* ou *quelque chose* 137
         Exercices 137

II. Le discours indirect 139
   A. Le discours indirect au présent 140
      1. Les phrases déclaratives 140
         Exercice 140
      2. Les phrases impératives 140
         Exercice 140
      3. Les phrases interrogatives 141
         Exercices 141
   B. Le discours indirect au passé 144
      1. Les changements de temps des verbes 144
         Exercice 145
      2. Les changements des expressions de temps 145
         Exercice 145
Corrigé des exercices 147

## Objectifs

1. Montrer comment poser une question à quelqu'un au *discours direct*, c'est-à-dire sans recourir à un intermédiaire.
2. Montrer comment rapporter les paroles de quelqu'un au *discours indirect*, c'est-à-dire en recourant à un intermédiaire.

# Introduction

Ce chapitre se divise en deux parties qui sont, d'une certaine manière, complémentaires :
1. l'interrogation ;
2. le discours indirect.

Dans l'*interrogation*, vous verrez comment poser une question à quelqu'un au discours direct, c'est-à-dire sans recourir à un intermédiaire.
**Ex.** Nicole s'adresse à Serge et lui demande : « Veux-tu aller au cinéma ? » (discours direct)

Dans le *discours indirect*, par contre, vous apprendrez comment rapporter, à une tierce personne par exemple, les paroles énoncées par quelqu'un d'autre au discours direct.
**Ex.** Vous rapportez les paroles de Nicole en disant :
Nicole demande à Serge s'il veut aller au cinéma.

Vous pouvez donc constater que le discours direct et le discours indirect sont deux modes d'expression différents d'un même discours selon qu'il est rapporté avec ou sans intermédiaire. C'est dans ce sens-là qu'on peut dire que l'interrogation et le discours indirect sont complémentaires et c'est pourquoi nous les avons réunis dans le même chapitre. Toutefois, ces deux points grammaticaux sont traités dans deux chapitres différents de *Grammaire française* : L'interrogation, au chapitre 28, p. 442-456 et Le discours indirect, au chapitre 30, p. 464-475.

# Test préliminaire

**I**   *Complétez le dialogue suivant en utilisant les mots ou les groupes de mots interrogatifs qui conviennent. (25 × 2 points)*

Yuk-Chu —Salut ! _____ (1) cette place est occupée ?

Nicole —Non, elle est libre. Tu peux la prendre.

Yuk-Chu —Merci. Je m'appelle Lin Yuk-Chu. Et toi, _____ (2) ?

Nicole —Je m'appelle Nicole Leroux.

Yuk-Chu —_____ (3) tu es de Montréal ?

Nicole —Oui, je suis née à Montréal. Et toi, _____ (4) ?

Yuk-Chu —Je viens de la République populaire de Chine. Je suis né à Pékin.

Nicole —Ça alors ! _____ (5) tu es arrivé à Montréal ?

Yuk-Chu —Il y a deux semaines environ.

Nicole —_____ (6) tu as des amis ici ?

Yuk-Chu —Non, pas encore. Mais j'espère bien m'en faire !

Nicole —_____ (7) tu habites ?

Yuk-Chu —À la résidence des étudiants.

Nicole —_____ (8) trouves-tu la vie ici ?

_____ (9) bien différente de la vie en Chine ?

Yuk-Chu —Oh ! très différente ! Mais je vais m'acclimater. Tout le monde est si gentil !

Nicole —_____ (10) as-tu appris le français ? Tu le parles très bien.

Yuk-Chu —J'ai étudié le français à l'Institut des langues étrangères de Pékin.

Nicole —_____ (11) ?

Yuk-Chu —Pendant quatre ans. J'y ai aussi appris l'anglais.

Nicole —_____ (12) sont les raisons qui t'ont amené à venir étudier à Montréal ?

Yuk-Chu —On m'a envoyé au Canada pour que je me spécialise en génie électrique.

Nicole —_____ (13) tu feras quand tu retourneras dans ton pays ?

Yuk-Chu —Je travaillerai probablement dans une usine.

Nicole — _____ (14) dans une usine ?

Yuk-Chu — Parce que la Chine doit moderniser son industrie et qu'il faudra construire de nouvelles usines.

Nicole — _____ (15) ?

Yuk-Chu — J'ai vingt-deux ans. Et toi ?

Nicole — Moi aussi, j'ai vingt-deux ans.

Yuk-Chu — Quelle coïncidence ! Mais, _____ (16) que ce vacarme ? _____ (17) signifie cette sonnerie assourdissante ? _____ (18) se passe ? _____ (19) il y a ?

Nicole — Ce n'est rien. C'est une fausse alerte. C'est ce qu'on appelle ici un « exercice de feu ». Dépêchons-nous de sortir.

Yuk-Chu — Mais, _____ (20) il faut sortir s'il n'y a pas vraiment le feu ?

Nicole — Parce que c'est le règlement. Tu comprends cela, _____ (21) ?

Yuk-Chu — Bien sûr ! Les Chinois sont très respectueux des lois. Mais ici, je ne connais pas encore toutes les règles ni toutes les coutumes, alors…

Nicole — J'ai une idée ! Je vais te parler de Montréal, de l'université, de la ville, de nos coutumes et toi, en échange, _____ (22) tu pourrais bien me parler ?

Yuk-Chu — De… la Chine ?

Nicole — C'est en plein ça ! J'ai toujours été fascinée par ton pays. On raconte tant de choses à son sujet.

Yuk-Chu — _____ (23) t'intéresse en particulier ?

Nicole — Tout ! Son histoire, sa culture, l'évolution de son peuple, la révolution culturelle…

Yuk-Chu — Eh bien ! Je crois qu'il va falloir se rencontrer souvent. J'en suis ravi.

Nicole — Moi aussi. Mais je dois partir. Fixons-nous un rendez-vous pour demain _____ (24) es-tu libre ?

Yuk-Chu — À quatre heures. Ça te va ?

Nicole — Parfait. _____ (25) veux-tu me retrouver ?

Yuk-Chu — Au centre social, dans le grand salon.

Nicole — Entendu. Eh bien ! À demain, Yuk-Chu !

Yuk-Chu — À demain, Nicole, et bonne fin de journée !

**II** *Rapportez au discours indirect au passé le début du dialogue entre Nicole et Yuk-Chu (les onze premières lignes). Faites les transformations qui s'imposent et utilisez des verbes de liaison comme : demander, dire, répondre, enchaîner, préciser, etc. (50 × 1 point)*

**Résultats**
I  / 50
II / 50
Total / 100

# Corrigé du test préliminaire

**I**

1. Est-ce que
2. comment t'appelles-tu ? / comment est-ce que tu t'appelles ?
3. Est-ce que
4. où es-tu né ? / où est-ce que tu es né ? d'où viens-tu ? / d'où est-ce que tu viens ?
5. Quand est-ce que
6. Est-ce que
7. Où est-ce que
8. Comment
9. Est-elle / Est-ce qu'elle est
10. Où
11. Pendant combien de temps ?
12. Quelles
13. Qu'est-ce que
14. Pourquoi
15. Quel âge as-tu ?
16. qu'est-ce que c'est
17. Que
18. Qu'est-ce qui
19. Qu'est-ce qu'
20. pourquoi est-ce qu'
21. n'est-ce pas ?
22. de quoi est-ce que
23. Qu'est-ce qui
24. À quelle heure / Quand
25. Où

**II**

Yuk-Chu <u>a salué</u> Nicole et il lui a demandé <u>si</u> cette place <u>était occupée</u>.

Nicole lui a répondu <u>qu'</u>elle <u>était libre</u> et <u>qu'il</u> <u>pouvait</u> la prendre.

Yuk-Chu <u>l'a remerciée</u> et il lui a dit <u>qu'il</u> <u>s'appelait</u> Lin Yuk-Chu. Il <u>a enchaîné</u> en lui demandant <u>comment</u> elle <u>s'appelait</u>.

Nicole lui a dit <u>qu'</u>elle <u>s'appelait</u> Nicole Leroux.

Alors Yuk-Chu lui a demandé <u>si</u> elle <u>était</u> de Montréal.

Nicole lui a répondu <u>qu'</u>elle <u>était née</u> à Montréal et elle lui a demandé <u>d'où</u> il <u>venait</u>, <u>lui</u> (<u>où il était né</u>, <u>lui</u>).

Yuk-Chu lui a dit <u>qu'il</u> <u>venait</u> de la République populaire de Chine et <u>il a précisé</u> <u>qu'il</u> <u>était né</u> à Pékin.

Nicole lui a demandé <u>quand</u> il <u>était arrivé</u> à Montréal.

Yuk-Chu lui a répondu <u>que</u> <u>ça faisait</u> deux semaines environ.

Alors Nicole lui a demandé <u>s'il</u> <u>avait</u> des amis ici.

Yuk-Chu lui a répondu <u>qu'il</u> <u>n'en avait pas encore</u>, mais <u>qu'il</u> <u>espérait</u> bien <u>s'en</u> faire.

**Note**

Comptez un point par mot ou groupe de mots soulignés.

# I. L'interrogation

Lisez attentivement les explications grammaticales données dans *Grammaire française*, p. 442-451, et faites au fur et à mesure les exercices d'*Application immédiate*. Vérifiez les réponses de chaque exercice avant de passer au suivant.

Vous avez dû constater qu'il existe deux sortes de phrases interrogatives en français :

- les phrases interrogatives qui demandent une réponse affirmative ou négative ;
  **Ex.** « Est-ce que vous dansez ?
  – Oui, je danse.
  – Non, je ne danse pas. »
- les phrases interrogatives qui demandent des renseignements spécifiques.
  **Ex.** « Où allez-vous danser ?
  – Dans les discothèques.
  Quelle est votre danse préférée ?
  – Le tango. »

## A. Les phrases interrogatives à réponse simple

Ce sont les phrases auxquelles on répond simplement par **oui** ou par **non**. On formule la question en employant la tournure interrogative **est-ce que** ou en faisant l'inversion **verbe-sujet** quand c'est possible. Vous verrez, dans *Grammaire française*, l'emploi d'une autre tournure interrogative réservée à la langue parlée (A.4, p. 444).

Faites maintenant l'exercice suivant pour vérifier votre compréhension.

**EXERCICE I**    *Pour chaque réponse donnée dans la colonne de droite, écrivez la question correspondante dans la colonne de gauche en faisant l'inversion verbe-sujet quand c'est possible.*

1. _____ ? — Oui, j'aime les fleurs.
2. _____ ? — Non, tu ne viens pas avec moi.
3. _____ ? — Non, elle n'a pas de chance.
4. _____ ? — Oui, tu fumes trop.
5. _____ ? — Mais oui, ça va changer.
6. _____ ? — Mais non, il n'y a rien.
7. _____ ? — Oui, nous passerons vous voir.
8. _____ ? — Non, vous ne pouvez pas téléphoner.
9. _____ ? — Mais non, tu n'es pas fou !
10. _____ ? — Mais oui, c'est vrai.

## B. Les phrases interrogatives à réponse complexe

Ce sont celles qui demandent des réponses spécifiques, des renseignements précis. On doit alors employer différents mots interrogatifs qui sont :

- des *adverbes* interrogatifs (**combien, où, quand, comment, pourquoi**) ;
- des *adjectifs* (**quel**) ou des *pronoms* interrogatifs (**lequel, qui, que, quoi**).

Pour comprendre leurs différents emplois, lisez attentivement les explications qui vous sont données dans *Grammaire française*, p. 445-451. Référez-vous également au chapitre 2, E, p.39, qui traite en particulier de l'adjectif interrogatif **quel** et du pronom interrogatif **lequel**.

Faites maintenant les exercices suivants. Chacun rassemble une seule ou diverses façons d'exprimer une question spécifique portant sur :

## 1. La manière (la façon d'être ou de faire)

**EXERCICE II**  *Pour chaque réponse donnée dans la colonne de droite, écrivez la question correspondante dans la colonne de gauche en faisant l'inversion **verbe-sujet**. Notez que vous devrez toujours employer le même adverbe interrogatif.*

1. _____ ? — Véronique va bien.

2. _____ ? — Je m'appelle Ginette Tremblay.

3. _____ ? — Il s'épelle T, R, E, M, B, L, A, Y.

4. _____ ? — Je veux mon bifteck saignant.

5. _____ ? — Elle s'est cassé la jambe en tombant.

## 2. La quantité (le prix, la distance)

**EXERCICE III**  *Pour chaque réponse donnée dans la colonne de droite, écrivez la question correspondante dans la colonne de gauche en faisant l'inversion **verbe-sujet**. Notez que vous devrez toujours employer le même adverbe interrogatif.*

1. _____ ? — Ce livre coûte 40 $.

2. _____ ? — Il gagne 15 $ de l'heure.

3. _____ ? — J'ai 100 $.

4. _____ ? — Sainte-Adèle se trouve à 50 km.

5. _____ ? — Je l'ai répété cent fois.

6. _____ ? — Ce film dure quatre heures.

## 3. Le temps (l'heure, le moment, la durée)

**EXERCICE IV**  *Pour chaque réponse donnée dans la colonne de droite, écrivez la question correspondante dans la colonne de gauche en faisant l'inversion **verbe-sujet**. Notez que chacune des questions porte sur le temps (heure, moment, durée).*

1. _____ ? — Il est midi.

2. _____ ? — L'avion va décoller à six heures.

3. _____ ? — Nous arriverons vers onze heures.

4. _____ ? — Je reviendrai demain.

5. _____ ? — Elle est partie après l'examen.

6. _____ ? — Il travaille depuis cet été.

7. _____ ? — Ils travaillent depuis six mois.

8. _____ ? — Tu as étudié pendant deux heures.

9. _____ ? — Je serai diplômé dans deux ans.

10. _____ ? — J'ai fait cet exercice en cinq minutes.

**EXERCICE V** *Pour chaque réponse donnée dans la colonne de droite, formulez une question appropriée dans la colonne de gauche. Faites l'inversion **verbe-sujet** quand c'est possible et utilisez **vous** en opposition à **je**.*

1. _____ ? — Je m'appelle Sylvie Dumas.

2. _____ ? — J'habite à Montréal.

3. _____ ? — 2035, rue de la Montagne.

4. _____ ? — 514-392-5476.

5. _____ ? — Oui, je suis mariée.

6. _____ ? — J'ai deux filles, Nathalie et Julie.

7. _____ ? — Elles ont un an et trois ans.

8. _____ ? — Nathalie est l'aînée.

9. _____ ? — Non, je ne travaille pas à l'extérieur.

10. _____ ? — Parce que je m'occupe de ma famille.

11. _____ ? — Mon mari est médecin.

12. _____ ? — Non, il est Japonais.

13. _____ ? — Il vient de Tokyo.

14. _____ ? — Il est arrivé il y a cinq ans.

15. _____ ? — Il s'acclimate très bien.

### 4. *Quelqu'un* ou *quelque chose*

Quand il s'agit d'identifier ou de nommer quelqu'un ou quelque chose, on emploie les pronoms interrogatifs invariables **qui, que, quoi**. Deux éléments sont alors à considérer simultanément :

— le pronom interrogatif remplace-t-il une personne ou une chose ?
— le pronom interrogatif est-il le sujet ou le complément du verbe ?

C'est ce qu'illustre le tableau 3, p. 449 de *Grammaire française*. Pour bien le comprendre, lisez attentivement les explications qui vous sont données aux pages 449-451 et faites l'exercice d'*Application immédiate* à la page 451.

**EXERCICE VI**   *Complétez en employant le pronom interrogatif qui convient (**qui est-ce qui** ou **qu'est-ce qui**).*

1. _____ a téléphoné ?   — M<sup>lle</sup> Duval.
2. _____ s'est passé ?   — Un malentendu.
3. _____ est absent ?   — Valérie.
4. _____ est nocif ?   — Les cigarettes.
5. _____ vous ferait plaisir ?   — Des vacances.

Vous avez remarqué que dans cet exercice le pronom interrogatif est toujours le *sujet* du verbe et qu'il varie entre **qui est-ce qui** et **qu'est-ce qui** selon qu'il se réfère à une personne ou à une chose. Notez qu'on peut employer la forme courte **qui** à la place de **qui est-ce qui** (Qui a téléphoné ?), mais qu'il n'y a pas de forme courte pour **qu'est-ce qui**. Notez également que ces pronoms sont toujours au masculin singulier, quels que soient, dans les réponses, le genre et le nombre des noms auxquels ils se rapportent.

**EXERCICE VII**   *Complétez en employant le pronom interrogatif qui convient (**qui est-ce que** ou **qu'est-ce que**).*

1. _____ il cherche ?   — Ses clés.
2. _____ on t'a dit ?   — Pas grand-chose.
3. _____ tu as vu ?   — Personne.
4. _____ vous consulterez ?   — Le professeur.
5. _____ vous consulterez ?   — Le dictionnaire.

Contrairement à l'exercice précédent, le pronom interrogatif est ici le CD du verbe et il varie entre **qui est-ce que** et **qu'est-ce que** selon qu'il se réfère à une personne ou à une chose. Notez également que les deux ont une forme courte, **qui** et **que,** qu'on emploie en faisant l'inversion.

   Ex.  **Qu'est-ce qu'**il cherche ?
   **Que** cherche-t-il ?
   **Qui est-ce que** tu as vu ?
   **Qui** as-tu vu ?

**EXERCICE VIII** Faites maintenant l'exercice de synthèse suivant où vous devrez considérer les deux éléments variables (**personne-chose** et **sujet-objet**).

1. _____ est en panne ? — L'ascenseur.
2. _____ a causé l'accident ? — Le verglas.
3. _____ a été blessé ? — Le conducteur.
4. _____ l'accident a provoqué ? — Un embouteillage.
5. _____ vas-tu inviter ? — Les Dubé.
6. _____ va-t-on leur servir ? — De la dinde.
7. _____ préparera le dessert ? — Toi, si tu veux.
8. _____ on va servir à boire ? — Du champagne, bien entendu !
9. _____ a-t-elle dit à Serge ? — Un secret.
10. _____ avez-vous aperçu ? — Robert Redford et Catherine Deneuve !

Faites maintenant l'exercice de synthèse suivant qui regroupe différentes façons de demander des renseignements sur **quelqu'un.** Il faudra donc employer le pronom interrogatif **qui** (précédé ou non d'une préposition) comme sujet ou comme complément du verbe.

**EXERCICE IX** *Pour chaque réponse donnée dans la colonne de droite, écrivez la question appropriée dans la colonne de gauche en employant alternativement la forme* ***est-ce que*** *et l'inversion* ***verbe-sujet.***

1. _____ ? — C'est Rachel qui est malade.
2. _____ ? — Gilles a répondu.
3. _____ ? — Nous avons parlé à Nicole.
4. _____ ? — On a parlé du premier ministre.
5. _____ ? — Il a acheté des roses pour Julie.
6. _____ ? — Nous avons dîné avec des amis.
7. _____ ? — Nous avons rencontré ta cousine.
8. _____ ? — Ils ont demandé conseil à l'avocat.
9. _____ ? — J'ai besoin de mes parents.
10. _____ ? — Tu as remercié le guide.

Faites maintenant l'exercice de synthèse suivant qui regroupe différentes façons de demander des précisions sur **quelque chose.** Il faudra donc employer les pronoms interrogatifs **que** comme sujet ou comme complément du verbe ou **quoi** (précédé d'une préposition) comme complément du verbe.

**EXERCICE X** *Pour chaque réponse donnée dans la colonne de droite, écrivez la question appropriée dans la colonne de gauche en employant alternativement la forme **est-ce que** et l'inversion **verbe-sujet**. Utilisez le pronom personnel **tu** dans la question.*

1. _____ ?  — Je dis des folies.

2. _____ ?  — Je pense à ma vie.

3. _____ ?  — J'ai envie de liberté.

4. _____ ?  — J'ai besoin d'amour.

5. _____ ?  — Je joue à cache-cache.

6. _____ ?  — Je joue avec les mots.

7. _____ ?  — Je fais des mots croisés.

8. _____ ?  — Je proteste contre la violence.

9. _____ ?  — Je compte sur l'appui des pacifistes.

10. _____ ?  — Je m'intéresse aux questions environnementales.

Pour terminer, faites les exercices X, XI, XII, XIII, XIV, XV, XVI, *Grammaire française*, p. 454-456.

## II. Le discours indirect

Lisez attentivement les explications données dans le chapitre 30 de *Grammaire française*, p. 465-472, ainsi que les points relatifs à ce sujet dans les chapitres 3 et 4. Avant tout, il est essentiel de comprendre ce qu'on entend par discours direct et par discours indirect.

On appelle **discours direct** toutes les paroles prononcées directement par la personne elle-même. Dans un texte écrit, elles sont citées telles quelles, entre guillemets; c'est ce qu'on appelle « faire une citation ».
**Ex.** Serge : « **J**'adore les papillons. »

On utilise le discours direct quand on écrit des dialogues, au théâtre notamment.

Par contre, dans un texte narratif ou quand on rapporte oralement les paroles de quelqu'un, on utilise une autre tournure de phrase qu'on appelle **discours indirect**. Dans ce cas, on doit mentionner le nom de la personne qui a prononcé les paroles et, conséquemment, la phrase dite au discours direct devient une proposition subordonnée au **discours** indirect.
**Ex. Serge** dit qu'**il** adore les papillons.

En général, les pronoms personnels des 1re et 2e personnes au discours direct deviennent des pronoms personnels de la 3e personne au discours indirect.
**Ex.** Serge à Ginette : « **Tu** as de la chance. »
Serge dit à Ginette (lui dit) qu'**elle** a de la chance.

Il en va de même pour les pronoms ou les adjectifs possessifs.
**Ex.** Ginette : « **Je** ne prête pas **mes** disques. » (discours direct)
Ginette dit qu'**elle** ne prête pas **ses** disques. (discours indirect)

## A. Le discours indirect au présent

Vous savez qu'il existe trois types de phrases du discours direct, soit :

- les phrases déclaratives ;
- les phrases impératives ;
- les phrases interrogatives.

Il s'agit de voir maintenant comment les rapporter au discours indirect au présent.

### 1. Les phrases déclaratives (voir *Grammaire française*, p. 465, A.1)

On les rapporte au discours indirect en les faisant précéder de la conjonction de subordination **que** et en effectuant les changements de pronoms ou d'adjectifs qui s'imposent.
Ex. Nicole : « **J'**ai reçu **mes** photos. » (discours direct)
    Nicole dit **qu'elle** a reçu **ses** photos. (discours indirect)

**EXERCICE XI**  *Écrivez les phrases déclaratives ci-dessous au discours indirect et faites les changements nécessaires, d'après le modèle donné ci-dessus.*

1. Le guide : « Cet édifice a été construit en 1895. »

2. Gisèle : « J'invite toujours mes amis. »

3. Paul à Jacques : « J'aimerais te voir après le cours. »

4. Le professeur aux étudiants : « Il faut que vous étudiez plus sérieusement. »

5. Les étudiants au professeur : « Nous allons faire un réel effort. »

### 2. Les phrases impératives (voir *Grammaire française*, p. 468, B)

On les rapporte au discours indirect en remplaçant le mode impératif par le mode **infinitif** précédé de la préposition **de.**
Ex. Nicole : « **Partez** avant moi. » (discours direct)
    Nicole dit **de partir** avant elle. (discours indirect)

**EXERCICE XII**  *Écrivez les ordres suivants au discours indirect et faites les changements nécessaires.*

1. L'infirmière à Julie : « Prenez cette pilule avant de vous coucher. »

2. Le policier à un(e) automobiliste : « Ayez toujours votre permis de conduire sur vous. »

3. Éric à ses amis : « Attendez-moi au restaurant du coin. »

4. Ève à Natacha : « Montre-moi ta nouvelle voiture. »

5. L'hôtesse aux passagers : « Attachez votre ceinture et préparez-vous pour le décollage. »

### 3. Les phrases interrogatives (voir *Grammaire française*, p. 468, C)

Quand la phrase interrogative au *discours direct* est introduite par un adverbe d'interrogation (**quand, où, pourquoi**, etc.), par un adjectif ou par un pronom interrogatifs (**quel, lequel, qui**), on la rapporte au *discours indirect* en rétablissant l'ordre des mots de la phrase déclarative. Il n'y a donc plus d'inversion ni de **est-ce que**. Le point d'interrogation disparaît dans la langue écrite.

**Ex.** Nicole : « **Quelle** heure **est-il** ? » (discours direct)
Nicole demande **quelle** heure **il est**. (discours indirect)
Nicole : « **Quand est-ce que** l'avion va décoller ? » (discours direct)
Nicole demande **quand** l'avion va décoller. (discours indirect)

**EXERCICE XIII**  *Écrivez les questions suivantes au discours indirect, d'après les modèles donnés ci-dessus.*

1. Le médecin au malade : « Depuis combien de temps est-ce que vous toussez ? »

2. Ginette à Serge : « Où as-tu passé tes vacances ? »

3. Marc se demande : « Comment est-ce qu'on fait cuire des escargots ? »

4. Le consommateur veut savoir : « Pourquoi achète-t-on autant de produits inutiles ? »

Toutefois, quand la phrase interrogative au *discours direct* commence par les pronoms interrogatifs **qu'est-ce qui, qu'est-ce que** ou **que**, on doit la rapporter au *discours indirect* de la façon suivante.

– **Qu'est-ce qui** (discours direct) devient **ce qui** (discours indirect).
**Ex.** Le pilote demande : « **Qu'est-ce qui** s'est passé ? » (discours direct)
Le pilote demande **ce qui** s'est passé. (discours indirect)

– **Qu'est-ce que** (discours direct) devient **ce que** (discours indirect).
  **Ex.** La serveuse aux clients : « **Qu'est-ce que** vous désirez comme entrée ? » (discours direct)
  La serveuse demande aux clients **ce qu'**ils désirent comme entrée. (discours indirect)
  La serveuse aux clients : « **Que** prendrez-vous ensuite comme plat principal ? » (discours direct)
  La serveuse leur demande **ce qu'**ils prendront ensuite comme plat principal. (discours indirect)

**EXERCICE XIV**   *Écrivez les questions suivantes au discours indirect d'après les modèles donnés ci-dessus.*

1. Le douanier aux touristes : « Qu'est-ce que vous avez à déclarer ? »

2. Le psychanalyste au patient : « Alors, qu'est-ce qui ne va pas aujourd'hui ? »

3. Le gardien au visiteur : « Que faites-vous dans cette salle ? »

4. Michel à Nicole : « Qui est-ce qui est allé te chercher à l'aéroport ? »

Quand la phrase interrogative au *discours direct* ne comporte ni adverbe ni adjectif interrogatifs, on la rapporte au *discours indirect* en la faisant précéder de la conjonction de subordination **si**.
**Ex.** Irène à Hélène : « Veux-tu aller voir ce film ? » (discours direct)
  Irène demande à Hélène (lui demande) **si** elle veut aller voir ce film. (discours indirect)
  Les enfants à leur gardienne : « Est-ce qu'on pourra aller jouer dehors ? » (discours direct)
  Les enfants demandent à la gardienne (lui demandent) **s'**ils pourront aller jouer dehors. (discours indirect)

Remarquez bien que le **si** du discours indirect peut être suivi du futur ou du conditionnel, contrairement au **si** introduisant une phrase de condition (voir chapitre 4, IV. B).

**EXERCICE XV**   *Écrivez les questions suivantes au discours indirect d'après les modèles donnés ci-dessus.*

1. Les étudiants au professeur : « Pourriez-vous répéter votre dernière explication ? »

2. Les touristes se demandent : « Est-ce qu'il fera beau demain ? »

3. Un touriste demande : « Est-ce qu'il pleuvait autant la semaine dernière ? »

4. René à sa femme : « Aimerais-tu aller à La Barbade cet hiver ? »

Faites maintenant l'exercice de synthèse suivant.

**EXERCICE XVI**  *Écrivez les phrases interrogatives suivantes au discours indirect et faites les changements nécessaires.*

1. Nicole à Julie : « Pourquoi est-ce que tu ne m'as pas téléphoné hier soir ? »

2. Annie à sa secrétaire : « Qui est-ce qui m'a laissé ce message ? »

3. Le professeur aux étudiants : « À quoi pensez-vous ? »

4. Le vendeur à la cliente : « Qu'est-ce qu'il vous faut comme équipement de ski ? »

5. La malade au médecin : « Qu'est-ce qui m'arrive ? »

6. Julie à Nicole : « Est-ce que tu me prêterais ta voiture ? »

7. Serge aux enfants : « Avez-vous encore faim ? »

8. Serge à Julie : « À quelle heure viendras-tu me chercher ? »

9. Le gardien aux visiteurs : « Où est-ce que vous allez et qu'est-ce que vous cherchez ? »

10. Ginette à Michel : « Est-ce que nous devons vraiment aller à cette soirée ? »

## B. Le discours indirect au passé

Au lieu de rapporter les phrases du discours direct au discours indirect au *présent* (c'est-à-dire, *quand le verbe de la proposition principale est au présent*: il dit, elle demande, etc.) comme on l'a fait jusqu'à maintenant, on les rapporte au *passé*, discours indirect au passé, *en mettant le verbe de la proposition principale au passé* (il disait, elle a demandé, etc.). D'autres changements viennent alors s'ajouter à ceux touchant le discours indirect au présent.

### 1. Les changements de temps des verbes (voir *Grammaire française*, p. 466-467, II.a)

On doit changer le temps du verbe employé au discours direct dans quatre cas.

– Le verbe conjugué au *présent* au discours direct est rapporté à l'*imparfait* au discours indirect au passé.
  **Ex.** Serge : « **J'adore** les papillons. » (discours direct)
  Serge **dit** qu'il **adore** les papillons. (discours indirect au présent)
  Serge **a dit** qu'il **adorait** les papillons. (discours indirect au passé)

– Le verbe conjugué au *passé composé* au discours direct est rapporté au *plus-que-parfait* au discours indirect au passé.
  **Ex.** Nicole : « **J'ai reçu** mes photos. » (discours direct)
  Nicole **dit** qu'elle **a reçu** ses photos. (discours indirect au présent)
  Nicole **a dit** qu'elle **avait reçu** ses photos. (discours indirect au passé)

– Le verbe conjugué au *futur* au discours direct est rapporté au *présent du conditionnel* au discours indirect au passé.
  **Ex.** Les enfants à leur mère : « Est-ce qu'on **pourra** aller jouer dehors ? » (discours direct)
  Les enfants **demandent** à leur mère s'ils **pourront** aller jouer dehors. (discours indirect au présent)
  Les enfants **ont demandé** à leur mère s'ils **pourraient** aller jouer dehors. (discours indirect au passé)

– Le verbe conjugué au *futur antérieur* au discours direct est rapporté au *passé du conditionnel* au discours indirect au passé.
  **Ex.** La mère aux enfants : « Vous **pourrez** sortir quand vous **aurez fini** de manger. » (discours direct)
  La mère répond aux enfants qu'ils **pourront** sortir quand ils **auront fini** de manger. (discours indirect au présent)
  La mère a répondu aux enfants qu'ils **pourraient** sortir quand ils **auraient fini** de manger. (discours indirect au passé)

Pour tous les autres temps, le verbe conserve la même forme qu'au discours direct.
**Ex.** Le juge : « Je **doute** que le témoin **dise** la vérité. »
Le juge **déclare** qu'il **doute** que le témoin **dise** la vérité. (discours indirect au présent)
Le juge **déclarait** qu'il **doutait** que le témoin **dise** la vérité. (discours indirect au passé)

Vous aurez noté que dans les quatre cas où un changement de temps du verbe employé au discours direct s'impose, vous obtenez toujours les terminaisons **-ais, -ais, -ait, -ions, -iez, -aient.**

**EXERCICE XVII**  *Écrivez les phrases au discours indirect au passé et faites les changements nécessaires.*

1. Le témoin a déclaré : « Je n'ai jamais menti à la Cour. »

2. Le médecin m'a demandé : « Où est-ce que vous avez mal ? »

3. Le policier a ordonné à l'automobiliste : « Montrez-moi vos papiers. »

4. Le guide a répondu aux visiteurs : « Je regrette, mais vous ne pourrez prendre aucune photo dans cette salle. »

5. Un visiteur lui a demandé : « Est-ce que je pourrais connaître la raison de cette interdiction ? »

## 2. Les changements des expressions de temps (voir *Grammaire française*, p. 467, II.b)

Ce qui détermine les changements des expressions de temps (aujourd'hui, hier, la semaine prochaine, etc.), c'est le moment où l'on rapporte au discours indirect la phrase du discours direct (la citation).

**Ex.** La météorologue : « Il a fait un maximum de 2 °C **hier**. » (discours direct)
**Ce matin,** la météorologue a déclaré qu'il avait fait un maximum de 2 °C **hier**. (discours indirect au passé)

Ici, l'expression de temps *hier* ne change pas parce que la citation est rapportée le jour même.

Par contre, si on la rapportait en prenant pour référence un autre moment du passé (jeudi dernier, par exemple), l'expression de temps *hier* devrait être changée pour *la veille*.

**Ex.** **Jeudi dernier,** la météorologue a déclaré qu'il avait fait un maximum de 2 °C **la veille.** (discours indirect au passé)

Il faut donc que vous appreniez les expressions de temps du tableau b, p. 467 de *Grammaire française*.

**EXERCICE XVIII**  *Écrivez les phrases au discours indirect au passé et faites les changements qui s'imposent.*

1. Ce matin, Éric a dit à Nicole : « Je passerai te voir ce soir. »

2. Samedi dernier, Éric a dit à Nicole : « Je passerai te voir ce soir. »

3. L'été dernier, le président se demandait : « Qui est-ce qui peut prendre des vacances en ce moment ? »

4. Au déjeuner, Michel m'a demandé : « Qu'est-ce que tu as fait hier pour ton anniversaire ? »

5. La semaine dernière, le juge a demandé à l'accusé : « Qu'avez-vous déclaré à la police hier ? »

6. Il y a deux mois, le ministre des Finances déclarait : « L'année prochaine, l'économie ira mieux parce que le gouvernement aura pris des mesures exceptionnelles. »

7. Ce matin, un journaliste a demandé : « Monsieur le Maire, donnerez-vous une conférence de presse demain matin ? »

8. Jeudi dernier, Michel m'a demandé : « Viendrais-tu dîner chez moi demain soir ? »

9. Ce soir, tu m'as rappelé : « C'est moi qui ai fait le ménage la semaine dernière. »

10. Il y a un mois, un député voulait savoir : « Quelle décision a été prise la semaine dernière ? »

Pour terminer, faites par écrit les exercices VII, VIII, IX, X, XI de *Grammaire française*, p. 474-475.

# Corrigé des exercices

## EXERCICE I

1. Aimez-vous les fleurs ? / Aimes-tu les fleurs ?
2. Est-ce que je viens avec toi ?
3. A-t-elle de la chance ?
4. Est-ce que je fume trop ?
5. Est-ce que ça va changer ?
6. Y a-t-il quelque chose ?
7. Passerez-vous nous voir ? / Passerez-vous me voir ?
8. Puis-je téléphoner ? / Pouvons-nous téléphoner ?
9. Suis-je fou ?
10. Est-ce vrai ?

## EXERCICE II

1. Comment va Véronique ?
2. Comment vous appelez-vous ? / Comment t'appelles-tu ?
3. Comment s'épelle votre nom ? / Comment s'épelle ton nom ?
4. Comment voulez-vous votre bifteck ? / Comment veux-tu ton bifteck ?
5. Comment s'est-elle cassé la jambe ?

## EXERCICE III

1. Combien coûte ce livre ? / Combien ce livre coûte-t-il ?
2. Combien gagne-t-il de l'heure ?
3. Combien d'argent as-tu ? / Combien d'argent avez-vous ?
4. À combien de kilomètres se trouve Sainte-Adèle ?
5. Combien de fois l'as-tu répété ? / Combien de fois l'avez-vous répété ?
6. Combien de temps dure ce film ? / Combien de temps ce film dure-t-il ?

## EXERCICE IV

1. Quelle heure est-il ?
2. À quelle heure va décoller l'avion ? / À quelle heure l'avion va-t-il décoller ?
3. Vers quelle heure arriverez-vous ? / Vers quelle heure arriverons-nous ?
4. Quand reviendras-tu ? / Quand reviendrez-vous ?
5. Quand est-elle partie ?
6. Depuis quand travaille-t-il ?
7. Depuis combien de temps travaillent-ils ?
8. Pendant combien de temps ai-je étudié ?
9. Dans combien de temps serez-vous (seras-tu) diplômé ?
10. En combien de temps avez-vous fait (as-tu fait) cet exercice ?

## EXERCICE V

1. Comment vous appelez-vous ?
2. Où habitez-vous ?
3. Quelle est votre adresse ?
4. Quel est votre numéro de téléphone ?
5. Êtes-vous mariée ?
6. Combien d'enfants avez-vous ?
7. Quel âge ont-elles ?
8. Qui est l'aînée ? / Laquelle est l'aînée ?
9. Travaillez-vous à l'extérieur ?
10. Pourquoi pas ?
11. Que fait votre mari ?
12. Est-il Canadien ?
13. D'où vient-il ?
14. Quand est-il arrivé ?
15. Comment s'acclimate-t-il ?

## EXERCICE VI

1. Qui est-ce qui
2. Qu'est-ce qui
3. Qui est-ce qui
4. Qu'est-ce qui
5. Qu'est-ce qui

## EXERCICE VII

1. Qu'est-ce qu'
2. Qu'est-ce qu'
3. Qui est-ce que
4. Qui est-ce que
5. Qu'est-ce que

## EXERCICE VIII

1. Qu'est-ce qui
2. Qu'est-ce qui
3. Qui est-ce qui / Qui
4. Qu'est-ce que
5. Qui
6. Que
7. Qui est-ce qui / Qui
8. Qu'est-ce qu'
9. Qu'
10. Qui

## EXERCICE IX

1. Qui est-ce qui est malade ?
2. Qui a répondu ?
3. À qui est-ce que vous avez parlé ?
4. De qui a-t-on parlé ?
5. Pour qui est-ce qu'il a acheté des roses ?
6. Avec qui avez-vous dîné ?
7. Qui est-ce que vous avez rencontré ?
8. À qui ont-ils demandé conseil ?
9. De qui est-ce que tu as besoin ?
10. Qui ai-je remercié ?

## EXERCICE X

1. Qu'est-ce que tu dis ?
2. À quoi penses-tu ?
3. De quoi est-ce que tu as envie ?
4. De quoi as-tu besoin ?
5. À quoi est-ce que tu joues ?
6. Avec quoi joues-tu ?
7. Qu'est-ce que tu fais ?
8. Contre quoi protestes-tu ?
9. Sur quoi est-ce que tu comptes ?
10. À quoi t'intéresses-tu ?

## EXERCICE XI

1. Le guide dit que cet édifice a été construit en 1895.
2. Gisèle dit qu'elle invite toujours ses amis.
3. Paul dit à Jacques (lui dit) qu'il aimerait le voir après le cours.
4. Le professeur dit aux étudiants (leur dit) qu'il faut qu'ils étudient plus sérieusement.
5. Les étudiants disent au professeur (lui disent) qu'ils vont faire un réel effort.

## EXERCICE XII

1. L'infirmière dit à Julie (lui dit) de prendre cette pilule avant de se coucher.
2. Le policier dit à un(e) automobiliste (lui dit) d'avoir toujours son permis de conduire sur lui (elle).
3. Éric dit à ses amis (leur dit) de l'attendre au restaurant du coin.
4. Ève dit à Natacha (lui dit) de lui montrer sa nouvelle voiture.
5. L'hôtesse dit aux passagers (leur dit) d'attacher leur ceinture et de se préparer pour le décollage.

## EXERCICE XIII

1. Le médecin demande au malade (lui demande) depuis combien de temps il tousse.
2. Ginette demande à Serge (lui demande) où il a passé ses vacances.
3. Marc se demande comment on fait cuire des escargots.
4. Le consommateur veut savoir pourquoi on achète autant de produits inutiles.

## EXERCICE XIV

1. Le douanier demande aux touristes (leur demande) ce qu'ils ont à déclarer.
2. Le psychanalyste demande au patient (lui demande) ce qui ne va pas aujourd'hui.
3. Le gardien demande au visiteur (lui demande) ce qu'il fait dans cette salle.
4. Michel demande à Nicole (lui demande) qui est allé la chercher à l'aéroport.

## EXERCICE XV

1. Les étudiants demandent au professeur (lui demandent) s'il pourrait répéter sa dernière explication.
2. Les touristes se demandent s'il fera beau demain.
3. Un touriste demande s'il pleuvait autant la semaine dernière.
4. René demande à sa femme (lui demande) si elle aimerait aller à La Barbade cet hiver.

## EXERCICE XVI

1. Nicole demande à Julie (lui demande) pourquoi elle ne lui a pas téléphoné hier soir.
2. Annie demande à sa secrétaire (lui demande) qui lui a laissé ce message.
3. Le professeur demande aux étudiants (leur demande) à quoi ils pensent.
4. Le vendeur demande à la cliente (lui demande) ce qu'il lui faut comme équipement de ski.
5. La malade demande au médecin (lui demande) ce qui lui arrive.
6. Julie demande à Nicole (lui demande) si elle lui prêterait sa voiture.
7. Serge demande aux enfants (leur demande) s'ils ont encore faim.
8. Serge demande à Julie (lui demande) à quelle heure elle viendra le chercher.
9. Le gardien demande aux visiteurs (leur demande) où ils vont et ce qu'ils cherchent.
10. Ginette demande à Michel (lui demande) s'ils doivent vraiment aller à cette soirée.

## EXERCICE XVII

1. Le témoin a déclaré qu'il n'avait jamais menti à la Cour.
2. Le médecin m'a demandé où j'avais mal.
3. Le policier a ordonné à l'automobiliste (lui a ordonné) de lui montrer ses papiers.
4. Le guide a répondu aux visiteurs (leur a répondu) qu'il regrettait, mais qu'ils ne pourraient prendre aucune photo dans cette salle.
5. Un visiteur lui a demandé s'il pourrait connaître la raison de cette interdiction.

## EXERCICE XVIII

1. Ce matin, Éric a dit à Nicole (lui a dit) qu'il passerait la voir ce soir.
2. Samedi dernier, Éric a dit à Nicole (lui a dit) qu'il passerait la voir ce soir-là.
3. L'été dernier, le président se demandait qui pouvait prendre des vacances à ce moment-là.
4. Au déjeuner, Michel m'a demandé ce que j'avais fait hier pour mon anniversaire.
5. La semaine dernière, le juge a demandé à l'accusé (lui a demandé) ce qu'il avait déclaré à la police la veille.
6. Il y a deux mois, le ministre des Finances déclarait que l'année prochaine, l'économie irait mieux parce que le gouvernement aurait pris des mesures exceptionnelles.
7. Ce matin, un journaliste a demandé au maire s'il donnerait une conférence de presse demain matin.
8. Jeudi dernier, Michel m'a demandé si je viendrais dîner chez lui le lendemain soir.
9. Ce soir, tu m'as rappelé que c'était toi qui avais fait le ménage la semaine dernière.
10. Il y a un mois, un député voulait savoir quelle décision avait été prise la semaine précédente.

# CHAPITRE 6
## La concordance des temps

Jean-Philippe Aubert    Hélène Poulin-Mignault

## Table des matières

Objectifs  151
Introduction  151
Test préliminaire  153
Corrigé du test préliminaire  155

I. Les temps de l'indicatif  155
   A. Le présent  155
      Exercice  156
   B. Le futur simple et le futur antérieur  156
      Exercice  156
   C. Les temps du passé: le passé composé, l'imparfait, le plus-que-parfait  157
      1. Le passé composé  157
      2. L'imparfait  157
      3. Le plus-que-parfait  158
      Exercices  159
   D. L'emploi des temps avec *depuis, il y a... que, il y a*  162
      Exercices  163
   E. Les temps du conditionnel (supposition et condition)  164
      Exercices  164

II. Les temps dans les autres modes  166
   A. Les temps du subjonctif  166
      Exercice  167
   B. Les temps de l'infinitif  167
      Exercice  168

Corrigé des exercices  168

## Objectifs

1. Montrer comment *les temps* les plus usuels des verbes s'emploient dans le cadre des divers modes.
2. Expliquer la concordance des temps propre au français, notamment celui de l'imparfait et du passé composé de l'indicatif.
3. Étudier les temps qui *peuvent* ou qui *doivent* être utilisés dans un contexte donné.

## Introduction

Comme les autres langues, le français se sert de formes spécifiques pour *situer l'action dans le temps*, c'est-à-dire dans le présent, dans le passé ou dans l'avenir. Il dispose pour cela d'une vingtaine de temps différents, répartis selon les modes. Dans ce chapitre, nous laisserons de côté les formes proprement littéraires comme le passé simple de l'indicatif, l'imparfait du subjonctif, etc., pour nous limiter aux dix temps les plus courants ainsi qu'aux formes du futur proche et du passé récent.

Après avoir rafraîchi vos notions de conjugaison (chapitre 3) et raffermi votre sens de l'emploi des modes (chapitre 4), il vous reste à savoir quels temps choisir pour être toujours à propos. Or, tout dépend de ce que vous voulez exprimer. En effet, si dans certaines constructions comme le discours indirect ou la phrase de condition, nous sommes contraints d'employer certains modes et temps, en dehors de ces constructions, il n'y a pas de règles rigoureuses ou automatiques pour dicter l'emploi de tel ou tel temps. Comme l'écrivait en 1922 le célèbre grammairien F. Brunot dans *La pensée et la langue*: «Le chapitre de la concordance des temps se résume en une ligne: il n'y en a pas.» Par contre, un mauvais choix de temps est immédiatement perçu par les francophones comme une faute majeure : non seulement s'agit-il d'une note discordante mais plus encore d'une source d'incompréhension et de mauvaise interprétation dans la conversation ou la correspondance.

Ainsi, s'il n'y a pas de règles strictes, il existe cependant un bon usage que nous allons illustrer par de nombreux exemples. Au terme de ce chapitre, vous devriez donc vous sentir plus à l'aise avec la concordance des temps et en arriver à employer les divers temps de façon appropriée et harmonieuse.

# Test préliminaire

**I** *Mettez les verbes aux temps appropriés du passé. (10 × 3 points)*

1. Les Rivest _____ (habiter) au Nouveau-Brunswick quand ils _____ (décider) de venir à Montréal, il y a cinq ans. Avant cela, ils _____ (vivre) aux États-Unis pendant dix ans.

2. À minuit, je _____ (voir) un homme étrange qui _____ (porter) un masque sombre.

3. — En quelle année est-ce que vous _____ (apprendre) l'espagnol ?
   — En 2001, pendant que je _____ (étudier) à Barcelone.

4. Quand il _____ (se rendre compte) qu'il _____ (aller) échouer aux examens, il _____ (se mettre) à travailler dur.

**II** *Mettez les verbes aux temps appropriés. (3 × 3 points)*

1. Je savais bien que tu _____ (faire) ton possible depuis toujours.

2. Vous _____ (se tromper) pendant plus de dix ans, reconnaissez-le maintenant !

3. Il y a maintenant une heure qu'ils _____ (attendre) les résultats.

**III** *Mettez les verbes au futur (simple ou antérieur). (3 × 3 points)*

1. Une fois qu'il _____ (achever) son projet, vous _____ (pouvoir) l'admirer.

2. Un jour, tu _____ (voir), je serai célèbre !

**IV** *Mettez les verbes aux temps appropriés (supposition et condition). (6 × 3 points)*

1. Si vous me _____ (dire) la vérité, vous ne le regretterez pas.

2. Si nous _____ (se préoccuper) de l'environnement plus tôt, nous _____ (ne pas connaître) actuellement des problèmes aussi graves.

3. Tu _____ (avoir) une attaque si tu l'avais vu après l'accident.

4. Notre représentant _____ (venir) chez vous si vous le désirez.

5. Si vous étiez d'accord, tout _____ (s'arranger) maintenant.

**V** *Mettez les verbes aux temps appropriés du subjonctif. (4 × 3 points)*

1. Faut-il vraiment qu'ils _____ (lire) ces quatre chapitres tout de suite ?

2. Cela m'étonnerait que Sylvie _____ (aller) chez son petit ami ce jour-là, car elle était malade.

3. Elle avait surtout peur que je _____ (se mettre) en colère quand elle m'a avoué la vérité.

4. Nous sommes désolés que tu _____ (mal comprendre) notre message, lundi passé.

**VI** *Mettez les verbes au passé récent ou au futur proche. (2 × 2 points)*

1. Si ça continue comme ça, je suis sûr qu'ils _____ (se battre).

2. — Le patron est là ?

   — Non, il _____ (sortir).

**VII** *Mettez les verbes aux divers temps qui conviennent. (6 × 3 points)*

1. Après _____ (lire) son texte, il était prêt à répondre aux questions.

2. D'habitude, on y allait tous ensemble ; mais, cette fois, il _____ (partir) seul.

3. Il ne faut pas que tu _____ (se sentir) abandonnée.

4. Pose la question, ils te _____ (répondre).

5. Elle s'est dit qu'elle _____ (ne pas faire) la même erreur deux fois.

6. Je _____ (s'inquiéter) si j'avais su que ce serait aussi difficile.

| Résultats | | | |
|---|---|---|---|
| I | / 30 | V | / 12 |
| II | / 9 | VI | / 4 |
| III | / 9 | VII | / 18 |
| IV | / 18 | Total | / 100 |

# Corrigé du test préliminaire

**I**

1. habitaient, ont décidé, avaient vécu
2. j'ai vu, portait
3. avez appris, j'étudiais
4. s'est rendu compte, allait, s'est mis

**II**

1. faisais
2. vous êtes trompé(e), (s), (es)
3. attendent

**III**

1. aura achevé, pourrez
2. verras

**IV**

1. dites
2. nous étions préoccupés, ne connaîtrions pas
3. aurais eu
4. viendra
5. s'arrangerait

**V**

1. lisent
2. soit allée
3. me mette
4. aies mal compris

**VI**

1. vont se battre
2. vient de sortir

**VII**

1. avoir lu
2. est parti
3. te sentes
4. répondront
5. ne ferait pas
6. me serais inquiété(e)

# I. Les temps de l'indicatif

## A. Le présent

En principe, ce temps ne présente pas de grandes difficultés. Lisez les pages 191-193 dans *Grammaire française*.

Remarquez les formes a) du *passé récent* (p. 192, n° 4) et b) du *futur proche* (p. 192, n° 5).
   **Ex.** a) Je vous **comprends.** / Je **viens de** vous comprendre.
   b) Vous **finissez** le chapitre. / Vous **allez** finir le chapitre.

L'emploi du présent après le **si** de condition (p. 192, n° 6) sera repris dans ce chapitre à la section I.E sur les temps du conditionnel.

Remarquez l'emploi normal du présent avec **depuis** («for / since») et les constructions équivalentes (p. 192, n° 8). Cette question sera reprise avec les temps du passé.

Faites l'exercice d'*Application immédiate*, page 194 et l'exercice ci-dessous.

**EXERCICE I**  *Mettez les phrases au passé récent et au futur proche.*

1. Michel sort.

2. L'écrivain finit son roman.

3. Elle rejette mon offre.

4. Vous avez la grippe.

5. Mes amis suivent des cours de français.

6. Ils se plaignent.

## B. Le futur simple et le futur antérieur

L'emploi du futur est aussi relativement simple. Lisez à la page 249, le n° II.a, b et c dans *Grammaire française*. (Laissez de côté pour l'instant l'emploi du temps après le **si** de condition.)

Sur l'emploi du futur antérieur, lisez *Grammaire française*, p. 251-252, n° II.

Faites l'exercice d'*Application immédiate*, p. 251; faites ensuite les exercices II (sauf les n°s 6 et 15) et III, p. 253; VI, p. 254, et l'exercice ci-dessous.

**EXERCICE II**  *Mettez les phrases au futur ou au futur antérieur.*

1. Quand tu viens me voir, tu peux admirer mes nouvelles gravures.

2. Il va à l'hôpital dès qu'il ressent les premiers symptômes.

3. Dès qu'il est arrivé, vous m'envoyez un courriel.

4. Quand vous recevez ce questionnaire-là, il faut y répondre immédiatement.

5. Elle se sent mieux quand elle a mangé.

_____

6. Il s'habille quand il a pris sa douche.

_____

7. Il faut persévérer même quand vous rencontrez des difficultés avec les conjugaisons.

_____

## C. Les temps du passé : le passé composé, l'imparfait, le plus-que-parfait

Dans la phrase ci-dessous, vous devriez pouvoir identifier facilement les formes de ces trois temps (sinon, revoyez le chapitre 3).
**Ex.** Nous ne **sommes** pas **allés** (passé composé) au chalet avant Noël; ça n'en **valait** pas la peine (imparfait), il n'**avait** pas **neigé** du tout (plus-que-parfait).

Pour comprendre ces trois temps et savoir quand les employer, lisez attentivement les pages suivantes, dans *Grammaire française*, et imprégnez-vous surtout des exemples : passé composé, p. 223-224, B; imparfait, p. 233-235, B; plus-que-parfait, p. 240-241, B.

Vous pouvez laisser de côté, pour l'instant, les nos 5 et 7 à la page 235 et le no 3 à la page 240. (Le **si** de condition, et les verbes avec **depuis** seront étudiés plus loin.)

Cela peut vous paraître complexe, mais voici comment la question peut être schématisée.

### 1. Le passé composé

Le **passé composé** est un temps *narratif* : il répond à la question « Qu'est-ce qui s'est passé ? » (« What happened ? »). Il exprime une action vue sous un angle *historique* (indépendamment de sa durée), accomplie à un *moment défini*.

### 2. L'imparfait

L'**imparfait** est un temps *descriptif* : il répond à la question « Quelle était la situation ? » (« What was going on ? », « What were you doing ? ») ou il exprime une action *habituelle* (« What used to happen ? ») et s'accompagne souvent d'un adverbe comme : en général, quelquefois, souvent, d'habitude, le samedi, etc. (voir *Grammaire française*, p. 234, no 4).

Considérez maintenant l'exemple donné à la page 217, avant l'*Application immédiate*.

a) Je **jouais** au tennis **tous les matins** pendant les vacances.

b) J'**ai joué** au tennis tous les matins **pendant les vacances.**

En a), l'imparfait exprime l'*aspect habituel* (tous les matins).

En b), le passé composé exprime l'*événement daté* (« Qu'est-ce que j'ai fait pendant les vacances ? »).

Les deux temps sont donc possibles ici, tout dépend de ce que vous voulez dire. De même, comparez les exemples qui suivent.

c) Mardi passé, je **jouais** au tennis quand tu m'**as appelé**.

d) Mardi passé, j'**ai joué** au tennis, car j'**étais** en grande forme.

En c), je **jouais** (situation, « What was I doing ? »); tu m'**as appelé** (« Qu'est-ce qui s'est passé à ce moment-là ? »).

En d), j'**ai joué** (narration, « Qu'est-ce que j'ai fait mardi ? »); j'**étais** en forme (situation, verbe *être* exprimant un état, voir *Grammaire française*, p. 233, B.1 : verbes d'état d'esprit).

On peut donc « jouer » à l'infini avec ces temps selon ce qu'on veut exprimer. Ainsi, vous pouvez dire : « Je jouais au tennis (habitude) chaque fois que j'en avais le temps (situation). » Ou encore, « Nous avons joué au tennis lorsqu'il me l'a proposé (deux événements successifs). »

Prenez particulièrement garde à ces *verbes d'état d'esprit* déjà cités (*Grammaire française*, p. 233, B.1). Ajoutez-y : *se sentir, comprendre, connaître, devoir...* Ils sont souvent à l'imparfait puisqu'ils tendent à décrire une attitude, une situation; mais vous devez les mettre au passé composé dès qu'ils expriment un événement, un changement de situation; ils prennent alors un sens différent. Comparez ces exemples.

a) Non, je ne **savais** pas que tu étais malade. (état)

b) Dès que je l'**ai su**, j'ai téléphoné chez toi. (j'ai appris la nouvelle, événement)

c) Il ne **pouvait** pas supporter cette musique. (incapacité, état)

d) Il n'**a** pas **pu** venir à notre rendez-vous. (il n'y a pas réussi)

## 3. Le plus-que-parfait

Le **plus-que-parfait** s'emploie quand vous voulez exprimer une action *précédant* d'autres actions passées, comme en anglais (voir *Grammaire française*, p. 240, B).
**Ex.** Il **avait plu** quand vous êtes sorti.
Je comprenais l'espagnol, mais je ne l'**avais** jamais **étudié**.

Pour la concordance des temps au discours indirect, voir chapitre 5, II.B, et *Grammaire française*, Chapitre 30.
**Ex.** Elle m'**a dit** qu'elle **avait faim**.
J'**affirmais** qu'il **était** déjà **parti**.

EN RÉSUMÉ, dans chaque cas, vous devez déterminer si le verbe a un *aspect narratif* (passé composé), un *aspect descriptif* ou *habituel* (imparfait), ou encore, s'il exprime une *action antérieure* (plus-que-parfait). Chaque fois, il faut *discerner* le type d'action à exprimer et s'arrêter pour y réfléchir.

Évitez absolument de transcrire automatiquement les formes de l'anglais. « He was, you could, I went » ne veulent pas nécessairement dire « Il était, tu pouvais, j'allais ».

Rappelez-vous enfin que, dans certains cas, on a le choix d'employer l'un ou l'autre temps, selon le contexte et l'intention (voir l'exemple cité ci-dessus, C.2.a et b). Vous pourrez en discuter avec votre professeur en revoyant vos exercices écrits.

Faites d'abord les exercices d'*Application immédiate*, p. 224, 235, 241 et vérifiez vos réponses, p. 229, 237, 243; faites ensuite les exercices II, IV et VIII, p. 225-227; I, V, VI et VII, p. 241-243 que vous pourrez corriger en classe et les exercices ci-dessous.

**EXERCICE III**  *Mettez les verbes entre parenthèses au passé composé ou à l'imparfait.*

1. Notre succès _____ (ne pas s'établir) du jour au lendemain; déjà quand nous _____ (être) enfants, Mathilde _____ (faire) des expériences scientifiques pendant que moi, je _____ (écrire) des histoires pour mes amis.

2. Dès que Sylvie et Michel _____ (voir) la maison, ils en _____ (tomber) amoureux.

3. L'autre soir, je _____ (ne pas vouloir) arriver en retard, mais quand je _____ (se rendre compte) que le réservoir de ma voiture _____ (être) presque à sec, il _____ (falloir) m'arrêter à la station-service.

4. Au lendemain de la guerre, des milliers d'immigrants _____ (venir) s'installer au Québec et y _____ (prendre) racine. Leur vie _____ (être) dure car ils _____ (devoir) travailler fort pour se tailler une place.

5. Quand elle _____ (entrer) dans le restaurant, elle _____ (avoir) faim. Elle _____ (commander) le menu du jour; mais elle _____ (ne pas avoir) de chance, car le chef _____ (être) malade et son remplaçant _____ (ne pas connaître) le métier.

6. Est-ce que tu _____ (déjà aller) en Europe? Moi, j'y _____ (habiter) pendant des années. Je _____ (avoir) 20 ans quand je _____ (arriver) à Londres et j'_____ (avoir) de la peine quand j'en _____ (partir). C'est une ville passionnante, je l'_____ (toujours aimer).

7. Hier, je _____ (devoir) rencontrer un client à l'hôtel Ritz, mais, finalement, il _____ (ne pas venir). Heureusement, pendant que je le _____ (attendre) au bar, Marina _____ (arriver); comme toujours, elle _____ (paraître) emballée par un nouveau projet.

## EXERCICE IV

### Un cambriolage à la banque

*a) Qu'est-ce qui s'est passé ?*
   *Mettez le texte au passé composé.*

Tout à coup, deux bandits masqués _____ 1 (entrer) dans la banque. L'un d'eux _____ 2 (sauter) par-dessus le comptoir et l'autre _____ 3 (braquer) son revolver sur les clients en criant : « C'est un vol à main armée, ne bougez pas ! » Tout _____ 4 (se passer) très vite. Le bandit _____ 5 (bousculer) les caissiers, les _____ 6 (menacer) de son arme ; il leur _____ 7 (dire) : « L'argent, dans le sac, en vitesse ! » Aucun des caissiers _____ 8 (ne perdre) son sang-froid. Ils _____ 9 (vider) les caisses, puis _____ 10 (jeter) les liasses de billets de banque dans le sac du malfaiteur. Les deux hommes _____ 11 (sortir) précipitamment, _____ 12 (se jeter) dans l'auto qui _____ 13 (démarrer) brusquement, puis _____ 14 (disparaître) au coin de la rue. Mais elle _____ 15 (ne pas aller) loin. Les voleurs _____ 16 (ne pas résister) et _____ 17 (se rendre) quand ils _____ 18 (voir) les voitures de police.

*b) Pendant ce temps-là, quelle était la situation ?*
   *Mettez le texte à l'imparfait.*

Vendredi passé, vers une heure, je _____ 1 (retirer) de l'argent au guichet de ma banque. Il y _____ 2 (avoir) beaucoup de monde, une vingtaine de personnes _____ 3 (patienter). Une auto _____ 4 (attendre) à la porte. Un bandit _____ 5 (se trouver) derrière les guichets. Nous _____ 6 (avoir) le souffle coupé. Personne _____ 7 (ne dire) un mot, on _____ 8 (entendre) seulement le bruit des ventilateurs. Les caissiers _____ 9 (être) pâles. Le malfaiteur _____ 10 (regarder) à chaque instant dans la rue où son complice _____ 11 (faire) le guet. Pendant ce temps, nous _____ 12 (trembler) sous sa menace. Mais les voleurs _____ 13 (être) cernés.

*c) Avant le vol, qu'est-ce qui s'était passé ? Avant la fuite, qu'est-ce que le gérant avait fait ?
Mettez les phrases au plus-que-parfait.*

Les gangsters _____ 1 (bien préparer) leur coup. Le gérant de la succursale _____ 2 (s'éclipser) discrètement et _____ 3 (téléphoner) à la police qui _____ 4 (arriver) sur les lieux en moins d'une minute.

*d) Maintenant, mettez le texte entier aux temps qui conviennent.*

Vendredi passé, vers une heure, je _____ 1 (retirer) de l'argent au guichet de ma banque. Il y _____ 2 (avoir) beaucoup de monde, une vingtaine de personnes _____ 3 (patienter). Tout à coup, deux bandits masqués _____ 4 (entrer). L'un d'eux _____ 5 (sauter) par-dessus le comptoir et l'autre _____ 6 (braquer) son revolver sur les clients en criant : « C'est un vol à main armée, ne bougez pas ! » Pendant ce temps, une auto _____ 7 (attendre) à la porte. Ils _____ 8 (bien préparer) leur coup. Tout _____ 9 (se passer) très vite. Le bandit qui _____ 10 (se trouver) derrière les guichets _____ 11 (bousculer) les caissiers, les _____ 12 (menacer) de son arme; il leur _____ 13 (dire) : « L'argent, dans le sac, en vitesse ! » Nous, les témoins, _____ 14 (avoir) le souffle coupé. Personne _____ 15 (ne dire) un mot, on _____ 16 (entendre) seulement le bruit des ventilateurs. Les caissiers _____ 17 (être) pâles, mais aucun _____ 18 (ne perdre) son sang-froid. Ils _____ 19 (vider) les caisses, puis _____ 20 (jeter) les liasses de billets de banque dans le sac du malfaiteur. Celui-ci _____ 21 (regarder) à chaque instant dans la rue. Puis tous deux _____ 22 (sortir) précipitamment, _____ 23 (se jeter) dans l'auto où leur complice _____ 24 (faire) le guet. Leur voiture _____ 25 (démarrer) brusquement, puis _____ 26 (disparaître) au coin de la rue. Mais elle _____ 27 (ne pas aller) loin. Car, pendant que nous _____ 28 (trembler) sous la menace, le gérant de la succursale _____ 29 (s'éclipser) discrètement, il _____ 30 (téléphoner) à la police qui _____ 31 (arriver) sur les lieux en moins d'une minute. Les voleurs _____ 32 (ne pas résister) et _____ 33 (se rendre) quand ils _____ 34 (voir) qu'ils _____ 35 (être) cernés.

## D. L'emploi des temps avec *depuis, il y a... que, il y a*

Dans cette section, nous allons reprendre et réunir ce que vous avez vu sur cette question. Reprenez *Grammaire française*, p. 192-195, n° 8 (présent et passé composé); p. 235, n° 7 (imparfait); p. 240, n° 1 (plus-que-parfait).

En résumé, **depuis** traduit les prépositions « for » et « since », mais ne s'accompagne pas des mêmes temps qu'en anglais.
**Ex.** Il **habite** la rue Durocher **depuis** 1990. (since)
Il **habite** la rue Durocher **depuis** dix ans. (for)
En anglais, on dirait : « He has been living... »

Il en va de même pour les expressions équivalentes.
**Ex.** **Il y a** dix ans **qu**'il habite ici.
**Cela fait / Voilà** dix ans qu'il habite ici.

Par contre, quand le verbe est *négatif*, en français, on emploie assez souvent le passé composé (voir *Grammaire française*, p. 194, b).
**Ex.** Je **ne suis pas allé** au cinéma **depuis** trois semaines.
ou
**Il y a** trois semaines **que** je **ne suis pas allé** au cinéma.
(« I have not gone... »)

Si l'action se situe dans le passé, c'est l'imparfait qui remplace le présent, en français; avec un verbe négatif, c'est le plus-que-parfait (voir *Grammaire française*, p. 235, n° 7; p. 240, n° 1).
**Ex.** Quand tu as déménagé, tu **habitais** là **depuis** 10 ans.
ou
**Il y avait** dix ans **que** tu **habitais** là, etc.
(« You had been living there for ten years. »)
Au négatif : C'était le jour de Noël et il **n'avait pas** encore **neigé.**
(« It had not snowed yet. »)

Ne confondez pas : **il y a... que** (for) avec **il y a** (ago).
**Ex.** **Il y a** deux mois, je **suis allé** au Mexique. (Two months ago...)
**Il y a** quelques années, j'**habitais** à Québec. (Some years ago...)
Dans le cas de **il y a** (ago), l'action est terminée et le verbe, comme en anglais, doit toujours être à un *temps passé*: l'imparfait, le passé composé ou le plus-que-parfait.

Faites maintenant l'exercice d'*Application immédiate* et l'exercice VIII, p. 195-196 dans *Grammaire française*. Faites ensuite les exercices ci-dessous.

**EXERCICE V**     *Répondez brièvement à ces questions. (À corriger en classe.)*

1. Depuis quand habitez-vous dans cette ville ?

   _____

2. Depuis combien de temps n'avez-vous pas assisté à un concert ?

   _____

3. Depuis combien de temps appreniez-vous le français quand vous vous êtes inscrit à ce cours ?

   _____

4. Ça fait combien de temps que vous suivez ce cours ?

   _____

5. En 2007, depuis combien d'années la ville de Montréal existait-elle ?

   _____

6. Quand est-ce que l'homme s'est posé sur la Lune pour la première fois ? (Répondez en employant *Il y a.*)

   _____

**EXERCICE VI**     *Mettez les verbes entre parenthèses aux temps qui conviennent.*

1. Il y a 20 ans aujourd'hui que M. Charbonneau _____ (être) notre directeur.

2. Les prisonniers _____ (s'échapper) il y a dix jours.

3. Ça fait dix jours qu'ils _____ (menacer) l'ordre public.

4. On _____ (ne pas voir) Henri depuis cinq ans quand il est rentré au pays.

5. Je les _____ (attendre) ici depuis plus d'une heure, je pense que je devrais rentrer.

6. Les Duval _____ (prendre) leurs vacances en Gaspésie depuis cinq ans quand ils ont décidé d'explorer une autre région.

7. Vous _____ (connaître) la vérité depuis toujours et vous ne dites rien !

8. Il y a des mois que vous _____ (ne pas venir) me voir.

9. Les étudiants _____ (vouloir) vous parler depuis longtemps, mais vous étiez toujours absent.

10. Je _____ (s'apercevoir) de l'erreur il y a dix minutes.

11. Quand l'orage a éclaté, nous _____ (dormir) depuis trois heures.

12. Il y a cinq minutes à peine, je _____ (entendre) un coup de feu.

# E. Les temps du conditionnel (supposition et condition)

Comme son nom l'indique, le conditionnel indique qu'une action dépend d'une condition, énoncée ou non, pour se réaliser. Référez-vous au chapitre 4 qui vous renvoie également à *Grammaire française* (p. 260-265) où vous trouverez les principaux cas d'*emploi* du conditionnel.

La proposition introduite par **si,** qui énonce la *supposition,* n'est jamais au futur ni au conditionnel, sauf dans des phrases au discours indirect (voir chapitre 5, B.1).
**Ex.** Je ne sais pas **s'**il **fera** beau.
   Je ne savais pas **s'**il **ferait** beau.

L'emploi normal des temps exprimant la supposition et la condition est bien résumé au chapitre 4; référez-vous au tableau, p. 266, dans *Grammaire française,* pour toutes les variantes possibles.

Faites les exercices suivants.

### EXERCICE VII    *Mettez les phrases au passé.*

1. Pierre pense que les Canadiens gagneront.

   _____

2. Je ne sais pas si je pourrai aller au Centre Bell.

   _____

3. Vous vous demandez combien il y aura de spectateurs.

   _____

4. Tom demande si on lui permettra de venir.

   _____

5. Patrice veut savoir si je rentrerai tard.

   _____

6. Leur représentant estime que vous ne serez pas déçus.

   _____

**EXERCICE VIII**   *Mettez les verbes entre parenthèses au présent ou au futur.*

1. Si tu travailles fort, ce soir tu _____ (être) fier de toi.
2. Tu _____ (pouvoir) poser une question maintenant si tu ne comprends pas.
3. Si vous ne vous dépêchez pas, vous _____ (manquer) l'autobus.
4. Tous les étudiants peuvent réussir s'ils le _____ (vouloir).
5. Si tout _____ (aller) bien, ma sœur aura son bébé en juin.
6. Prenez un médicament si vous _____ (avoir) mal.

**EXERCICE IX**   *Mettez les verbes entre parenthèses au conditionnel présent ou passé.*

1. Si tu voulais vraiment partir, tu _____ (appeler) l'agent de voyage dès maintenant.
2. Vous _____ (réussir) au dernier test si vous étiez plus studieux.
3. Si vous étiez vraiment malade, vous _____ (ne pas vouloir) sortir par un temps pareil !
4. Je _____ (ne pas manquer) l'avion ce matin si j'étais ponctuel.
5. Si vous dormiez mieux, vous _____ (se sentir) plus alerte et moins tendue.
6. Si la situation économique était meilleure, bien des entreprises _____ (ne pas faire) faillite au cours de la dernière année.

**EXERCICE X**   *Mettez les verbes entre parenthèses au conditionnel présent ou passé.*

1. S'il avait plu, la terre _____ (être) mouillée maintenant.
2. Hier, je _____ (comprendre) votre explication si vous aviez parlé clairement.
3. Si les témoins s'étaient tus, le coupable _____ (pouvoir) repartir en toute liberté.
4. Si on m'avait nommée à ce poste, c'est moi qu'on _____ (envoyer) à Rio le mois prochain.
5. Si les gens n'avaient pas spéculé, l'or _____ (ne pas valoir) autant de nos jours.
6. Si les explorateurs n'avaient pas été aussi curieux qu'intrépides, ils _____ (ne pas organiser) autant d'expéditions périlleuses pour découvrir de nouveaux continents.

**EXERCICE XI**  *Mettez les verbes entre parenthèses aux temps qui conviennent.*

1. J'ai toujours dit que ton frère _____ (réussir).
2. S'il n'y avait plus de pétrole, nous _____ (se chauffer) à l'énergie solaire.
3. Si je _____ (avoir) de la chance, je gagnerais à la loterie.
4. S'il avait mangé ce champignon, le chat _____ (mourir).
5. On se demandait si vous _____ (venir) demain.
6. Vous seriez le bienvenu si vous _____ (venir).
7. Vous _____ (être) le bienvenu si vous étiez venu la semaine dernière.
8. On _____ (devoir) se dépêcher si on avait été en retard.
9. Nous _____ (aller) tout de suite au cinéma si nous avions l'argent.
10. Ce soir, si tu m'invitais, tu me _____ (faire) plaisir.

## II. Les temps dans les autres modes

### A. Les temps du subjonctif

Le subjonctif et ses emplois ont déjà été vus de façon détaillée au chapitre 4.

Si l'emploi du *mode* subjonctif présente quelques difficultés, comme vous l'avez vu, l'emploi de ses *temps* est beaucoup plus facile, d'autant plus que nous ne traitons ici que des deux temps les plus usuels: le présent et le passé (l'imparfait et le plus-que-parfait du subjonctif sont d'usage littéraire).

Relisez *Grammaire française*, p. 286-287, VI. Comme l'indique clairement le tableau (p. 286), le temps du verbe principal n'importe pas ici; *le verbe de la subordonnée au subjonctif* est généralement *au présent*; il est *au passé* seulement s'il exprime une action *précédant* l'action du verbe principal.

**Ex.** Je demande
Je demandais
J'ai demandé } que tu viennes.
J'avais demandé
Je demanderai

Il regrette
Il regrettait } que tu ne sois pas venu hier.
etc.
(Dans ce dernier cas, *venir* est antérieur à *regretter*.)

Remarquez qu'il n'est pas toujours facile de savoir s'il faut utiliser le présent ou le passé; cela dépend du sens de la phrase. Un adverbe comme **hier, il y a deux jours,** etc., ou une référence au passé indiquent l'antériorité.

Faites l'exercice d'*Application immédiate*, p. 287, puis l'exercice VIII, p. 292, dans *Grammaire française*, et terminez avec l'exercice suivant.

**EXERCICE XII**   *Mettez les verbes entre parenthèses au subjonctif présent ou passé.*

1. Bien qu'il _____ (faire) beau, nous n'avons pas profité de nos vacances l'été passé.
2. Je pars demain pour les Rocheuses, pourvu qu'il _____ (faire) beau !
3. Maintenant, j'aimerais vraiment que vous _____ (savoir) les règles d'emploi du subjonctif !
4. Comment aurais-tu voulu qu'elle me _____ (reconnaître) ? Je ne l'avais jamais rencontrée.
5. Quel dommage que nous _____ (ne pas vivre) au temps des Grecs !
6. Je ne pense pas qu'elle _____ (se tromper) dans le calcul de son budget, à moins qu'elle _____ (oublier) d'inclure les frais de transport.
7. Parlez lentement afin que je _____ (pouvoir) bien vous comprendre.
8. Ça m'étonnerait qu'ils _____ (se parler) une seule fois durant toute l'année passée !
9. Pourquoi fallait-il que tu _____ (dire) toujours le contraire de ce que je venais de dire ?
10. Je suis désolé que tu _____ (avoir) la grippe la semaine passée.
11. Bien qu'en 30 ans la maison _____ (se détériorer), elle est toujours habitable.
12. Ah ! comme j'aimerais que les vacances _____ (durer) plus longtemps !
13. Vous devriez partir demain, à moins qu'il ne vous _____ (falloir) un visa.
14. Elle a filé tout à l'heure avant que vous _____ (s'en apercevoir).

## B. Les temps de l'infinitif

Comme vous le savez déjà, le verbe se met à l'infinitif lorsqu'il suit une préposition (sauf avec la préposition **en** qui est suivie du participe présent) ou un autre verbe.
**Ex.**   Téléphone-moi **avant de partir**.
   Elle travaille **pour gagner** sa vie.
   Il **pense venir**.
   Je **veux** vous **répondre**.

Lisez maintenant *Grammaire française*, p. 319-321, A. I, II et III. La *forme* de l'infinitif passé pose peu de problèmes.

**Ex.** Tu t'es arrêtée après **avoir vu** le signal.
    Il regrette d'**être venu.**

Son emploi est également simple à comprendre : il s'utilise pour indiquer une action antérieure à l'action du verbe principal. Cette antériorité peut être mise en évidence par une expression de temps, par la préposition **après**, ou tout simplement se déduire de la logique de la phrase.

**Ex.** Il souhaite avoir terminé **avant demain.**
    Elle prendra sa décision **après** avoir interviewé les candidats.
    Bertrand s'est excusé de m'avoir bousculé.

Faites l'exercice d'*Application immédiate*, p. 320. Faites ensuite l'exercice ci-dessous.

## EXERCICE XIII   *Complétez avec l'infinitif présent ou passé, selon le sens.*

1. J'ai décidé de _____ (prendre) l'avion.

2. Il n'est pas sûr de _____ (comprendre) la question que vous avez posée.

3. Après _____ (aller) en vacances au bord de la mer, les enfants auront meilleure mine.

4. Ne tirez pas de conclusion sans _____ (essayer) la recette.

5. Ils sont désolés de _____ (manquer) la représentation d'hier.

6. Il sera condamné pour _____ (fabriquer) de la fausse monnaie.

7. Réjouissez-vous de _____ (bientôt terminer) ce chapitre.

8. Vous verrez, l'examen sera très facile à _____ (passer) !

# Corrigé des exercices

## EXERCICE I

1. vient de sortir, va sortir
2. vient de finir, va finir
3. vient de rejeter, va rejeter
4. venez d'avoir, allez avoir
5. viennent de suivre, vont suivre
6. viennent de se plaindre, vont se plaindre

## EXERCICE II

1. viendras, pourras
2. ira, ressentira
3. sera arrivé, enverrez
4. recevrez / aurez reçu, faudra
5. se sentira, aura mangé
6. s'habillera, aura pris
7. faudra, rencontrerez

## EXERCICE III

1. ne s'est pas établi, étions, faisait, écrivais
2. ont vu, sont tombés
3. ne voulais pas, me suis rendu compte, était, a fallu

4. sont venus, ont pris, a été / était, ont dû / devaient
5. est entrée, avait, a commandé, n'a pas eu, était, ne connaissait pas
6. es déjà allé(e), ai habité, avais, suis arrivé(e), ai eu, suis parti(e), ai toujours aimée
7. je devais, n'est pas venu, l'attendais, est arrivée, paraissait

## EXERCICE IV

*a)*  1. sont entrés
2. a sauté
3. a braqué
4. s'est passé
5. a bousculé
6. a menacés
7. a dit
8. n'a perdu
9. ont vidé
10. ont jeté
11. sont sortis
12. se sont jetés
13. a démarré
14. a disparu
15. n'est pas allée
16. n'ont pas résisté
17. se sont rendus
18. ont vu

*b)*  1. retirais
2. avait
3. patientaient
4. attendait
5. se trouvait
6. avions
7. ne disait
8. entendait
9. étaient
10. regardait
11. faisait
12. tremblions
13. étaient

*c)*  1. avaient bien préparé
2. s'était éclipsé
3. avait téléphoné
4. était arrivée

*d)*  1. retirais
2. avait
3. patientaient
4. sont entrés
5. a sauté
6. a braqué
7. attendait
8. avaient bien préparé
9. s'est passé
10. se trouvait
11. a bousculé
12. a menacés
13. a dit
14. avions
15. ne disait
16. entendait
17. étaient
18. n'a perdu / n'avait perdu
19. ont vidé
20. ont jeté
21. regardait
22. sont sortis
23. se sont jetés
24. faisait
25. a démarré
26. a disparu
27. n'est pas allée
28. tremblions
29. s'était éclipsé
30. avait téléphoné
31. était arrivée / est arrivée
32. n'ont pas résisté
33. se sont rendus
34. ont vu
35. étaient

## EXERCICE V       (À corriger en classe.)

5. Fondation de Montréal : 1642
6. Premier alunissage humain : 21 juillet 1969

## EXERCICE VI

1. est
2. se sont échappés
3. menacent
4. n'avait pas vu
5. attends
6. prenaient
7. connaissez
8. n'êtes pas venu(e), (s), (es)
9. voulaient
10. je me suis aperçu(e)
11. dormions
12. j'ai entendu

## EXERCICE VII

1. pensait / a pensé, gagneraient
2. savais, pourrais
3. demandiez / êtes demandé, aurait
4. demandait / a demandé, permettrait
5. voulait / a voulu, rentrerais
6. estimait / a estimé, seriez

## EXERCICE VIII

1. seras
2. peux
3. manquerez
4. veulent
5. va
6. avez

## EXERCICE IX

1. appellerais
2. auriez réussi
3. ne voudriez pas
4. n'aurais pas manqué
5. vous vous sentiriez
6. n'auraient pas fait

## EXERCICE X

1. serait
2. j'aurais compris
3. aurait pu
4. enverrait
5. ne vaudrait pas
6. n'auraient pas organisé

## EXERCICE XI

1. réussirait
2. nous chaufferions
3. j'avais
4. serait mort
5. viendriez
6. veniez
7. auriez été
8. aurait dû
9. irions
10. ferais

## EXERCICE XII

1. ait fait
2. fasse
3. sachiez
4. reconnaisse
5. n'ayons pas vécu
6. se soit trompée, ait oublié
7. puisse
8. se soient parlé
9. dises
10. aies eu
11. se soit détériorée
12. durent
13. faille
14. vous en soyez aperçu(e), (s), (es) / vous en aperceviez

## EXERCICE XIII

1. prendre
2. d'avoir compris / comprendre
3. être allés
4. avoir essayé
5. d'avoir manqué
6. avoir fabriqué
7. d'avoir bientôt terminé
8. passer

# CHAPITRE 7
## Les pronoms

### Marie-Noëlle Legoux

## Table des matières

Objectifs   171
Introduction   172
Test préliminaire   173
Corrigé du test préliminaire   177

I. Les pronoms personnels   177
   A. Les pronoms personnels CD et CI   178
      Exercices   178
   B. Les pronoms *y* et *en*   180
      Exercices   181
   C. Les pronoms disjoints (toniques)   183
      1. L'emploi des pronoms disjoints (toniques) comme compléments indirects   184
         Exercices   184
      2. Les pronoms disjoints (toniques) avec les verbes pronominaux   185
         Exercice   185
      3. Les pronoms disjoints (toniques) compléments adverbiaux ou en apposition   186
         Exercices   186
II. Les pronoms relatifs   188
   A. Les pronoms *qui* et *que*   188
      Exercice   188
   B. Les pronoms compléments introduits par une préposition   189
   C. Le pronom *où*   189
      Exercices   189
   D. Les pronoms *ce qui, ce que, ce dont*   190
      Exercices   191
III. Les pronoms indéfinis   192
   A. Le pronom indéfini *autre*   193
      Exercice   193
   B. Le pronom indéfini *chacun*   193
      Exercice   193
   C. Le pronom indéfini *certain*   193
      Exercice   193
   D. Le pronom indéfini *on*   194
      Exercices   194
   E. Les pronoms indéfinis *plusieurs, quelqu'un, quelques-un(e)s, quelque chose, tout*   195
      Exercices   195
Corrigé des exercices   197

## Objectifs

1. Revoir la notion de pronom, les différentes sortes de pronoms et leurs fonctions :
   - pronoms personnels;
   - pronoms relatifs;
   - pronoms indéfinis.

2. Montrer le fonctionnement de chaque type de pronom dans la phrase :
   - choix du pronom;
   - place du pronom dans la phrase.

3. Montrer le fonctionnement des pronoms relatifs avec les pronoms disjoints et les pronoms démonstratifs.
   **Ex.**  C'est **lui qui** m'a annoncé cette nouvelle.
         (pronom personnel – pronom relatif)
         C'est **ce que** je viens de dire.
         (pronom démonstratif – pronom relatif)

# Introduction

Les pronoms, comme les noms qu'ils remplacent, sont des éléments *variables*. Il est donc très important de bien comprendre *comment* ils varient dans la phrase.

Vous avez déjà étudié certains pronoms dans les chapitres précédents (voir chapitres 1, 2 et 5).

Dans le chapitre 2, vous avez vu que les pronoms démonstratifs, possessifs, interrogatifs et indéfinis varient selon le genre et le nombre des noms qu'ils remplacent. De plus, les pronoms possessifs varient aussi selon la personne grammaticale (voir chapitre 2, III).

Dans ce chapitre, nous insisterons particulièrement sur ce qui n'a été vu que partiellement, ou n'a pas encore été étudié, à savoir :

   I. Les pronoms personnels;
  II. Les pronoms relatifs;
 III. Les pronoms indéfinis.

Nous verrons aussi en détail le fonctionnement des pronoms entre eux chaque fois que cela sera pertinent.

# Test préliminaire

**I**  *Complétez les réponses du dialogue en employant les pronoms qui conviennent. (10 × 2 points)*

Hélène — Es-tu allé au Salon des métiers d'art ?

Claude — Oui, j'_____ (1).

Hélène — As-tu vu de belles choses ?

Claude — Oui, j'_____ (2) et j'ai rencontré nos vieux amis, les Lachance.

Hélène — _____ (3) ! Ils étaient là ! Et tu _____ (4) as rencontrés dans toute cette foule ?

Claude — Oui. Ils étaient avec leur fils Georges.

Hélène — Ah, _____ (5), il est souvent avec ses parents. Il s'occupe beaucoup de _____ (6). C'est un fils dévoué.

Claude — Il marchait avec sa mère et _____ (7) donnait le bras. M$^{me}$ Lachance ne vieillit pas. Je _____ (8) trouve toujours aussi jeune. M. Lachance marchait derrière, il n'aime pas qu'on s'occupe de _____ (9). Je _____ (10) ai dit que nous irions les voir bientôt.

Hélène — Entendu.

**II**  *Répondez aux questions en employant les pronoms qui conviennent. (8 × 2 points)*

1. — As-tu raconté la nouvelle à tes parents ?

   — Oui, _____.

2. — Jean a-t-il écrit des vers à son amie ?

   — Oui, _____.

3. — Est-ce qu'il y avait des fleurs au marché ?

   — Oui, _____.

4. — Es-tu fatigué d'avoir fait la queue au Parisien pour acheter les billets ?

   — Oui, _____.

5. — Les enfants se souviennent-ils de leur grand-mère ?

   — Oui, _____.

**III** *Complétez le texte en employant les pronoms relatifs qui conviennent (**qui, que, ce qui, dont, etc.**). (16 × 2 points)*

Je suis parti en vacances à un moment _____ (1) j'étais très fatigué. Le travail sur _____ (2) j'avais peiné si fort était terminé. J'étais enfin libre, _____ (3) me plaisait beaucoup. _____ (4) j'avais besoin alors, c'était de me reposer, de pouvoir enfin faire _____ (5) je voulais. J'avais l'impression d'être un flocon de neige _____ (6) volait au vent, _____ (7) le vent emportait et avec _____ (8) il jouait. Moi _____ (9) aime tant la mer, j'ai choisi une plage sur _____ (10) je pouvais m'allonger au soleil. Le groupe _____ (11) je faisais partie était jeune et gai, _____ (12) m'a aidé à me détendre. Tout était agréable; les excursions _____ (13) nous avons participé, les restaurants _____ (14) nous sommes allés souper et les soirées _____ (15) étaient organisées par le Club; en un mot, tout _____ (16) on doit faire pour oublier la routine du travail.

**IV** *Complétez le texte en employant les pronoms indéfinis qui conviennent. Ajoutez une préposition si c'est nécessaire. (16 × 2 points)*

1. Quand _____ veut, _____ peut.

2. Nous sommes fatigués de ces vieilles histoires. Raconte-nous _____ nouveau.

3. _____ de ces gros dictionnaires coûte 65 $.

4. — Tu connais M. Robin ?
   — Oui, c'est _____ très distingué.

5. — Viens-tu au cinéma ?
   — Non, j'ai _____ à faire, je ne peux pas.

6. Comme je ne savais pas la réponse à cette question, j'ai répondu _____.

7. Puisque tu as aimé mon gâteau au chocolat, la semaine prochaine je t'en apporterai _____.

8. Il faut que je sorte cet après-midi, j'ai _____ à voir, un ami.

174

9. La seule langue que je parle est le français : _____ me semblent trop difficiles.

10. — Tu as reçu un cadeau ?

    — Pas seulement un, mais _____.

11. Mes souliers sont percés, il faut que je m'en achète _____.

12. — Tu as descendu quelques pentes de ski hier ?

    — Oui, j'en ai descendu _____.

13. Tous nos amis semblaient heureux de leurs vacances, mais _____ n'étaient pas enthousiastes de retourner travailler.

14. — Sais-tu si les spectateurs ont aimé la pièce de théâtre ?

    — _____ l'ont trouvée intéressante, _____ ne l'ont pas aimée du tout.

15. Au siècle dernier, beaucoup de jeunes filles étaient prêtes à épouser _____ pour ne pas rester vieilles filles. De nos jours, la situation a changé.

| Résultats | | | |
|---|---|---|---|
| I | / 20 | IV | / 32 |
| II | / 16 | Total | / 100 |
| III | / 32 | | |

# Corrigé du test préliminaire

**I**

1. y suis allé
2. en ai vu
3. Eux
4. les
5. lui
6. d'eux
7. lui
8. la
9. lui
10. leur

**II**

1. je la leur ai racontée
2. il lui en a écrit
3. il y en avait
4. je le suis
5. ils se souviennent d'elle

**III**

1. où
2. lequel
3. ce qui
4. Ce dont
5. ce que
6. qui
7. que
8. lequel
9. qui
10. laquelle
11. dont
12. ce qui
13. auxquelles
14. où
15. qui
16. ce qu'

**IV**

1. on, on *(1 point pour chaque* on*)*
2. quelque chose de
3. Chacun
4. quelqu'un de
5. quelque chose
6. n'importe quoi
7. un autre
8. quelqu'un
9. les autres
10. plusieurs
11. d'autres
12. plusieurs / quelques-unes
13. certains / plusieurs / quelques-uns
14. Certains, d'autres
15. n'importe qui

# I. Les pronoms personnels

Pour cette section, consultez *Grammaire française*, Chapitre 4, p. 71-87.

On qualifie ces pronoms de **personnels** non pas parce qu'ils remplacent des personnes, mais parce qu'ils renvoient à la personne grammaticale dans la conjugaison des verbes.

Il n'y a que trois personnes grammaticales :

- la première :     je :        la personne qui parle ;
- la deuxième :     tu :        la personne à qui l'on parle ;
- la troisième :    il / elle : la personne dont on parle.

Mais la forme que prend le pronom de chacune des trois personnes dans une phrase varie selon :

- le genre (masculin, féminin), mais *seulement à la 3ᵉ personne*, à l'exception des pronoms CI **lui** et **leur** (voir chapitre 2) ;
- le nombre (singulier, pluriel) ;

- la fonction du pronom dans la phrase (sujet, complément, etc.).

  **Ex. Tu le leur** diras pour **moi.**
  - Tu : 2ᵉ personne, masculin ou féminin, singulier, sujet du verbe
  - le : 3ᵉ personne, masculin, singulier, CD du verbe
  - leur : 3ᵉ personne, féminin ou masculin, pluriel, CI du verbe
  - moi : 1ʳᵉ personne, féminin ou masculin, singulier, complément adverbial du verbe

## A. Les pronoms personnels CD et CI

Lisez attentivement les explications grammaticales données dans *Grammaire française*, Chapitre 4, p. 75-79, A.II a, b, et c. Vous noterez que, sauf à l'impératif affirmatif, les pronoms compléments sont placés **avant** *le verbe auquel ils se rapportent*.

**Ex.** Ils **me** demandent de **le leur** expliquer.

Je peux **vous l'**expliquer.

Il **le leur** a expliqué.

Pour l'ordre de ces pronoms, consultez le tableau, *Grammaire française*, Chapitre 4, p. 76. Les pronoms du groupe A (*me, te, se, nous, vous*) peuvent être CD ou CI selon le verbe auquel ils se rapportent.

**Ex.** Il **te** regarde. (CD)

Il **te** téléphone. (CI)

Attention au pronom **le**, CD, masculin, singulier, qui peut aussi remplacer un attribut (adjectif ou nom), ou toute une proposition. C'est en quelque sorte un pronom neutre (voir *Grammaire française*, Chapitre 4, p. 78).

**Ex.** — Sera-t-il **content** ?

— Oui, il **le** sera.

— Est-ce que Louis est **ingénieur** ?

— Oui, il **l'**est.

— Est-ce qu'il demande **que je l'accompagne au cinéma** ?

— Oui, il **le** demande.

Après avoir fait au fur et à mesure les exercices d'*Application immédiate* du chapitre 4, p. 74, 77, 78, dans *Grammaire française*, faites maintenant les exercices suivants.

### EXERCICE I

*Cet exercice porte sur les pronoms CD, 3ᵉ personne (singulier et pluriel). Donnez une réponse affirmative à chaque question en employant les pronoms qui conviennent.*

1. Est-ce que tu cherches ton livre ? _____
2. Est-ce que tu écoutes les concerts de l'OSM ? _____
3. Est-ce que tu attends ton amie ? _____
4. Est-ce que tu entends le bruit de la tempête dehors ? _____
5. Vas-tu regarder la télé ce soir ? _____
6. As-tu vu la dernière pièce de Michel Tremblay ? _____
7. Est-ce que vous êtes médecin ? _____

8. Est-ce que ton mari aide les enfants à faire leurs devoirs ? _____

9. Est-ce que tu aimes les chats ? _____

10. Est-ce qu'on verra l'exposition Rembrandt ? _____

11. Est-ce que tu savais que Claude devait partir en Asie ? _____

12. Est-ce qu'elles étaient satisfaites des résultats de leur recherche ? _____

**EXERCICE II**  *Cet exercice porte sur les pronoms CI. Donnez une réponse affirmative à chaque question en employant les pronoms qui conviennent.*

1. Le petit Jean obéit-il à sa mère ? _____

2. As-tu écrit à tes grands-parents ? _____

3. Est-ce que Jacques a parlé au concierge de l'immeuble ? _____

4. Est-ce que ton ami Éric plaît à Élise ? _____

5. As-tu téléphoné aux Ducharme ? _____

6. Est-ce que les nouveaux décors ont plu aux spectateurs ? _____

7. Est-ce que vous avez parlé à vos voisins ? _____

8. Gilbert va-t-il écrire à ses fournisseurs ? _____

9. Est-ce que M. Bureau a répondu au gérant de la banque ? _____

10. Est-ce que Normand et Jérôme se parlent ? _____

**EXERCICE III**  *Donnez une réponse affirmative à chaque question en employant les pronoms CD et CI qui conviennent. (Attention à l'ordre des pronoms.)*

1. Vas-tu annoncer cette nouvelle à ton amie ? _____

2. Jean-Christophe a-t-il demandé l'automobile à son père ? _____

3. Est-ce que ton professeur t'a écrit la lettre de recommandation ? _____

_____

4. Est-ce que Julie a dit à ses parents qu'elle avait eu un accident d'automobile ? _____

_____

5. As-tu donné le cadeau à Hélène ? _____

6. Est-ce que vous avez envoyé à Camille les résultats des examens de laboratoire ? _____

_____

7. Est-ce que tu me donneras les clés de ta voiture ? _____

8. As-tu dit à tes parents que tu avais réussi à tous les examens ? _____

9. Peux-tu porter les invitations à nos voisins ? _____

10. Est-ce que Loïc va t'apporter le chèque pour le loyer ? _____

## B. Les pronoms *y* et *en*

Lisez les pages 79 à 85 dans *Grammaire française*, et faites les exercices d'*Application immédiate*.

Vous remarquerez que les pronoms **y** et **en** sont associés respectivement aux prépositions **à** et **de**. Ils sont donc le plus souvent compléments indirects (CI).
**Ex.** — Est-ce que je peux répondre **à** cette question ?
— Oui, tu peux **y** répondre. (CI)

— Est-ce que vous vous souvenez **de** ma question ?
— Oui, je m'**en** souviens. (CI)

De plus, en général, **en** et **y** ne remplacent pas des personnes. On emploie plutôt les pronoms **me, te, lui, nous, vous, leur** avant le verbe **et** les pronoms **moi, toi, lui, elle, nous, vous, eux, elles** après le verbe.
**Ex.** — Répondras-tu **à** nos amis ?
— Oui, je **leur** répondrai.

— Est-ce que vous vous souvenez **de mes amis ?**
— Oui, je me souviens **d'eux.**

Cependant, dans certains cas, lorsque le complément a un sens collectif, **en** peut remplacer des personnes. Il peut alors être **complément direct** ou **indirect** (CD ou CI), selon le verbe auquel il se rapporte.
**Ex.** — Avez-vous besoin **de participants ?** (CI)
— Oui, nous **en** avons besoin. (CI)
— Avez-vous interviewé **des participants ?** (CD)
— Oui, nous **en** avons interviewé. (CD)

Vous aurez remarqué que dans le cas où **en** est CD, le complément est toujours déterminé par un article indéfini ou partitif (**un, une, des** ou **du, de la, des**).

Quand une question demande que l'on précise le nombre ou la quantité (de choses ou de personnes), le pronom **en** doit être suivi par un nombre ou une expression de quantité (**un, deux, beaucoup, assez,** etc.) dans la réponse. Enfin, rappelez-vous que le participe passé d'un temps composé reste invariable après **en** CD (voir Exercice V).
**Ex.** — As-tu une auto ?
— Oui, j'**en** ai **une.**

— As-tu beaucoup d'amis ?
— Oui, j'**en** ai **beaucoup.**

— As-tu vu plusieurs films au Festival des films du monde ?
— Oui, j'**en** ai **vu** six.

Les pronoms **y** et **en** remplacent souvent un lieu. Ils sont alors compléments adverbiaux (CA).
**Ex.** — Est-ce qu'ils sont **en classe** en ce moment ?
— Oui, ils **y** sont.

— Es-tu allé **chez tes parents** ?
— Oui, j'**en** viens. (**de chez mes parents**)

Les pronoms **y** et **en** (tout comme le pronom CD **le**) peuvent aussi remplacer toute une proposition.
**Ex.** — Est-ce que tu t'attends à **ce que j'arrive très tôt** ?
— Oui, je m'**y** attends.

— Avez-vous tenu compte **de ce que je vous ai proposé** ?
— Oui, j'**en** ai tenu compte.

### EXERCICE IV
*Donnez une réponse affirmative à chaque question en employant les pronoms qui conviennent.*

1. As-tu pensé à ton travail ? _____
2. As-tu parlé à ton patron ? _____
3. Est-ce qu'on peut répondre à cette invitation ? _____
4. Est-ce que vous vous intéressez à cette découverte ? _____
5. Vas-tu écrire à tes grands-parents pour les fêtes ? _____
6. Est-ce que ta nouvelle voiture plaît à ton mari ? _____
7. Est-ce que Maurice joue au football ? _____
8. Téléphoneras-tu à nos cousins Labelle ? _____
9. Est-ce que Cédric a répondu à son ami ? _____
10. Est-ce que tu t'attends à un succès ? _____

### EXERCICE V
*Donnez une réponse affirmative à chaque question en employant les pronoms personnels qui conviennent.*

1. Est-ce que vous avez des pommes ? _____
2. As-tu beaucoup d'amis ? _____
3. Prends-tu un peu de lait dans ton café ? _____
4. Est-ce qu'il y avait des cadres à la réunion ? _____
5. As-tu assez d'argent pour prendre de l'essence ? _____
6. Est-ce que tu as fait de la bicyclette hier ? _____

7. Est-ce que M. Touseul a vraiment cinq enfants ? _____

8. As-tu trop de travail en ce moment ? _____

9. Est-ce que tu as acheté de nouveaux skis cet hiver ? _____

10. Est-ce que ta sœur joue du piano ? _____

**EXERCICE VI**   *Donnez une réponse affirmative aux questions en employant les pronoms qui conviennent.*

1. Est-ce que tu vas au cinéma ce soir ? _____

2. Est-ce que Janice est allée à la piscine ? _____

3. Aimes-tu aller au théâtre ? _____

4. Est-ce que ces oranges viennent du Maroc ? _____

5. Est-ce que nous pourrons aller à Québec demain ? _____

6. Vas-tu en Floride pour les vacances ? _____

7. Est-ce que Jacques est revenu du Mexique ? _____

8. Est-ce que vous allez rester aux États-Unis ? _____

9. Est-ce que ce train arrive de New York ? _____

10. Est-ce que les acteurs travaillent à un nouveau spectacle ? _____

Faites maintenant l'exercice VII, p. 89, dans *Grammaire française*.

**EXERCICE VII**   *Donnez une réponse affirmative à chaque question en employant les pronoms qui conviennent.*

1. Faut-il répondre aux dernières questions de ce formulaire ? _____
_____

2. As-tu répondu à Raoul et à Stéphanie ? _____

3. Est-ce que tu téléphoneras à ta mère ce soir ? _____

4. Est-ce que tu t'intéresses à la parapsychologie ? _____

5. Te souviens-tu de ce cours de civilisation québécoise ? _____

6. Est-ce que tu viens de parler à Jérôme ? _____

7. Est-ce que tu as parlé aux voisins ? _____

8. Tu es tout bronzé. Arrives-tu des Antilles ? _____

9. Est-ce que Lena t'a parlé du Salon du livre ? _____

10. Est-ce que les étudiants ont beaucoup de travail en ce moment ? _____
_____

**EXERCICE VIII**  Synthèse  *Donnez une réponse affirmative à chaque question en employant les pronoms qui conviennent.*

1. As-tu parlé de tes difficultés à ton conseiller ? _____

2. Est-ce que tu as oublié de me parler de ton nouveau projet de recherche ? _____
_____

3. Jean vous a-t-il écrit qu'il venait ? _____

4. Est-ce que tu as annoncé la nouvelle à tes parents ? _____

5. Est-ce que Jérémie t'a parlé de ses problèmes ? _____

6. Vas-tu envoyer une invitation aux Laroche ? _____

7. As-tu envoyé les cadeaux à tes tantes ? _____

8. As-tu envoyé des fleurs à Karine pour sa fête ? _____

9. Est-ce que tu penseras à ton rendez-vous ? _____

10. Est-ce que vous vous souvenez de cette annonce parue dans le journal ? _____
_____

11. Est-ce que la secrétaire t'a communiqué les résultats de l'examen ? _____
_____

En vous référant à *Grammaire française*, faites les exercices II, III, VIII, p. 88-90. Faites ensuite l'exercice XII, p. 91. C'est un exercice difficile; reportez-vous à la rubrique ATTENTION, p. 77.

## C. Les pronoms disjoints (toniques)

On les appelle **disjoints** parce qu'ils sont séparés du verbe, ou bien **toniques** parce qu'ils sont en position d'accentuation.

Les pronoms disjoints peuvent être sujet ou complément.
**Ex.** Il est parti **sans moi.** (complément)
**Moi,** j'aime les vacances. (sujet)
Il fait ses exercices, **lui.** (sujet)

## 1. L'emploi des pronoms disjoints (toniques) comme compléments indirects

Le pronom disjoint comme *complément du verbe* en français s'emploie généralement pour des personnes et il peut être précédé de toutes les prépositions. Cependant, dans le cas de la préposition **à**, on l'emploie seulement avec les verbes pronominaux et avec un certain nombre de verbes que vous devrez connaître. Retenez les plus fréquents qui sont :

– penser à
– tenir à
– faire attention à
– être à (possession)
– rêver à

Avec ces verbes, on emploie les pronoms disjoints pour les personnes, mais le pronom **y** pour les choses.

**Ex.** — Pensez-vous **à votre examen** ?  Ils s'intéressent **à la musique**.
— Oui, j'**y** pense.  Ils s'**y** intéressent.

— Pensez-vous **à vos amis** ?  Ils s'intéressent **à ce jeune prodige**.
— Oui, je pense **à eux**.  Ils s'intéressent **à lui**.

Avec les autres verbes construits avec **à**, on emploie les pronoms CI **lui** et **leur** pour les personnes.

**Ex.** — Parlez-vous **à Pierre** ?
— Oui, je **lui** parle.

**EXERCICE IX**  *Répondez affirmativement aux questions en employant les pronoms qui conviennent.*

1. Penses-tu à ta carrière ? _____
2. As-tu pensé à ton patron ? _____
3. Est-ce que ton patron s'intéresse à tes projets ? _____
4. Est-ce que ton patron s'intéresse à ses employés ? _____
5. Est-ce que tu tenais à ces vieilles photos ? _____
6. Est-ce que tu tiens à ton amie ? _____
7. Est-ce que tu as fait attention aux règles de grammaire ? _____
8. Je dois sortir quelques minutes. Peux-tu veiller sur les enfants ? _____
9. Est-ce que tu as parlé à ton patron ? _____
10. As-tu téléphoné aux enfants hier ? _____

Dans le cas des verbes construits avec la préposition **de**, on emploie le pronom **en**, pour les personnes, mais seulement quand le nom a un sens collectif.

**Ex.** — Est-ce qu'il a peur **des inconnus** ?
— Oui, il **en** a peur.

Dans les autres cas, on emploie, pour désigner les personnes, soit les pronoms CD, soit les pronoms disjoints.

**Ex.** — Est-ce qu'il a engagé **le syndicaliste**?
— Oui, il **l'**a engagé. (CD)

— Est-ce qu'il a peur de **ce candidat**?
— Oui, il a peur de **lui.** (pronom disjoint, CI)

## EXERCICE X
*Répondez affirmativement aux questions en employant les pronoms compléments ou les pronoms toniques qui conviennent.*

1. Hadrien se moque-t-il des difficultés? _____

2. Marie-Claude se moque-t-elle de son amie Andrée? _____

3. As-tu peur des examens finals? _____

4. Est-ce que Thomas a peur des cambrioleurs? _____

5. Est-ce que ces enfants ont peur de leur père? _____

6. Est-ce que tu te souviens des dernières élections fédérales? _____

7. Est-ce que tu te souviens de toute cette foule agressive? _____

8. Est-ce que tu te souviens de mon ami Gilles? _____

## 2. Les pronoms disjoints (toniques) avec les verbes pronominaux

Comme les pronoms **me, te, se, nous** et **vous** ont la même forme, qu'ils soient CD ou CI, il n'est pas possible de les utiliser simultanément dans la même phrase. On substitue donc les pronoms disjoints aux pronoms indirects (voir *Grammaire française*, p. 92-93).

**Ex.** Je **me** confie à **vous.**
      ↓           ↓
     (CD)        (CI)

Les pronoms compléments **me, te, se, nous, vous** (CD ou CI) ne peuvent pas non plus être employés simultanément avec les pronoms compléments indirects **lui** et **leur**.

On leur substitue donc les pronoms disjoints.

**Ex.** Il va **te** présenter **à Mélanie.**
Il va **te** présenter **à elle.**

## EXERCICE XI
*Répondez affirmativement aux questions en employant les pronoms qui conviennent.*

1. Est-ce que Marc-André se moque de ses colocataires? _____

2. Est-ce que tu me présenteras à tes collaborateurs? _____

3. Est-ce que tu as présenté Annie à tes parents? _____

4. Est-ce que tu t'es confié à ta meilleure amie? _____

5. Est-ce que Julien s'occupe de ses filles ? _____

6. Est-ce que Vincent s'est adapté à son nouvel emploi ? _____

7. Est-ce que tu t'es présenté à ton nouveau directeur ? _____

8. Est-ce que tu as présenté le nouvel employé au patron ? _____

9. Est-ce que je peux me fier aux deux ingénieurs ? _____

10. Est-ce que je peux me fier à leurs conclusions ? _____

11. Est-ce que vous vous habituez à vos nouvelles voisines ? _____

12. Est-ce que Alex a besoin de son dictionnaire ? _____

13. Auras-tu besoin de mon assistant demain ? _____

## 3. Les pronoms disjoints (toniques) compléments adverbiaux ou en apposition

Les pronoms disjoints employés avec d'autres prépositions que *à* et *de* (**avec, sans, pour, chez,** etc.) plus un nom de personne ou de chose sont toujours compléments adverbiaux du verbe (CA).
**Ex.** — Est-ce qu'elle est partie avec son ami ?
— Oui, elle est partie **avec lui.**

Ces pronoms sont aussi attributs du sujet du verbe *être* afin de mettre en relief le sujet.
**Ex.** — Est-ce que c'est Gilbert qui a téléphoné ?
— Oui, **c'est lui.**

**EXERCICE XII**  *Répondez affirmativement aux questions en employant les pronoms qui conviennent.*

1. Vas-tu au cinéma avec Georges ? _____

2. Est-ce que ce paquet est pour Jeanne ? _____

3. Est-ce Armand qui a fait cela ? _____

4. Qui a gagné la course ? Les frères LaSalle ? _____

5. Est-ce que Martine va à Québec sans son mari ? _____

6. Est-ce que tu m'accompagneras chez les Lalonde ? _____

7. T'es-tu excusé auprès de M$^{me}$ Rinaldo ? _____

8. Viendras-tu chez nous dimanche ? _____

9. Est-ce que M$^{me}$ Brien peut compter sur ses enfants ? _____

10. Est-ce que Joël a fini son travail avant ses deux amies ? _____

**EXERCICE XIII** — Synthèse de la section. *Complétez les réponses en employant les pronoms qui conviennent.*

Aline — Salut Xavier! Es-tu allé au Festival des films du monde?

Xavier — Oui, _____ (1).

Aline — Est-ce que tu avais reçu une invitation pour la soirée d'ouverture?

Xavier — Oui, _____ (2).

Aline — As-tu vu plusieurs films intéressants?

Xavier — Oui, _____ (3).

Aline — Y es-tu allé avec tes amis argentins?

Xavier — Oui, _____ (4) et un soir, nous avons rencontré ton coloc Stéphane.

Aline — Ah! _____ (5)! Est-ce qu'il t'a raconté sa dernière invention?

Xavier — Oui, _____ (6). Il paraît que tu n'étais pas contente.

Aline — Le mot est faible! Est-ce qu'il t'a dit ce que ça nous a coûté?

Xavier — Oui, _____ (7). Mais oublie tout ça. Allons plutôt retrouver mes partenaires de squash, Samuel et Ludovic.

Aline — Est-ce qu'ils sont aussi mordus que toi?

Xavier — Oui, _____ (8).

Aline — Ça tombe bien, je me cherche de nouveaux partenaires. Est-ce que tu leur a déjà parlé de moi?

Xavier — Évidemment que je _____ (9), et surtout de tes exploits sportifs.

Aline — Xavier, est-ce que je t'ai déjà dit que tu étais génial?

Xavier — Oui, _____ (10). Mais au fait, as-tu pensé à réserver un court pour samedi matin?

Aline — Oui _____ (11). Au fait, tes deux copains seraient peut-être intéressés à se joindre _____ (12)?

Xavier — C'est possible. Tiens, les voici. On n'a qu'à _____ (13) demander.

En vous référant à *Grammaire française*, faites les exercices I, II, III, IV, V, p. 95-97.

## II. Les pronoms relatifs

Pour cette section, consultez *Grammaire française*, Chapitre 7, p. 116-123.

Lisez attentivement les explications données dans *Grammaire française*, p. 116-118, et faites au fur et à mesure les exercices d'*Application immédiate*.

Faites ensuite les exercices I, II, III, IX, de *Grammaire française*, p. 123, 124, 126. Ils vous aideront à bien identifier les différents pronoms relatifs et leurs antécédents. Il vous sera ensuite plus facile de les utiliser.

## A. Les pronoms *qui* et *que*

Faites maintenant par écrit, et en suivant l'ordre donné, les exercices suivants.

**EXERCICE XIV**   *Complétez les phrases en employant les pronoms relatifs qui conviennent.*

1. C'est l'avion de Paris _____ vient d'atterrir.
2. Cesse ce bruit _____ me dérange.
3. Quel est l'acteur _____ a obtenu le rôle ?
4. Ce sont les cascadeurs _____ répètent leur scène.
5. J'aime la cravate _____ est dans la vitrine.
6. C'est la voiture _____ le garage m'a prêtée.
7. As-tu vu le journal _____ je viens d'acheter ?
8. Où est le programme de théâtre _____ j'ai rapporté ?
9. J'aimerais revoir le producteur _____ tu nous a présenté hier.
10. Ce sont les touristes _____ nous avons rencontrés ce matin.
11. On vient de voir un film _____ nous a beaucoup plu.
12. As-tu lu le scénario _____ j'ai écrit ?
13. C'est la pièce _____ vous avez montée l'été dernier.
14. C'est le film _____ a obtenu un prix au Festival de Cannes.
15. Jean parle avec cette personne _____ vous avez rencontrée en vacances.

## B. Les pronoms compléments introduits par une préposition

Étudiez bien les pages 120-122, n⁰ˢ 3 et 4, dans *Grammaire française*. Vous remarquerez que :

- pour un complément introduit par la préposition **de**, on emploie la forme **dont** pour les personnes et les choses.
   **Ex.** Le logiciel **dont** je me sers est très convivial. (se servir **de**)
   L'écrivain **dont** tu m'as parlé a obtenu le prix Goncourt. (parler **de**)

- Pour un complément introduit par une locution prépositive se terminant par **de** (à côté **de**, à propos **de**, près **de**, etc.) ou par toute préposition autre que **de** (**à, pour, sans, avec, sur,** etc.), on privilégie la forme **qui**, pour les personnes, et on utilise **lequel, laquelle, lesquels, lesquelles** et leurs formes contractées pour les choses.
   **Ex.** Il s'agit de la dame **à côté de qui** j'étais assise hier soir. (à côté **de la dame**)
   On s'est promenés dans le parc **près duquel** se trouve mon appartement. (près **du parc**)
   C'est la copine **avec qui** je suis allée à Cuba.
   C'est l'appareil **avec lequel** j'ai pris mes photos.

## C. Le pronom *où*

En français, le pronom relatif **où** s'emploie pour le temps aussi bien que pour le lieu. Faites maintenant les exercices suivants.

**EXERCICE XV**  *Reprenez la phrase en utilisant le début de phrase proposé.*

1. J'ai besoin de ce livre.

   Voilà le livre _____.

2. Il se souviendra toujours de ces vacances.

   Ce sont des vacances _____.

3. Il m'a parlé de cet ami Georges.

   C'est Georges, l'ami _____.

4. J'ai envie de ce gâteau au chocolat.

   C'est le gâteau au chocolat _____.

5. Cet enfant souffre d'une maladie grave.

   Le médecin a diagnostiqué la maladie grave _____.

**EXERCICE XVI**  *Complétez les phrases en employant le pronom relatif qui convient. (Faites les transformations nécessaires.)*

1. La ville _____ j'aimerais le mieux vivre est Mexico.

2. C'est exactement le livre _____ je pensais.

3. Retournons à ce petit théâtre _____ nous avons vu la pièce *En attendant Godot*.

4. La raison pour _____ je t'ai appelé est que je viens de penser à un nouveau scénario.

5. Il m'a téléphoné au moment précis _____ j'allais sortir.

6. Dans le train, la personne en face de _____ j'étais assise a tricoté pendant tout le voyage.

7. C'est le point sur _____ nous ne nous sommes pas mis d'accord.

8. Maryse est une excellente amie auprès de _____ j'ai passé des moments inoubliables.

9. La maison devant _____ nous nous sommes arrêtés était très ancienne.

10. C'est un rôle difficile au sujet de _____ nous nous posons bien des questions.

11. À la réception de fin d'année _____ j'étais allée en jeans, les personnes parmi _____ je me suis trouvée étaient si élégantes que j'en ai été gênée.

12. Au cours de notre promenade, nous avons suivi un sentier le long de _____ poussaient des noisetiers.

13. Les deux dernières semaines du semestre universitaire sont bien souvent des semaines pendant _____ on a peu le temps de dormir.

14. Au bureau, les collègues avec _____ je travaille sont très sympathiques.

Faites maintenant les exercices V, p. 125 et X, p. 127, dans *Grammaire française*. Terminez par l'exercice III, qui est une bonne synthèse.

## D. Les pronoms *ce qui, ce que, ce dont*

On utilise le pronom démonstratif neutre **ce** comme antécédent du pronom relatif :

a) pour représenter la proposition précédente,
   **Ex.** Elle ne danse pas, ce qui étonne ses amis.
b) comme sujet de la proposition principale,
   **Ex.** Ce dont elle se souvient est étonnant. (Qu'est-ce qui est étonnant ? **Ce**)
c) comme complément ou attribut.
   **Ex.** Je ne sais pas ce que vous voulez dire. (Je ne sais pas quoi ? **ce**)
   Ce projet est ce qui me préoccupe depuis des mois. (**ce** représente le projet)

**Ça,** forme familière de **cela,** peut s'employer dans la conversation en combinaison avec un pronom relatif, **qui, que.** Cette forme est en général précédée de **c'est...** et sert à mettre en relief ce que l'on veut dire. Elle s'emploie le plus souvent avec un accent d'insistance, on peut donc utiliser l'une ou l'autre forme selon le cas.

**Ex.** — Est-ce que tu voulais dire que la réunion a été orageuse ?
   Forme neutre : — Oui, c'est **ce que** je voulais dire.
   Forme d'insistance : — Oui, c'est exactement **ça que** je voulais dire.

Faites les exercices suivants, en faisant bien attention aux verbes.

**EXERCICE XVII**   *Complétez les phrases en employant les pronoms relatifs précédés du pronom démonstratif **ce: ce qui, ce que, ce dont,** etc.*

1. Aller me promener dans les bois, voilà _____ j'ai envie.

2. Travailler toute la fin de semaine, c'est _____ m'ennuie.

3. Une plage au soleil, c'est exactement _____ nous avons besoin en ce moment.

4. Un test de grammaire sur les pronoms, ce n'est pas _____ je crains le plus !

5. J'ignore _____ on peut se souvenir à l'âge de trois ans.

6. Je ne peux vous répéter _____ il m'a dit.

7. — Ce n'est pas possible ! Tu veux rire !

   — Mais si, je t'assure, c'est _____ lui fait peur.

8. — Pourquoi fais-tu cette tête ?

   — Il est trop tard pour aller chez Paul et c'est _____ me dérange.

9. Je ne vois pas _____ t'étonne dans cette affaire. Tout était prévisible.

10. — Un bon whisky avec des glaçons ?

    — C'est exactement _____ il me faut après tout ce travail.

11. Je ne sais pas _____ m'arrive, mais je suis très fatigué. La grippe, peut-être.

12. Je me demande _____ tu peux bien lui trouver à ce garçon. Il est ennuyeux comme la pluie.

13. — Ève devait me donner des nouvelles de Jean, mais elle ne m'a rien dit.

    — Mais si, c'est _____ elle essayait de te dire discrètement; mais en public, c'était difficile.

14. Je regrette de ne pas pouvoir vous donner plus de détails, mais c'est tout _____ je me souviens.

15. Je ne suis pas capable de me rappeler ni _____ il m'a dit, ni _____ a été décidé.

Maintenant, faites les deux exercices suivants qui vous obligent à employer ensemble :
– les pronoms personnels et les pronoms relatifs;
– les pronoms démonstratifs et les pronoms relatifs.

**EXERCICE XVIII**  *Complétez les réponses en employant les pronoms qui conviennent.*

1. — C'est Jean qui a ramené ma voiture?

    — Oui, c'est _____.

2. — Qui a appelé la police? Éliane?

    — Oui, c'est _____.

3. — Je te présente Anne-Marie. C'est _____ j'ai rencontrée en revenant du Mexique.

4. — Qui est cet Harry?

    — Tu sais bien, c'est _____ j'ai rencontré à mon cours de musique.

5. — Hélène? Je la connais?

    — Oui, c'est _____ t'a appelé au téléphone.

**EXERCICE XIX**  *Complétez les réponses en employant les pronoms qui conviennent.*

1. — De tous ces films, lequel préfères-tu?

    — _____ j'ai vu en premier.

2. — As-tu vu toutes ces photos dans la vitrine? Laquelle trouves-tu la plus jolie?

    — _____ est à gauche.

3. — Tu as choisi ces cadeaux?

    — Oui, ce sont _____ j'ai choisis.

4. — Les dernières photographies sont très réussies. Félicitations!

    — Merci. Ce sont _____ m'ont donné le plus de travail.

5. — J'aime beaucoup ces gravures anciennes. Et toi?

    — Oui, ce sont _____ j'aime le mieux.

# III. Les pronoms indéfinis

Pour cette section, consultez *Grammaire française*, Chapitre 26, p. 399-413.

Lisez attentivement les explications dans *Grammaire française*, section B, Emplois, p. 400-413 en consultant les deux colonnes des pronoms (variables et invariables) dans le tableau **Les mots indéfinis,** p. 399, surtout les n⁰ˢ 1, 2, 5, 6, 10, 12, 14, 15, 18, 19 et 25 qui présentent les pronoms indéfinis les plus souvent employés en français contemporain. Vous avez déjà étudié certains d'entre eux.

Faites les exercices suivants.

## A. Le pronom indéfini *autre*

**EXERCICE XX**   *Complétez les phrases en employant le pronom indéfini **autre(s)**.*

1. Tu as fini ton café? En veux-tu _____ ?
2. J'ai rencontré Jacques et Julie au café, mais _____ n'étaient pas là.
3. Je viens de finir ma dernière boîte de café. Il faut que j'en achète _____.
4. Le seul journal que j'aime est *Le Devoir*. _____ ne m'intéressent pas.
5. J'ai bien aimé le roman policier que tu m'a prêté. En as-tu _____ du même genre?

## B. Le pronom indéfini *chacun*

**EXERCICE XXI**   *Complétez les phrases en employant le pronom indéfini **chacun(e)**.*

1. Je n'aime pas cette atmosphère. _____ travaille pour soi sans communiquer avec les autres.
2. Il m'a proposé plusieurs choix, mais _____ était si intéressant que je ne savais pas quoi faire.
3. Pour souper, _____ des sept personnes invitées a apporté un plat. Cela a été un festin.
4. Mes chères amies, si je répartis le total entre nous cinq, vous me devez 21 $_____.
5. Tous les visiteurs étaient des immigrants et _____ a parlé de son pays d'origine.

## C. Le pronom indéfini *certain*

**EXERCICE XXII**   *Complétez les phrases en employant le pronom indéfini **certain(e), (s), (es)**.*

1. Il y avait beaucoup de robes élégantes dans ce magasin, mais _____ coûtaient horriblement cher.
2. Tout le monde semblait content, mais _____ ont critiqué le conférencier.
3. Ce fut une soirée de fête très animée où tous buvaient joyeusement. _____ ont même trop bu.
4. La plupart des femmes modernes sont féministes. _____ le sont plus que d'autres.
5. Est-ce que tu connais le film de Marilyn Monroe _____ *l'aiment chaud*?

## D. Le pronom indéfini *on*

Comme pronom indéfini, **on** remplace un sujet qui n'est pas déterminé, qui reste vague. L'anglais utilise « they », « people », ou la voix passive.

**Ex.** **On** m'a dit que tu étais malade. (I was told...)
À Mexico, **on** parle espagnol. (They speak...)

Cependant, dans la langue familière, le pronom indéfini **on** remplace souvent le pronom personnel **nous.**

**Ex.** — Est-ce que vous allez à la campagne cette fin de semaine?
— Non, on n'a pas le temps, on a trop de travail.

**EXERCICE XXIII** *Complétez les phrases en employant le pronom indéfini **on**, ou le pronom personnel **ils**, selon que le sujet est déterminé ou non. Attention de mettre le verbe au temps approprié.*

1. Allez chez Pepe, _____ (y manger) la meilleure pizza en ville.

2. Les Dumouchel voyagent beaucoup. À peine rentrés d'Australie, _____ (se préparer) à repartir en Inde.

3. Quand j'ai voulu m'inscrire à ce cours, _____ (me dire) qu'il ne restait plus de place.

4. Dépêchez-vous de réserver vos billets d'avion, _____ (annoncer) des forfaits intéressants.

5. La journaliste voulait se renseigner auprès des délégués du congrès, mais _____ (refuser) de lui parler.

6. J'ai consulté plusieurs spécialistes et _____ (m'assurer) que tu te remettrais complètement d'ici deux mois.

7. Si tu ne travailles pas mieux, _____ (croire) que tu es paresseuse.

8. J'ai appelé à la clinique du voyageur et _____ (me dire) que je pouvais me présenter à n'importe quelle heure, sans rendez-vous.

9. Si vous leur demandez de vous accompagner, _____ (accepter) certainement.

10. C'est toujours quand vous êtes pressé que _____ (vous demander) de patienter.

**EXERCICE XXIV**  *Complétez les réponses en employant le **on** familier à la place de **nous**.*

1. Est-ce que vous vous êtes bien amusés hier ?

   — Oh oui ! _____.

2. — Les enfants, avez-vous pris vos mitaines ?

   — Oui maman, _____.

3. — Êtes-vous allés faire du ski tous les deux ?

   — Oui, _____.

4. — Allons, vite ! Est-ce que vous vous dépêchez ?

   — Oui, ça va, _____.

5. — Irez-vous passer vos vacances aux Bermudes ?

   — Oui, je crois bien que _____.

# E. Les pronoms indéfinis *plusieurs, quelqu'un, quelques-un(e)s, quelque chose, tout*

**EXERCICE XXV**  *Complétez les phrases en employant le pronom indéfini **plusieurs**.*

1. — Tu n'as pas fait de faute dans tes exercices ?

   — Hélas, si, _____.

2. — As-tu vu les films de Fellini ?

   — Je ne les ai pas tous vus, mais j'en ai vu _____.

3. — Y avait-il des étudiants que tu connaissais à la réunion ?

   — Oui, _____.

4. J'ai lu beaucoup de livres d'ethnologie cette année, _____ étaient très intéressants.

5. — Tu as une tenue originale. Les passants vont te regarder.

   — Je sais, _____ m'ont déjà regardée.

**EXERCICE XXVI**  *Complétez les phrases en employant les pronoms indéfinis **quelqu'un (de), quelques-un(e)s, quelque chose (de)**, selon le sens.*

1. — Quoi de neuf ?

   — _____ a téléphoné pendant votre absence. Un certain M. Smith.

2. — Qu'est-ce qu'il voulait ?

   — Il m'a demandé _____ très compliqué.

3. — Est-ce qu'il a laissé un message ?

   — Oui, j'ai écrit _____ sur un papier.

4. — M. Smith est _____ très exigeant.

5. — C'est un original. Il a sans doute encore imaginé _____ impossible.

6. — Vous avez déjà fait des travaux pour lui ?

   — Oui, nous en avons fait _____.

7. — Avez-vous des lettres à me dicter ?

   — Je vais vous en dicter _____.

8. — Et les rapports pour la réunion ?

   — Vous allez en photocopier _____ après.

9. — Vous serez peut-être obligée de faire des heures supplémentaires.

   — Je pourrais en faire _____.

10. Le travail supplémentaire, c'est _____ que je n'apprécie pas.

**EXERCICE XXVII** *Complétez les phrases en employant le pronom indéfini **tout**. (Faites attention aux accords.)*

1. — Est-ce qu'il reste un espoir de la sauver ?

   — Hélas, je crois que _____ est perdu.

2. — As-tu vu quelque chose de l'accident ?

   — Tu parles ! J'ai _____ vu.

3. — As-tu les cartes routières pour le voyage ?

   — Oui, je les ai _____.

4. — Est-ce que les invités sont arrivés ?

   — Mon cher, ils sont _____ là.

5. — Les étudiantes semblent-elles intéressées par le cours ?

   — Aucune inquiétude de ce côté. _____ ont l'air avides d'apprendre.

# Corrigé des exercices

## EXERCICE I
1. Oui, je le cherche.
2. Oui, je les écoute.
3. Oui, je l'attends.
4. Oui, je l'entends.
5. Oui, je vais la regarder.
6. Oui, je l'ai vue.
7. Oui, je le suis.
8. Oui, il les aide.
9. Oui, je les aime.
10. Oui, on la verra.
11. Oui, je le savais.
12. Oui, elles l'étaient.

## EXERCICE II
1. Oui, il lui obéit.
2. Oui, je leur ai écrit.
3. Oui, il lui a parlé.
4. Oui, il lui plaît.
5. Oui, je leur ai téléphoné.
6. Oui, ils leur ont plu.
7. Oui, je leur ai parlé.
8. Oui, il va leur écrire.
9. Oui, il lui a répondu.
10. Oui, ils se parlent.

## EXERCICE III
1. Oui, je vais la lui annoncer.
2. Oui, il la lui a demandée.
3. Oui, il me l'a écrite.
4. Oui, elle le leur a dit.
5. Oui, je le lui ai donné.
6. Oui, je les lui ai envoyés. / nous les lui avons envoyés.
7. Oui, je te les donnerai.
8. Oui, je le leur ai dit.
9. Oui, je peux les leur porter.
10. Oui, il va me l'apporter.

## EXERCICE IV
1. Oui, j'y ai pensé.
2. Oui, je lui ai parlé.
3. Oui, on peut y répondre.
4. Oui, je m'y intéresse. / nous nous y intéressons.
5. Oui, je vais leur écrire.
6. Oui, elle lui plaît.
7. Oui, il y joue.
8. Oui, je leur téléphonerai.
9. Oui, il lui a répondu.
10. Oui, je m'y attends.

## EXERCICE V
1. Oui, j'en ai. / nous en avons. / on en a.
2. Oui, j'en ai beaucoup.
3. Oui, j'en prends un peu.
4. Oui, il y en avait.
5. Oui, j'en ai assez.
6. Oui, j'en ai fait.
7. Oui, il en a cinq.
8. Oui, j'en ai trop.
9. Oui, j'en ai acheté.
10. Oui, elle en joue.

## EXERCICE VI
1. Oui, j'y vais.
2. Oui, elle y est allée.
3. Oui, j'aime y aller.
4. Oui, elles en viennent.
5. Oui, nous pourrons y aller.
6. Oui, j'y vais.
7. Oui, il en est revenu.
8. Oui, je vais y rester. / nous allons y rester. / on va y rester.
9. Oui, il en arrive.
10. Oui, ils y travaillent.

## EXERCICE VII
1. Oui, il faut y répondre.
2. Oui, je leur ai répondu.
3. Oui, je lui téléphonerai.
4. Oui, je m'y intéresse.
5. Oui, je m'en souviens.
6. Oui, je viens de lui parler.
7. Oui, je leur ai parlé.
8. Oui, j'en arrive.
9. Oui, elle m'en a parlé.
10. Oui, ils en ont beaucoup.

## EXERCICE VIII

1. Oui, je lui en ai parlé.
2. Oui, j'ai oublié de t'en parler.
3. Oui, il nous l'a écrit. / il me l'a écrit.
4. Oui, je la leur ai annoncée.
5. Oui, il m'en a parlé.
6. Oui, je vais leur en envoyer une.
7. Oui, je les leur ai envoyés.
8. Oui, je lui en ai envoyé.
9. Oui, j'y penserai.
10. Oui, je m'en souviens. / nous nous en souvenons.
11. Oui, elle me les a communiqués.

## EXERCICE IX

1. Oui, j'y pense.
2. Oui, j'ai pensé à lui.
3. Oui, il s'y intéresse.
4. Oui, il s'intéresse à eux.
5. Oui, j'y tenais.
6. Oui, je tiens à elle.
7. Oui, j'y ai fait attention.
8. Oui, je veillerai sur eux.
9. Oui, je lui ai parlé.
10. Oui, je leur ai téléphoné.

## EXERCICE X

1. Oui, il s'en moque.
2. Oui, elle se moque d'elle.
3. Oui, j'en ai peur.
4. Oui, il a peur d'eux.
5. Oui, ils ont peur de lui.
6. Oui, je m'en souviens.
7. Oui, je m'en souviens.
8. Oui, je me souviens de lui.

## EXERCICE XI

1. Oui, il se moque d'eux.
2. Oui, je te présenterai à eux.
3. Oui, je la leur ai présentée.
4. Oui, je me suis confié à elle.
5. Oui, il s'occupe d'elles.
6. Oui, il s'y est adapté.
7. Oui, je me suis présenté à lui.
8. Oui, je le lui ai présenté.
9. Oui, tu peux te fier à eux.
10. Oui, tu peux t'y fier.
11. Oui, nous nous habituons à elles. / on s'habitue à elles. / je m'habitue à elles.
12. Oui, il en a besoin.
13. Oui, j'aurai besoin de lui.

## EXERCICE XII

1. Oui, j'y vais avec lui.
2. Oui, il est pour elle.
3. Oui, c'est lui.
4. Oui, ce sont eux.
5. Oui, elle y va sans lui.
6. Oui, je t'accompagnerai chez eux. / je t'y accompagnerai.
7. Oui, je me suis excusé auprès d'elle.
8. Oui, je viendrai chez vous. / j'y viendrai.
9. Oui, elle peut compter sur eux.
10. Oui, il l'a fini avant elles.

## EXERCICE XIII

1. j'y suis allé
2. j'en avais reçu une
3. j'en ai vu plusieurs
4. j'y suis allé avec eux
5. lui
6. il me l'a racontée
7. il me l'a dit
8. ils le sont
9. je leur ai parlé de toi
10. tu me l'as déjà dit
11. j'y ai pensé
12. à nous
13. le leur

## EXERCICE XIV

1. qui
2. qui
3. qui
4. qui
5. qui
6. que
7. que
8. que
9. que
10. que
11. qui
12. que
13. que
14. qui
15. que

## EXERCICE XV

1. dont j'ai besoin
2. dont il se souviendra toujours
3. dont il m'a parlé
4. dont j'ai envie
5. dont souffre cet enfant

## EXERCICE XVI

1. où
2. auquel
3. où
4. laquelle
5. où
6. qui
7. lequel
8. qui
9. laquelle
10. duquel
11. où, lesquelles
12. duquel
13. lesquelles
14. qui

## EXERCICE XVII

1. ce dont
2. ça qui / ce qui
3. ce dont
4. ce que / ça que
5. ce dont
6. ce qu'
7. ça qui / ce qui
8. ça qui / ce qui
9. ce qui
10. ça qu' / ce qu'
11. ce qui
12. ce que
13. ça qu' / ce qu'
14. ce dont
15. ce qu', ce qui

## EXERCICE XVIII

1. lui qui l'a ramenée
2. elle qui l'a appelée
3. elle que
4. lui que
5. elle qui

## EXERCICE XIX

1. Celui que
2. Celle qui
3. ceux que
4. celles qui
5. celles que

## EXERCICE XX

1. un autre
2. les autres
3. une autre
4. Les autres
5. d'autres / un autre

## EXERCICE XXI

1. Chacun
2. chacun
3. chacune
4. chacune
5. chacun

## EXERCICE XXII

1. certaines
2. certains
3. Certains
4. Certaines
5. *Certains*

## EXERCICE XXIII

1. on y mange
2. ils se préparent
3. on m'a dit
4. on annonce
5. ils ont refusé
6. ils m'ont assuré(e)
7. on croira / on va croire
8. on m'a dit
9. ils accepteront
10. qu'on vous demande

## EXERCICE XXIV

1. on s'est bien amusés
2. on a pris nos mitaines / on les a prises
3. on y est allés
4. on se dépêche
5. qu'on ira

## EXERCICE XXV

1. j'en ai fait plusieurs
2. plusieurs
3. il y en avait plusieurs
4. plusieurs
5. plusieurs

## EXERCICE XXVI

1. Quelqu'un
2. quelque chose de
3. quelque chose
4. quelqu'un de
5. quelque chose d'
6. quelques-uns
7. quelques-unes
8. quelques-uns
9. quelques-unes
10. quelque chose

## EXERCICE XXVII

1. tout
2. tout
3. toutes
4. tous
5. Toutes

# CHAPITRE 8
## Les prépositions
### Hélène Riel-Salvatore

## Table des matières

Objectifs 201
Introduction 201
Test préliminaire 203
Corrigé du test préliminaire 207

I. La définition de la préposition 207
II. Comment reconnaître une préposition 208
    Exercices 208
III. La forme du verbe après une préposition 209
    Exercice 209
IV. Comment choisir la bonne préposition 209
    A. Une même préposition peut exprimer différents rapports 209
        Exercices 210
    B. Plusieurs prépositions peuvent exprimer un même rapport 219
        Exercices 219
V. Le verbe et son complément 221
    Exercices 222
VI. L'adjectif et son complément 233
    Exercices 234
Corrigé des exercices 236

## Objectifs

1. Vous aider à reconnaître les prépositions dans une phrase.
2. Vous aider à comprendre leur fonction grammaticale dans la phrase (compréhension du rôle grammatical).
3. Vous aider à comprendre les rapports sémantiques que les prépositions établissent entre les éléments qu'elles relient (compréhension du rôle sémantique).
4. Et surtout, vous aider à choisir la préposition appropriée dans le contexte de la phrase (discrimination).

## Introduction

Vous avez vu, au chapitre 1, que le complément est un mot (ou groupe de mots) qui se joint à un autre mot (un nom, un verbe, un adjectif ou un adverbe) pour en compléter le sens.

**Ex.** Des souliers à **talons hauts.**
Il faut prévenir **Geneviève.**
J'ai déjà téléphoné à **Gabriel.**
Es-tu prête à **partir ?**

Dans les exemples donnés ci-dessus, vous avez remarqué que presque tous les compléments sont introduits par une préposition. Ce n'est pas toujours le cas, mais ça l'est souvent. On définit donc la **préposition** comme un *mot invariable* qui sert à introduire un *complément,* tout en exprimant un certain *rapport de sens.*

**Ex.** L'été, je porte des robes **sans** manches.

    **sans :** – invariable, n'est pas affecté par le mot *manches* (féminin, pluriel);
- relie le mot *manches* au mot *robes* pour compléter l'idée que nous nous faisons des robes.
- exprime un rapport d'exclusion (par opposition à une robe à manches longues, par exemple).

En général, les étudiants s'entendent pour dire que l'emploi des prépositions, en français, occasionne de nombreux maux de tête. En réalité, toutes les prépositions ne présentent pas le même niveau de difficulté. Celles qui expriment un rapport de sens précis (**pour, contre, avec, sans,** etc.) sont rarement mal employées. Par contre, les prépositions **à** et **de,** qui expriment des rapports différents selon les situations et qui sont fréquemment utilisées, sont celles qui posent le plus de problèmes.

# Test préliminaire

**I** *Dans les phrases suivantes, soulignez les prépositions. (10 × 0,5 point)*

1. Passe-moi le sac qui est derrière.
2. J'attendrai jusqu'à ce que le train parte.
3. Es-tu pour la peine de mort ? Non, je suis contre.
4. *Le Devoir* n'était pas devant la porte ce matin.
5. Je ne prends ni sucre ni lait, merci.
6. Marc est sans argent.
7. Ce couple a des enfants, mais sort rarement avec eux.
8. Depuis que Stéphane a quitté le bureau, tout va mieux.
9. Il faudra se rendre jusqu'à Trois-Rivières en auto.
10. Qu'y a-t-il dans cette enveloppe ?
11. Dirigez-vous vers la sortie.
12. Quand je vais voir un film, je n'aime pas être assise trop en avant.
13. Asseyez-vous par terre et lisez deux ou trois revues.
14. C'est pendant la pause-café qu'il faut vous reposer, pas après !

**II** *Mettez le verbe souligné à la forme qui convient après chacune des prépositions. (5 × 1 point)*

1. Je <u>lisais</u> quand il est entré.

   J'étais en train de _____ quand il est entré.

2. Je <u>finirai</u> mon travail, puis je rentrerai chez moi.

   Je rentrerai chez moi après _____ mon travail.

3. J'ai trouvé ton message quand je suis <u>rentré</u>.

   En _____, j'ai trouvé ton message.

4. Il faut que je <u>fasse</u> ce travail.

   J'ai un travail à _____.

5. <u>Prends</u> ce médicament et tu te sentiras mieux.

   Tu te sentiras mieux en _____ ce médicament.

**III** *Mettez la préposition appropriée en faisant, au besoin, la contraction avec l'article. (10 × 1 point)*

### Une patiente pas patiente !

— Madame, je vous ferai remarquer que je suis ici _____ (1) une heure et vingt-cinq minutes. Je suis arrivée _____ (2) dix heures précises et si _____ (3) cinq minutes, le chirurgien n'est pas prêt à me recevoir, je vais faire un scandale.

— Je suis vraiment désolée, madame, malheureusement le docteur en a encore _____ (4) une bonne vingtaine de minutes ; mais rassurez-vous, _____ (5) avoir vu cette patiente, il s'occupera de vous.

— C'est tout de même une honte ! _____ (6) l'instauration de l'assurance-maladie, on n'attendait pas _____ (7) des heures interminables pour voir le docteur et il ne nous expédiait pas _____ (8) cinq minutes non plus. On n'aurait jamais dû permettre aux médecins de faire _____ (9) le neuf _____ (9) cinq. En fixant les rendez-vous, les secrétaires ne devraient pas nous demander si telle heure nous convient, mais plutôt _____ (10) quelle heure on peut attendre !

**IV**   *Mettez, s'il y a lieu, la préposition qui convient. Attention aux articles contractés. (80 × 1 point)*

1. Ne me prenez pas _____ le patron, votre engagement ne dépend pas _____ moi.

2. J'ai besoin _____ un coup de main : aide-moi _____ transporter ce fauteuil, je veux le placer _____ la table et la lampe.

3. Bertrand se fait la barbe _____ ce moment.

4. Philippe sera furieux _____ apprendre ça, d'autant plus qu'il sera le dernier _____ être averti.

5. Sylvie passe toutes ses soirées _____ le téléphone _____ parler _____ son petit ami _____ les sentiments qu'elle éprouve _____ lui.

6. Je me prépare _____ passer le premier test ; je me suis mis _____ étudier très fort la semaine dernière et si je réussis _____ obtenir un A, je serai bien content.

7. Le patron m'a demandé _____ venir immédiatement ; j'ai bien peur _____ l'avoir fâché et je crois que je vais me faire mettre _____ la porte.

8. Ouf ! je suis ravie (et soulagée) _____ vous annoncer que le spectacle aura lieu malgré la pluie.

9. Martin est prêt _____ vous aider s'il est sûr _____ être le seul _____ être mis au courant de l'affaire.

10. Tu n'avais pas laissé les clefs _____ la table, elles étaient _____ la poche de ton imperméable.

11. Gérard nous a parlé _____ ces tragiques événements _____ une grande discrétion.

12. Est-ce que tu rentres _____ pied ou _____ autobus ?

13. Quand j'ai mal _____ la tête, je prends un cachet _____ un verre _____ lait tiède.

14. _____ avoir perdu ses lunettes, il ne pouvait plus lire.

15. « J'ai quelque chose _____ très grave _____ vous annoncer », m'a-t-il dit _____ un air sérieux.

16. On m'a souvent dit que j'étais pareille _____ ma grand-mère : une vraie tête dure.

17. Une loi interdit _____ les fumeurs _____ fumer _____ les lieux publics.

18. Louise s'excuse toujours _____ être _____ retard, mais elle ne se corrige pas.

19. _____ aller _____ sa grand-mère, le Petit Chaperon Rouge est passé _____ le chemin le plus long. _____ ce temps, le loup s'y rendait _____ empruntant le raccourci.

20. J'ai fait cette erreur _____ y penser.

21. Voici ce que je te conseille _____ faire : ne refuse jamais _____ t'amuser ; accepte _____ sortir tous les soirs ; change-toi les idées ; apprends _____ te faire des amis partout ; n'oublie pas non plus _____ voir des films drôles, mais finis d'abord _____ étudier les prépositions.

22. As-tu pensé _____ dire _____ ton frère _____ venir nous chercher ?

23. Gabriel te remercie _____ avoir bien voulu _____ t'occuper _____ son problème.

24. Pour qui as-tu choisi _____ voter ? Il ne faudrait pas qu'une tempête nous empêche _____ sortir le jour du scrutin !

25. Pouvez-vous vous imaginer avoir une sœur jumelle, identique _____ vous ?

26. Il s'agit d'une grande maison _____ huit pièces, dont une salle _____ manger et une salle _____ jeu.

27. Qui est-ce qui a permis _____ ces gens-là _____ camper sur notre terrain ?

28. Pourquoi vous trouvez-vous supérieur _____ tout le monde ? Vous n'êtes absolument pas différent _____ moi.

29. J'ai fait un très beau voyage _____ Europe ; j'en ai rapporté un tas _____ belles photos, surtout _____ Italie.

30. Dépêche-toi, je n'ai pas de temps _____ perdre.

31. Quand je sors _____ le cours de français, je rentre directement _____ moi.

32. Il arrive _____ Winnipeg ce soir et repart _____ Toronto demain matin.

33. Je m'inquiète, je suis _____ nouvelles de Stéphane _____ trois semaines.

| Résultats | | | |
|---|---|---|---|
| I | / 5 | IV | / 80 |
| II | / 5 | Total | / 100 |
| III | / 10 | | |

# Corrigé du test préliminaire

## I

1. —
2. —
3. pour, de
4. devant
5. —
6. sans
7. avec
8. —
9. jusqu'à, en
10. dans
11. vers
12. —
13. —
14. pendant

## II

1. lire
2. avoir fini
3. rentrant
4. faire
5. prenant

## III

1. depuis
2. à
3. dans
4. pour
5. après
6. Avant
7. pendant / durant / —
8. en
9. du, à *(2 × 0,5 point)*
10. jusqu'à

## IV

1. pour, de
2. d', à, entre
3. en
4. d', à
5. au, à, à / avec, des, pour
6. à, à, à
7. de, de, à
8. de
9. à, d', à
10. sur, dans
11. de, avec
12. à, en
13. à, avec, de
14. Après
15. de, à, d'
16. à
17. aux, de, dans
18. d', en
19. Pour, chez, par, Pendant, en
20. sans
21. de, de, de, à, de, d'
22. à, à, de
23. d', —, de
24. de, de
25. à
26. de, à, de
27. à, de
28. à, de
29. en, de, d'
30. à
31. du, chez
32. de, à / pour
33. sans, depuis

# I. La définition de la préposition

La **préposition** est un *mot invariable* qui sert à introduire un *complément,* tout en exprimant un certain *rapport de sens.*

**Ex.** L'été, je porte des robes **sans** manches.

**sans :** – invariable, n'est pas affecté par le mot *manches* (féminin, pluriel);
– relie le mot *manches* au mot *robes* pour compléter l'idée exprimée;
– exprime un rapport d'exclusion (par opposition à une robe à manches longues, par exemple).

On appelle locution prépositive un groupe de mots qui présente les mêmes caractéristiques que la préposition.

**Ex.** Je suis allée **au coin de** la rue.
Il a réussi **grâce à** ses efforts.

# II. Comment reconnaître une préposition

Il existe une grande quantité de prépositions et de locutions prépositives. En consultant la liste des prépositions et des locutions prépositives les plus courantes (*Grammaire française*, Chapitre 10, p. 156), vous vous rendrez compte que vous en connaissez déjà un bon nombre. Simplifiez-vous l'existence : apprenez-les toutes !

Mais attention, il ne s'agit pas seulement de reconnaître la forme d'un mot pour savoir que c'est une préposition, il faut aussi vérifier sa fonction dans la phrase.

Lisez la remarque dans *Grammaire française*, Remarque, p. 156, sur la différence entre l'adverbe et la préposition. La même différence existe entre les locutions prépositives et les locutions adverbiales. Faites l'exercice d'*Application immédiate* et vérifiez vos réponses.

Maintenant, allez au chapitre 11, Les conjonctions, à la page 157, au deuxième point des remarques : il faut bien faire la distinction entre préposition et conjonction de subordination. Consultez aussi les tableaux des conjonctions de subordination et des prépositions correspondantes au chapitre 19, C. II, p. 288 et au chapitre 11, p. 176.

Vous avez pu constater que la préposition introduit toujours un complément, alors que l'adverbe a un sens complet en soi.
**Ex.** Je te verrai **après** la partie.
Je te verrai **après**. (plus tard, demain)

Quant à la conjonction de subordination, on pourrait dire qu'il s'agit là d'une simple préposition, mais qui introduit comme complément une proposition subordonnée, c'est-à-dire une proposition qui dépend d'une proposition principale (voir chapitre 1).
**Ex.** Je te verrai **après** la partie.
Je te verrai **après que** la partie sera finie.

Notez que l'emploi de la préposition comme adverbe est une forme d'économie linguistique que l'on trouve surtout dans la langue parlée.

Faites maintenant les exercices qui suivent.

### EXERCICE I
*Dans les phrases qui suivent, soulignez d'un trait les prépositions et de deux traits les adverbes.*

1. Avant de m'inscrire au cours de grammaire, je me disais : « Enfin ! Le français ne sera plus du chinois pour moi ! » Mais j'avais oublié le proverbe : « Il faut souffrir pour s'instruire. »
2. Il a quitté le bureau et, depuis, je suis sans nouvelles de lui.
3. Quoi ! vous ne pouvez pas tolérer la grammaire ? Qu'est-ce que vous avez contre ?
4. Elle marchait vite en regardant souvent derrière elle.
5. La boulangerie est au coin de la rue et la pharmacie, juste en face.
6. Si Marc conduit, je monte derrière et je ferme les yeux.
7. C'est avant de parler qu'il faut tourner sa langue sept fois dans sa bouche, pas après !
8. Depuis quelques jours, il fait plus chaud.
9. Il y en a qui pourraient se passer de grammaire ; moi, je ne saurais vivre sans !

### EXERCICE II
*Dans les phrases qui suivent, soulignez d'un trait les prépositions et de deux traits les conjonctions de subordination.*

1. Ne te fâche pas, j'ai dit ça pour rire.
2. Il a raison sans aucun doute.
3. Il faudra verrouiller toutes les portes avant de partir.
4. Ils sont partis sans que je m'en aperçoive.

5. Le professeur a accepté d'attendre mon travail jusqu'à demain.
6. Pour que je réussisse, ils sont prêts à m'aider.
7. Marc ne m'a rien dit, de peur de m'inquiéter.
8. Il viendra nous voir avant que nous partions.
9. Je travaillerai les prépositions jusqu'à ce qu'elles n'aient plus aucun secret pour moi.

## III. La forme du verbe après une préposition

Lisez attentivement la section sur les prépositions dans *Grammaire française*, Chapitre 10, p. 157, C. n° 1.a, b, c. Faites l'exercice d'*Application immédiate* à la page 158 et vérifiez vos réponses. Puis, faites l'exercice ci-dessous.

**EXERCICE III**   *Complétez les phrases suivantes en choisissant le verbe approprié dans la liste suivante :*

| offrir | faire | entendre | écrivant | s'être levé |
| fleurir | être allés | dire | partant | croire |

1. On finira par _____ que c'est un vrai génie.

2. Après _____ au cinéma, nous sommes passés chez Thérèse.

3. Remplissez le formulaire en _____ en lettres moulées.

4. En _____, il faudra éteindre toutes les lumières.

5. La prochaine fois, préviens-moi avant d'_____ mes services à tes amis.

6. Philippe passe tout son temps à _____ des projets de voyage.

7. C'est déprimant à la fin de l'_____ raconter l'histoire de sa vie.

8. Pour _____, cette plante a besoin de beaucoup de soleil.

9. Après _____, il a quitté la salle sans _____ un mot.

## IV. Comment choisir la bonne préposition

Repérer la préposition dans une phrase est un jeu d'enfant : sa forme et sa fonction vous y aideront facilement. Reste le problème majeur de tous les étudiants des classes de français : savoir choisir la préposition qui convient. En général, les étudiants sont découragés du fait que, pour chaque règle de grammaire, il y a une multitude d'exceptions. Rassurez-vous, cette fois-ci, il n'y a pas d'exception ; c'est qu'il n'y a pas de règle non plus ! Il faudra donc faire appel à votre mémoire. Mais il y a des façons d'aider la mémoire.

### A. Une même préposition peut exprimer différents rapports

Vous pouvez, par exemple, essayer d'identifier les différents rapports que peuvent exprimer les prépositions. Pour cela, consultez *Grammaire française*, Chapitre 10, p. 158-161, C. 2, a et b, ainsi que Chapitre 21, p. 329-330, IV, 1 et 2, a et b.

Maintenant, faites les exercices suivants. Chacun de ces mini-exercices vous fera utiliser une même préposition. Ils ont pour but de vous faire saisir le rapport exprimé par la préposition dans une situation donnée. N'oubliez pas de faire les contractions quand il y a lieu.

**EXERCICE IV**

1. Prends le fer _____ friser.

    Sers-toi de la machine _____ écrire.

    Voici la gomme _____ effacer.

    Alice a perdu sa corde _____ danser.

    Connais-tu cette chanson _____ boire ?

2. La monnaie pour le parcomètre se trouve dans le coffre _____ gants.

    Essaie ce vernis _____ ongles.

    Ce rouge _____ lèvres te va bien.

    Où ai-je mis mon étui _____ à lunettes.

    As-tu lavé les verres _____ vin ?

3. Le chef d'orchestre porte souvent un habit _____ queue.

    Le plaid est un tissu _____ carreaux.

    C'est un chien _____ poil court.

    Qui était la Dame _____ camélias ?

    Prends un sac _____ poignées.

4. Il est allé _____ le magasin.

    Si nous allions _____ le restaurant.

    Je regarde les nouvelles _____ la télé.

    Pierre est _____ le téléphone.

    L'exposition se tient _____ le Musée des beaux-arts.

— Quel est le rapport exprimé ?

_____

— Donnez deux exemples personnels.

_____

_____

— Quel est le rapport exprimé ?

_____

— Donnez deux exemples personnels.

_____

_____

— Quel est le rapport exprimé ?

_____

— Donnez deux exemples personnels.

_____

_____

— Quel est le rapport exprimé ?

_____

— Donnez deux exemples personnels.

_____

_____

5. Je suis né _____ Montréal.

   Nous serons bientôt _____ Toronto.

   Je vais _____ Québec pour la fin de semaine.

   Elle ira passer ses vacances _____ Cuba.

   Tu as toujours rêvé d'aller _____ Hawaï.

   — Quel est le rapport exprimé ?
   _____

   — Donnez deux exemples personnels.
   _____
   _____

6. Es-tu déjà allé _____ le Mexique ?

   Es-tu déjà allé _____ les États-Unis ?

   Es-tu déjà allé _____ le Nouveau-Brunswick ?

   Es-tu déjà allé _____ le Manitoba ?

   Es-tu déjà allé _____ le Havre ?

   — Quel est le rapport exprimé ?
   _____

   — Donnez deux exemples personnels.
   _____
   _____

7. Marc arrive toujours _____ l'heure juste.

   Nous ne finirons jamais _____ temps.

   _____ minuit, il n'était toujours pas là.

   Mon rendez-vous est _____ quatorze heures.

   Remettons ça _____ demain.

   — Quel est le rapport exprimé ?
   _____

   — Donnez deux exemples personnels.
   _____
   _____

8. Faisons une promenade _____ bicyclette.

   Je vais m'y rendre _____ pied.

   En Tunisie, j'ai fait un tour _____ dos de chameau.

   Caroline monte _____ cheval tous les matins.

   Les paysans vont _____ dos d'âne.

   — Quel est le rapport exprimé ?
   _____

   — Donnez deux exemples personnels.
   _____
   _____

9. Ces livres sont _____ moi.

   Cette maison est _____ les Laframboise.

   Comment ! c'est _____ toi cette Jaguar ?

   Ce stylo appartient _____ Chloé.

   — Quel est le rapport exprimé ?
   _____

   — Donnez deux exemples personnels.
   _____
   _____

10. C'est un dessin _____ le crayon.

Voici des mitaines tricotées _____ la main.

Cet arbre a été abattu _____ la hache.

Ces légumes sont cuits _____ la vapeur.

Lave-le _____ la machine.

— Quel est le rapport exprimé ?

_____

— Donnez deux exemples personnels.

_____

_____

_____

11. La maison est chauffée _____ l'électricité.

C'est une cuisinière _____ gaz.

Ils voyageaient en bateau _____ vapeur.

Prenez le bateau _____ rames.

Je préfère le bateau _____ voiles.

— Quel est le rapport exprimé ?

_____

— Donnez deux exemples personnels.

_____

_____

_____

12. Hélène fonctionne _____ le ralenti aujourd'hui.

Il allait _____ toute vitesse sur l'autoroute.

On lui a donné ce médicament _____ petites doses.

Les éléphants se promènent _____ la queue leu leu.

Elle criait _____ tue-tête.

— Quel est le rapport exprimé ?

_____

— Donnez deux exemples personnels.

_____

_____

_____

13. _____ le secours, je me noie !

_____ le voleur !

Buvons _____ notre bonheur !

Un peu de courage ! _____ l'eau !

Et Attila s'écria : « _____ l'attaque ! »

— Quel est le rapport exprimé ?

_____

— Donnez deux exemples personnels.

_____

_____

_____

**EXERCICE V**

1. Marie vient _____ Gaspé.

   Sors _____ ta cachette, petite peste !

   Voilà Margaux qui descend _____ l'avion.

   Ces souliers sont importés _____ Italie.

   Regarde ce que je t'ai rapporté _____ mon voyage.

   — Quel est le rapport exprimé ?
   _____

   — Donnez deux exemples personnels.
   _____
   _____

2. C'est la maison _____ les Dagenais.

   Le sort _____ les otages me préoccupe.

   Cet article _____ Hubert Reeves est intéressant.

   La remarque _____ mon fils vous fait rire ?

   L'automobile _____ Marie-Noëlle est bien abîmée.

   — Quel est le rapport exprimé ?
   _____

   — Donnez deux exemples personnels.
   _____
   _____

3. Je prendrais un bon bol _____ soupe.

   Veux-tu un verre _____ champagne ?

   Où est le tube _____ dentifrice ?

   La boîte _____ chocolats est déjà vide !

   Où est la boîte _____ céréales ?

   — Quel est le rapport exprimé ?
   _____

   — Donnez deux exemples personnels.
   _____
   _____

4. Où ai-je rangé mon habit _____ gala ?

   Dans la salle _____ bains.

   Le colloque se tiendra au palais _____ les congrès.

   Votre femme est dans la salle _____ accouchement.

   Prenons l'escalier _____ service, ça ira plus vite.

   — Quel est le rapport exprimé ?
   _____

   — Donnez deux exemples personnels.
   _____
   _____

5. Il me regardait _____ une drôle de façon.

   Tu lui as parlé _____ un ton arrogant.

   Daniel s'exprime _____ une manière charmante.

   Je t'aime _____ tout mon cœur.

   — Quel est le rapport exprimé ?
   _____

   — Donnez deux exemples personnels.
   _____
   _____

6. Cet enfant grelotte _____ froid.

   Hansel et Gretel tremblaient _____ peur.

   J'étais morte _____ rire.

   Tu tombes _____ fatigue.

   — Quel est le rapport exprimé ?
   _____

   — Donnez deux exemples personnels.
   _____
   _____

7. Mets ton gilet _____ laine.

   On y vend des manteaux _____ fourrure.

   Donne-lui un verre _____ plastique.

   Il faut que j'achète des chaussettes _____ laine.

   — Quel est le rapport exprimé ?
   _____

   — Donnez deux exemples personnels.
   _____
   _____

8. C'est le gars le plus sympathique _____ toute la classe.

   _____ tous les animaux, le chien est le plus fidèle.

   Voici le plus difficile _____ tous les chapitres.

   Véronique est la plus intelligente _____ la famille.

   — Quel est le rapport exprimé ?
   _____

   — Donnez deux exemples personnels.
   _____
   _____

9. Les employés ont obtenu la semaine _____ quatre jours.

   Il a fait un voyage _____ deux jours.

   Pour tout faire, il faudrait des journées _____ quarante heures.

   Lucie est partie après un séjour _____ deux semaines.

   — Quel est le rapport exprimé ?
   _____

   — Donnez deux exemples personnels.
   _____
   _____

10. J'ai une pile _____ examens à corriger.

    Il y a une foule _____ gens qui attendent.

    Le guide nous a donné un tas _____ renseignements.

    Un groupe _____ chanteurs a causé une émeute.

    Il a reçu un bouquet _____ fleurs.

    — Pourquoi utiliser **de** ici ?
    _____

    — Donnez deux exemples personnels.
    _____
    _____

11. Il y avait beaucoup _____ automobilistes sur la route.

    Tu devrais mettre plus _____ champignons.

    Je ne savais pas qu'il avait autant _____ argent.

    Combien _____ étudiants sont venus ?

    J'ai un peu _____ pain et _____ fromage si vous avez faim.

    — Pourquoi utiliser **de** ici ?
    _____

    — Donnez deux exemples personnels.
    _____
    _____

12. As-tu trouvé quelque chose _____ beau dans les magasins ?

    Il n'y a rien _____ intéressant dans cet article.

    J'ai rencontré quelqu'un _____ charmant à la soirée.

— Pourquoi utiliser **de** ici ?

_____

— Donnez deux exemples personnels.

_____

_____

**EXERCICE VI** — *Mettez* **à** *ou* **de** *selon le cas et faites les contractions qui s'imposent. Encerclez les numéros où* **de** *fait partie d'une expression de quantité.*

1. Le papier _____ lettres et les enveloppes sont sur la table.
2. Beaucoup _____ étudiants se sont inscrits cette année.
3. Cette tasse _____ porcelaine est fêlée.
4. Je n'irai pas _____ mon cours cet après-midi.
5. La banque ouvre _____ 10 h.
6. Ce film m'a fait mourir _____ rire.
7. Gabrielle porte une robe _____ fleurs.
8. J'aime bien cette chanson _____ Charlebois.
9. Sylviane a une manière très originale _____ s'habiller.
10. Il n'y avait rien _____ beau dans cette boutique.
11. Sortez _____ la maison immédiatement.
12. Paul a rencontré son amie _____ la discothèque.
13. Ce pyjama n'est pas _____ toi.
14. Ce chanteur revient _____ une tournée _____ deux semaines en France.
15. On repasse régulièrement des films _____ Charlie Chaplin.
16. Il y a beaucoup _____ choses à apprendre.
17. Bientôt, il y aura des automobiles qui fonctionneront _____ l'électricité.
18. _____ toutes les photos, voici ma préférée.
19. Nous n'aurons pas fini notre travail _____ temps.
20. Où ranges-tu le bol _____ salade ?

21. Menez-moi _____ la Gare centrale, s'il vous plaît!

22. Je suis _____ Montréal, et vous?

23. Prends un bol _____ soupe pour te réchauffer.

24. _____ le Canada, il y a beaucoup de richesses naturelles.

25. J'ai laissé mon permis de conduire _____ la maison.

26. Elle est toujours habillée _____ la dernière mode.

**EXERCICE VII**   *Ajoutez **à** ou **de** s'il y a lieu et faites les contractions qui s'imposent.*

1. « Je me souviens » est la devise _____ le Québec.

2. Chaque semaine, j'ai un examen; rien que d'y penser, ça me donne mal _____ la tête.

3. Le plus frustrant _____ tous les chapitres, c'est celui-ci.

4. _____ toute ma vie, je n'ai jamais rien entendu _____ aussi drôle.

5. Martine portait une jolie robe _____ soie.

6. Prendrais-tu un petit verre _____ quelque chose?

7. « Atchoum! » « _____ tes souhaits. »

8. Hier soir, j'ai vu l'amie _____ Philippe _____ le bras _____ un grand gars _____ lunettes; quand elle m'a reconnue, elle a quitté la discothèque _____ toute vitesse.

9. Zut, j'ai encore cassé un verre _____ vin!

10. Vite, un linge, je viens de renverser mon verre _____ vin!

11. L'été, je travaille _____ Québec, je suis guide _____ le Parlement.

12. _____ quelle heure commence le film?

13. On ne lit pas le journal _____ table!

14. Si tu te rends _____ le bureau _____ pied tous les matins, cela te fera une bonne promenade _____ santé.

15. En hiver, j'essaie toujours de prendre des vacances _____ le soleil.

16. Rester _____ la maison ou aller _____ le cinéma, ça m'est égal.

17. Merci encore et _____ la prochaine!

18. Quand je suis allé _____ Cuba, j'ai expliqué que je venais _____ Montréal, que cette ville se trouvait _____ le Québec et que chez nous, en hiver, il faisait un froid _____ pierre fendre.

19. Jacquot était mort _____ peur et criait _____ le secours parce qu'il avait vu un monstre sous son lit.

20. _____ les États-Unis, le jour de l'Action de grâces ne se célèbre pas le même jour que _____ le Canada.

21. Hannibal a traversé les Alpes _____ dos d'éléphant.

22. C'est _____ moi ou _____ toi, ce livre ?

23. Il fallait que Cendrillon quitte le bal _____ minuit tapant.

24. Les enfants sont _____ la garderie aujourd'hui... Quel calme à la maison !

25. Il paraît qu'il a payé plus _____ un demi-million pour ce tableau _____ Riopelle.

Consultez maintenant *Grammaire française*, p. 163, c, et p. 165, e. Faites ensuite les exercices ci-dessous.

## EXERCICE VIII    *Ajoutez* **en** *ou* **dans** *selon le cas.*

1. Plie la lettre _____ quatre et glisse-la _____ l'enveloppe.
2. Comment as-tu voyagé quand tu étais _____ Europe ?
3. J'adore voyager _____ train quand je suis _____ France ou _____ Italie.
4. Devine qui j'ai rencontré _____ l'autobus.
5. Nous étions déjà montés _____ l'avion quand il y a eu l'alerte à la bombe; heureusement, nous n'avions pas encore décollé, mais, depuis, je n'ai plus jamais voyagé _____ avion.
6. _____ la classe, il y a au moins 50 étudiants.
7. Combien de chapitres étudiez-vous _____ un trimestre ?
8. _____ sortant, il a glissé et est tombé _____ une flaque d'eau.
9. _____ 30 secondes, il sera exactement midi.
10. Ne t'inquiète pas, j'aurai terminé _____ un clin d'œil.
11. _____ hiver, j'essaie toujours de passer une semaine ou deux _____ le sud.

12. _____ Estrie, il y a de jolis coins où aller _____ promenade.

13. _____ 2000, nous sommes entrés _____ le XXIe siècle.

14. Certaines personnes âgées vivent _____ la plus grande misère.

15. Qu'est-ce qu'il y a _____ cette boîte ?

16. Vous ne pouvez pas parler à Mme Mignault, elle est _____ classe.

17. Quand est-ce que tu pars _____ vacances ?

18. _____ deux mois tu as fait beaucoup de progrès. Si tu continues, _____ deux mois tu seras le meilleur _____ grammaire française.

19. Martin était tellement _____ colère qu'il lui a envoyé son poing _____ la figure.

20. On dirait que la professeure Galiléa est _____ la lune, mais elle est _____ train de réfléchir à sa dernière invention.

21. — Connaissez-vous la chanson *_____ passant par la Lorraine* ?

    — Non, mais si vous voulez, je peux vous chanter *_____ les plaines du Far-West*.

22. _____ entrant _____ la pièce, elle a pris les voleurs la main _____ le sac.

Faites maintenant l'exercice d'*Application immédiate, Grammaire française*, p. 166, et vérifiez vos réponses.

Complétez les exercices I, II et III, *Grammaire française*, p. 168-170, et vérifiez vos réponses.

## B. Plusieurs prépositions peuvent exprimer un même rapport

Une autre façon de vous aider à mémoriser les prépositions est de regrouper celles qui expriment le même rapport. Faites les exercices qui suivent.

### EXERCICE IX
*Complétez l'exercice suivant en choisissant la préposition appropriée dans la liste qui suit.*

LE TEMPS :   depuis – à – de – pendant / durant – pour – jusqu'à – avant – après – en – dans

1. Le jeudi et le vendredi, les magasins sont généralement ouverts _____ 21 h.

2. Le matin, la banque n'ouvre jamais _____ 10 h.

3. Ne téléphonez pas chez elle _____ 22 h, elle se couche tôt.

4. Je travaille _____ 9 h _____ 17 h.

5. Jacques s'est rendu à Québec _____ 3 h.

6. _____ 10 jours, ce sera mon anniversaire.

7. Attends-moi, je n'en ai plus _____ longtemps.

8. L'avion décolle _____ 14 h 30.

9. Hélène est née _____ 1951.

10. Le feu a éclaté _____ la nuit.

11. Il est gardien de nuit _____ 20 ans.

12. _____ 20 ans, on est encore bien jeune.

13. J'ai suivi des cours de français _____ 10 ans.

14. Je pars demain _____ une quinzaine de jours.

15. Je serai absent _____ 15 jours.

16. Mes parents étaient au Canada _____ 5 ans quand je suis né.

**EXERCICE X** *Complétez l'exercice suivant en choisissant la préposition appropriée dans la liste qui suit.*

LE LIEU : sur – sous – dans – entre – à – vers – chez – en – par – loin de – devant – derrière – jusqu'à – de – au nord de

1. Regarde _____ toi, il y a quelqu'un qui nous suit.

2. Fais semblant de rien et continue à marcher tout droit _____ toi, mais plus vite.

3. Qu'est-ce que tu caches _____ ta main ?

4. Je ne passe jamais _____ une échelle.

5. Ne laisse pas le lait _____ la table.

6. Range-le _____ le réfrigérateur.

7. Louis s'est caché _____ la porte.

8. Quand je suis monté _____ l'autobus, il n'y avait que le chauffeur.

9. Si tu te mets _____ moi, je ne verrai plus rien.

10. Le Père Noël descend toujours _____ la cheminée.

11. Le bateau se dirige _____ le sud.

12. Dans cette compétition, les skieurs doivent passer _____ deux rangées de poteaux.

13. Chibougamau se trouve _____ Montréal, à environ 500 km _____ Québec.

14. Si tu es malade, rentre _____ toi.

15. M. Bertrand est _____ Abitibi présentement.

16. Il s'agit de courir _____ le but et de revenir le premier.

17. Qu'est-ce qui sort _____ la boîte de Pandore ?

18. Louise s'est rendue _____ Québec en train.

19. As-tu aimé ton voyage _____ Turquie ?

20. Tu iras _____ l'épicerie après avoir été _____ le boulanger.

## V. Le verbe et son complément

Le complément d'un verbe peut lui être rattaché soit directement, soit par une préposition, en général **à** ou **de**. Consultez *Grammaire française*, Chapitre 21, p. 323-325, III, 2 et 3 pour les verbes construits avec ou sans préposition.

Certains verbes que vous venez d'étudier régissent un infinitif CD; le verbe et son complément ne sont pas reliés par une préposition. Par contre, la présence d'une préposition ne signifie pas nécessairement que l'infinitif est un CI.

**Ex.** J'aime la lecture. (CD)
J'aime lire. (CD)

J'oublie mes lunettes. (CD)
J'oublie **d'**avertir Martine. (CD)

Dans les quatre cas mentionnés, les compléments répondent à la question *quoi?*, ce qui signifie qu'il s'agit de CD. Ainsi, la préposition reliant le verbe *oublier* au verbe *avertir* n'a pas de fonction grammaticale; on l'appelle préposition *vide*, car elle fait partie du complément.

Ce n'est pas le cas dans l'exemple suivant.
**Ex.** J'ai besoin **de** sommeil.
J'ai besoin **de** dormir.

Ici, les compléments répondent à la question *de quoi?*, ce qui indique qu'il s'agit d'un CI. Cette préposition joue donc un rôle grammatical important. C'est une préposition *pleine;* elle s'attache à la locution *avoir besoin de* et ne fait pas partie du complément.

Consultez *Grammaire française,* p. 326, n° 4 et voyez comment le sens d'un même verbe change selon qu'il est construit avec **à** ou **de** ou sans préposition.

Faites maintenant les exercices suivants en tenant compte du type de complément régi par le verbe (CD / CI). Servez-vous des tableaux qui précèdent chaque exercice pour voir dans quelle construction de phrase vous pouvez employer les verbes.

**EXERCICE XI** — *Cet exercice regroupe des verbes qui régissent un CD. Mettez, s'il y a lieu, la préposition **de**.*

| verbes | CD | | | CI |
|---|---|---|---|---|
| Série 1 | personne | chose | de + infinitif | |
| | OU | OU | | |
| accepter | quelqu'un | quelque chose | de faire quelque chose | |
| arrêter | quelqu'un | quelque chose | de faire quelque chose | |
| choisir | quelqu'un | quelque chose | de faire quelque chose | |
| craindre | quelqu'un | quelque chose | de faire quelque chose | |
| éviter | quelqu'un | quelque chose | de faire quelque chose | |
| négliger | quelqu'un | quelque chose | de faire quelque chose | |
| oublier | quelqu'un | quelque chose | de faire quelque chose | |
| regretter | quelqu'un | quelque chose | de faire quelque chose | |
| | | OU | | |
| cesser | | quelque chose | de faire quelque chose | |
| décider | | quelque chose | de faire quelque chose | |
| essayer | | quelque chose | de faire quelque chose | |
| finir | | quelque chose | de faire quelque chose | |
| risquer | | quelque chose | de faire quelque chose | |

1. Les policiers ont arrêté _____ le suspect.
2. Tu devrais arrêter _____ fumer.
3. Les employés ont accepté _____ l'offre patronale.
4. Cécile a accepté _____ m'aider.
5. Louis a choisi _____ un excellent sujet de discussion.
6. J'ai choisi _____ poursuivre mes études dans une autre université.
7. Bien des enfants craignent _____ le tonnerre.
8. Je crains _____ le déranger en lui téléphonant.
9. Évite _____ faire du bruit.
10. Laurent évite systématiquement _____ les compagnons ennuyeux.
11. Il ne faut jamais négliger _____ sa santé.
12. Si tu négliges _____ étudier, tu auras de mauvaises surprises.
13. Comment ! tu as encore oublié _____ les clefs de ton appartement !
14. Comment ! tu as en plus oublié _____ éteindre les lumières !
15. Le patron regrette vraiment _____ le départ de Bernard.

16. Viviane regrette _____ nous faire attendre comme ça.

17. Cessez _____ me poser tant de questions.

18. Cessez _____ ce vacarme immédiatement!

19. Écoutez, nous avons décidé _____ quelque chose d'important.

20. As-tu décidé _____ partir en vacances?

21. Essaie _____ ce manteau, je suis sûr qu'il t'ira.

22. Essaie _____ faire un effort.

23. Tu as enfin fini _____ l'étude des prépositions, bravo!

24. As-tu fini _____ rire de moi?

**EXERCICE XII**  *Cet exercice regroupe des verbes qui régissent un CD. Mettez, s'il y a lieu, la préposition **à**.*

| verbes | CD | | | à + CI |
|---|---|---|---|---|
| Série 2 | personne | chose | à + infinitif | nom de personne |
| | | | OU | |
| apprendre | | quelque chose | à faire quelque chose | à quelqu'un |
| enseigner | | quelque chose | à faire quelque chose | à quelqu'un |
| | | | OU | |
| (re) commencer | | quelque chose | à faire quelque chose | |
| continuer | | quelque chose | à faire quelque chose | |
| réussir | | quelque chose | à faire quelque chose | |

1. J'ai appris _____ le français à Montréal.

2. Et toi, où as-tu appris _____ parler le russe?

3. Élisabeth enseigne _____ le violon à un groupe de jeunes.

4. Mes parents m'ont enseigné _____ dire la vérité.

5. Je recommence _____ mes cours en septembre.

6. Il a commencé _____ neiger très tôt ce matin.

7. Béatrice va continuer _____ ses études aux États-Unis.

8. Après la pause, je continuerai _____ travailler.

9. Bravo! tu as vraiment réussi _____ ce gâteau!

10. Tu ne réussiras jamais _____ me convaincre.

**EXERCICE XIII** — *Cet exercice regroupe des verbes qui régissent un infinitif CD. Mettez, s'il y a lieu, la préposition **de**.*

| verbes | CD | | | CI |
|---|---|---|---|---|
| Série 3 | personne | chose | infinitif | |
| compter<br>devoir<br>espérer<br>il vaut mieux<br>pouvoir<br>sembler | | | faire quelque chose<br>faire quelque chose<br>faire quelque chose<br>faire quelque chose<br>faire quelque chose<br>faire quelque chose | |
| | OU | OU | | |
| aimer<br>désirer<br>détester<br>il faut (falloir)<br>préférer<br>vouloir | quelqu'un<br>quelqu'un<br>quelqu'un<br>quelqu'un<br>quelqu'un<br>quelqu'un | quelque chose<br>quelque chose<br>quelque chose<br>quelque chose<br>quelque chose<br>quelque chose | faire quelque chose<br>faire quelque chose<br>faire quelque chose<br>faire quelque chose<br>faire quelque chose<br>faire quelque chose | |

1. David a accepté _____ venir au concert avec nous.
2. Je sais _____ réparer bien des choses dans une maison.
3. Est-ce que tu peux _____ me dire où sont mes lunettes ?
4. Malheureusement, on ne peut pas arrêter _____ vieillir.
5. Martin doit _____ se reposer maintenant.
6. Mon frère a choisi _____ devenir physiothérapeute.
7. Il vaut mieux _____ rentrer à la maison.
8. J'aime _____ faire les choses à ma façon.
9. Marc a oublié _____ prendre mon numéro de téléphone.
10. Qu'est-ce que tu comptes _____ faire ce soir ?
11. Je veux _____ aller au cinéma.
12. Je crains _____ m'endormir si je t'accompagne.
13. Tes amis semblent _____ être satisfaits de leurs achats.
14. Les chats craignent _____ prendre un bain.
15. Évite _____ boire quand tu conduis.
16. N'oubliez pas _____ nous avertir si vous êtes malade.

17. Il faut _____ écrire une lettre de remerciements.

18. Ouf ! je regrette _____ avoir tant mangé !

19. Est-ce que tu as cessé _____ fumer depuis longtemps ?

20. Jacqueline préfère _____ commencer tout de suite.

21. Mes enfants détestent _____ se coucher le soir.

22. Essayez _____ toucher vos pieds avec vos doigts.

23. Il espère _____ obtenir son diplôme cette année.

24. Bon ! qu'est-ce que je dois _____ faire maintenant ?

25. Les députés ont fini _____ discuter du projet de loi.

**EXERCICE XIV**  *Cet exercice regroupe des verbes qui régissent un infinitif CD. Mettez, s'il y a lieu, la préposition **à**.*

1. Est-ce que tu sais _____ nager ?

2. J'ai appris _____ nager quand j'avais quatre ans.

3. Est-ce que tu comptes _____ enseigner la natation à tes enfants ?

4. Bien sûr, et je leur enseignerai aussi _____ pratiquer d'autres sports.

5. J'aimerais _____ être aussi sportive que toi.

6. Toi, tu détestes _____ faire du sport, par contre tu adores _____ lire et écrire.

7. C'est vrai ; je ne veux pas _____ faire de l'exercice physique parce que je préfère _____ faire travailler mon intelligence.

8. Tu sais qu'on peut _____ faire les deux !

9. Si tu commençais _____ pratiquer le taï chi, cela te passionnerait.

10. Tu réussirais _____ harmoniser la discipline mentale et la discipline physique.

11. Je compte _____ m'inscrire à des cours de judo. Ce sport semble _____ correspondre à mes aptitudes.

12. En tout cas, j'espère _____ t'avoir convaincue, sinon je continuerai _____ te taquiner à cause de ta paresse.

**EXERCICE XV**  Voici un exercice de synthèse; mettez, s'il y a lieu, **à** ou **de**.

1. — Sébastien veut _____ voir tes photos de voyage.

   — Je crains _____ ennuyer les autres en parlant toujours de mes expéditions.

   — Ne commence pas _____ te faire prier, tu sais qu'on a tous envie de t'entendre parler de tes aventures.

   — Très bien alors, j'accepte _____ venir à ta soirée.

   — Tant mieux, et surtout n'oublie pas _____ apporter tes photos.

2. — Allô! j'aimerais _____ parler à M. Boucher, s.v.p.

   — M. Boucher a cessé _____ travailler dans ce département.

   — Est-ce que vous pourriez _____ me dire où je peux _____ le joindre?

   — Un moment, s.v.p., j'achemine votre appel. Je regrette _____ vous avoir fait attendre, mais je n'ai pas réussi _____ établir la communication.

   — Il vaut mieux _____ consulter la centrale téléphonique alors, merci.

3. — Mon pauvre Gilbert, tu ne sembles pas _____ être en forme aujourd'hui.

   — C'est vrai, je dois _____ faire attention. J'avais décidé _____ jeûner pour essayer _____ maigrir rapidement et ça fait deux jours que je n'arrête pas _____ être étourdi.

   — Est-ce que tu vas continuer _____ suivre ce régime quand même?

   — Non, je préfère _____ changer de stratégie. Il me faut _____ manger moins, c'est tout.

   — En effet, sinon tu risques _____ te retrouver à l'hôpital.

4. — Pour l'anniversaire d'Émile, j'avais choisi _____ ne pas lui offrir de cadeau, mais plutôt _____ l'emmener dans le meilleur restaurant de Montréal. Malheureusement, comme j'ai négligé _____ réserver, je dois _____ changer de programme. Mais, je ne sais pas trop quoi _____ faire.

   — Franchement, tu devrais apprendre _____ payer tes comptes à temps!

   — J'espère _____ ne pas oublier le mois prochain, je déteste _____ me retrouver sans le sou.

— Tu veux _____ dire que tu n'as même pas d'argent comptant? Tu n'auras jamais fini _____ m'étonner! En tout cas, ne compte pas sur moi pour t'aider, car personne ne semble _____ t'avoir enseigné _____ être organisé dans tes finances!

**EXERCICE XVI** *L'exercice suivant regroupe des verbes qui régissent à la fois un CD et un CI. L'infinitif CD est toujours introduit par la préposition **de**, mais si le CD est un nom, il est directement relié au verbe. Le CI est toujours introduit par la préposition **à**; vous remarquerez qu'il s'agit chaque fois d'une personne. Mettez, s'il y a lieu, la préposition **à** ou **de**. Faites les contractions qui s'imposent.*

| verbes | CD | | | à + CI |
|---|---|---|---|---|
| Série 4 | personne | chose | de + infinitif | nom de personne |
| | | OU | OU | |
| (re) commander | quelqu'un | quelque chose | de faire quelque chose | à quelqu'un |
| demander | quelqu'un | quelque chose | de faire quelque chose | à quelqu'un |
| défendre | | quelque chose | de faire quelque chose | à quelqu'un |
| dire | | quelque chose | de faire quelque chose | à quelqu'un |
| écrire | | quelque chose | de faire quelque chose | à quelqu'un |
| interdire | | quelque chose | de faire quelque chose | à quelqu'un |
| offrir | | quelque chose | de faire quelque chose | à quelqu'un |
| ordonner | | quelque chose | de faire quelque chose | à quelqu'un |
| permettre | | quelque chose | de faire quelque chose | à quelqu'un |
| promettre | | quelque chose | de faire quelque chose | à quelqu'un |
| proposer | quelqu'un | quelque chose | de faire quelque chose | à quelqu'un |
| rappeler | quelqu'un | quelque chose | de faire quelque chose | à quelqu'un |
| répondre | | quelque chose | de faire quelque chose | à quelqu'un |
| reprocher | | quelque chose | de faire quelque chose | à quelqu'un |
| souhaiter | | quelque chose | de faire quelque chose | à quelqu'un |

1. Quand vous irez à ce restaurant, tu recommanderas _____ le steak tartare _____ tes amis.

2. J'ai recommandé _____ les enfants _____ ne jamais parler aux étrangers.

3. Louis défend _____ ses amis _____ fumer chez lui.

4. As-tu écrit _____ une lettre _____ ton ancien professeur?

5. Vous avez écrit _____ vos cousins _____ nous attendre à l'aéroport, n'est-ce pas?

6. On a offert _____ un emploi intéressant _____ ma mère.

7. Gabriel a offert _____ son voisin _____ lui prêter sa tondeuse à gazon.

8. Qui a permis _____ les enfants _____ manger devant la télé?

9. Il ne faut pas leur permettre _____ tous leurs caprices.

10. Tu avais promis _____ tes amis _____ aller les rejoindre.

11. Personne ne lui avait promis _____ un jardin de roses.

12. On a proposé _____ un transfert _____ cet employé.

13. On lui a aussi proposé _____ payer son déménagement.

14. Je dois toujours rappeler _____ ma sœur _____ aller à ses rendez-vous.

15. Rappelez-moi _____ votre nom.

16. Frontenac a répondu _____ ses ennemis _____ se préparer à la bataille.

17. On reproche souvent _____ les parents _____ manquer d'autorité.

18. Tu me reproches _____ une erreur que je n'ai pas commise.

19. Héloïse souhaitait _____ le bonheur d'Abélard.

20. Comme elle attend des jumeaux, tout le monde souhaite _____ Brigitte _____ avoir un garçon et une fille.

**EXERCICE XVII** *Cet exercice ajoute à l'exercice précédent un nombre plus restreint de verbes dont le CD est toujours une personne et dont le CI est toujours un infinitif introduit par la préposition **à**. Mettez, s'il y a lieu, la préposition **à** ou **de**.*

| verbes | CD | | | à + | CI | | |
|---|---|---|---|---|---|---|---|
| Série 5 | personne | chose | infinitif | personne | chose | infinitif |
| aider | quelqu'un | | | | | | à faire quelque chose |
| décider | quelqu'un | | | | | | à faire quelque chose |
| forcer | quelqu'un | | | | | | à faire quelque chose |
| habituer | quelqu'un | | | | | | à faire quelque chose |
| inviter | quelqu'un | | | | | | à faire quelque chose |
| obliger | quelqu'un | | | | | | à faire quelque chose |

1. Philippe a aidé _____ ses parents _____ s'installer dans leur nouvel appartement.

2. J'ai recommandé _____ Louise _____ essayer ce nouveau produit.

3. Est-ce que tu as dit _____ Bertrand _____ prendre rendez-vous chez le dentiste?

4. Il faut habituer _____ les enfants _____ ranger leurs jouets.

5. On ne peut quand même pas forcer _____ les gens _____ s'amuser.

6. Le juge a interdit _____ l'accusé _____ quitter la ville.

7. J'ai offert _____ Pascal _____ le remplacer pendant deux jours.

8. Il n'aurait jamais dû permettre _____ son fils _____ prendre l'automobile.

9. À la fin du trimestre, Martine a invité _____ ses étudiants _____ venir fêter chez elle.

10. La loi oblige _____ les automobilistes _____ porter la ceinture de sécurité.

11. J'ai promis _____ Christine _____ être à l'heure.

12. As-tu rappelé _____ Nicolas _____ prendre ses documents ?

**EXERCICE XVIII** *Cet exercice reprend les verbes de la série 5 et leur ajoute ceux de la série 6 dont l'infinitif CI est toujours introduit par la préposition **de**. Mettez, s'il y a lieu, la préposition **à** ou **de**.*

| verbes | CD | | | de + CI | | |
|---|---|---|---|---|---|---|
| Série 6 | personne | chose | infinitif | personne | chose | infinitif |
| | OU | | | | OU | |
| accuser | quelqu'un | | | | de quelque chose | de faire quelque chose |
| arrêter | quelqu'un | quelque chose | | | | de faire quelque chose |
| convaincre | quelqu'un | | | | de quelque chose | de faire quelque chose |
| empêcher | quelqu'un | quelque chose | | | | de faire quelque chose |
| excuser | quelqu'un | quelque chose | | | | de faire quelque chose |
| féliciter | quelqu'un | | | | de quelque chose | de faire quelque chose |
| menacer | quelqu'un | | | | de quelque chose | de faire quelque chose |
| persuader | quelqu'un | | | | de quelque chose | de faire quelque chose |
| supplier | quelqu'un | | | | | de faire quelque chose |

1. On a accusé _____ un des joueurs _____ avoir triché.

2. Le physiothérapeute aide _____ ses clients _____ retrouver l'usage maximal de leurs membres.

3. Cela m'aurait étonné que tu convainques _____ Richard _____ se faire prédire l'avenir par M^me Blanche.

4. L'intensité de l'incendie a empêché _____ les pompiers _____ faire leur travail rapidement.

5. Je ne vais tout de même pas excuser _____ Jean-Pierre _____ m'avoir ridiculisé en public !

6. Les terroristes ont menacé _____ le gouvernement _____ faire sauter le Parlement.

7. Habitue _____ ton chien _____ faire ses besoins dehors.

8. Le bandit a forcé _____ la caissière _____ lui donner tout l'argent.

9. Je ne crois pas que j'arriverai à persuader _____ le professeur _____ changer ma note.

10. Le service de sécurité routière invite _____ les automobilistes _____ être prudents.

**EXERCICE XIX** *Dans cet exercice, tous les infinitifs compléments sont introduits par la préposition **à** (pleine pour le CI, vide pour le CD). Après avoir posé la bonne question pour identifier le complément, soulignez d'un trait les CD et de deux traits les CI. On ajoute ici les verbes de la série 7.*

| verbes | CD | | | à + CI | | |
|---|---|---|---|---|---|---|
| Série 7 | personne | chose | infinitif | personne | chose | infinitif |
| | | | | OU | OU | |
| obéir | | | | à quelqu'un | à quelque chose | |
| penser | | | | à quelqu'un | à quelque chose | à faire quelque chose |
| ressembler | | | | à quelqu'un | à quelque chose | à faire quelque chose |
| se fier | | | | à quelqu'un | à quelque chose | |
| tenir | | | | à quelqu'un | à quelque chose | à faire quelque chose |
| arriver | | | | | à quelque chose | à faire quelque chose |
| parvenir | | | | | à quelque chose | à faire quelque chose |
| se décider | | | | | à quelque chose | à faire quelque chose |
| se mettre | | | | | à quelque chose | à faire quelque chose |

1. As-tu pensé à acheter le journal ce matin ?
2. Je ne tiens vraiment pas à sortir ce soir.
3. J'ai commencé à peindre hier soir.
4. Vous allez m'aider à comprendre.
5. J'ai appris à me débrouiller seule.
6. Ils vont arriver à me rendre folle.
7. Béatrice a enfin décidé Georges à prendre l'avion.
8. Tu réussis toujours à me faire rire.
9. C'est mon frère qui m'a enseigné à conduire.
10. Il s'est mis à étudier dès votre départ.
11. Il faudrait l'inviter à se joindre à nous.
12. Personne ne t'oblige à rester.
13. Si Julie continue à raconter des blagues, je vais devenir fou.
14. Qui est-ce qui t'a forcé à accepter cet emploi ?
15. Je ne réussirai jamais à terminer ce travail pour demain.

**EXERCICE XX**  *Dans cet exercice, tous les infinitifs compléments sont introduits par la préposition **de**. Soulignez d'un trait les CD et de deux traits les CI. On ajoute à cet exercice des locutions verbales de la série 8.*

| locutions verbales | CD | | | de + | CI | |
|---|---|---|---|---|---|---|
| Série 8 | personne | chose | infinitif | personne | chose | infinitif |
| avoir besoin | | | | de quelqu'un | de quelque chose | de faire quelque chose |
| avoir envie | | | | de quelqu'un | de quelque chose | de faire quelque chose |
| avoir honte | | | | de quelqu'un | de quelque chose | de faire quelque chose |
| avoir l'air | | | | de quelqu'un | de quelque chose | de faire quelque chose |
| avoir l'intention | | | | | | de faire quelque chose |
| avoir le temps | | | | | | de faire quelque chose |
| avoir peur | | | | de quelqu'un | de quelque chose | de faire quelque chose |
| avoir raison | | | | | | de faire quelque chose |
| avoir tort | | | | | | de faire quelque chose |

1. J'ai besoin de réfléchir avant de vous donner ma réponse.
2. Cette tempête va nous empêcher de partir.
3. Je te félicite d'être arrivé premier de ta classe.
4. Tu m'avais dit de prendre cette route.
5. On ne le persuadera jamais de nous aider.
6. J'ai l'intention de me reposer maintenant.
7. Avez-vous le temps de vous asseoir une minute ?
8. Tu n'arrêtes pas de t'inquiéter pour des riens.
9. Nous regrettons d'avoir à vous dire cela, mais c'est comme ça.
10. Cette compagnie évite systématiquement d'engager des étudiants.
11. Le professeur ne nous permet pas de fumer dans la salle de classe.
12. On m'a reproché de ne pas parler assez bien le français.
13. Vous avez eu raison de m'avertir.
14. As-tu envie d'aller au cinéma ?
15. Le directeur a même menacé de démissionner.
16. On nous défend de parler pendant un examen.
17. Je lui ai offert de lui prêter ma voiture.
18. Dès qu'on cesse de s'entraîner, on perd la forme.
19. Marc n'a pas encore fini de lire *Le Seigneur des anneaux*.
20. Tu as vraiment l'air de t'amuser follement.

**EXERCICE XXI**  Cet exercice reprend les locutions verbales dont le complément est introduit par **de** et y ajoute celles de la série 9 dont les compléments sont introduits par **à**. Mettez **à** ou **de**.

| locutions verbales | CD | | | à + CI. | | |
|---|---|---|---|---|---|---|
| Série 9 | personne | chose | infinitif | personne | chose | infinitif |
| avoir<br>avoir<br>avoir du mal<br>mettre du temps<br>passer du temps<br>perdre du temps | quelqu'un | quelque chose | | | | à <u>voir</u><br>à <u>faire</u><br>à faire quelque chose<br>à faire quelque chose<br>à faire quelque chose<br>à faire quelque chose |

1. As-tu peur _____ rester dans le noir ?

2. J'ai du mal _____ me concentrer aujourd'hui.

3. Les gens passent leurs soirées _____ regarder la télévision.

4. On n'a plus le temps _____ vivre.

5. Je suis heureuse et je n'ai pas honte _____ le dire.

6. Ils ont eu tort _____ partir si tôt.

7. Le dentiste a encore trois clients _____ voir.

8. Il ne faut pas perdre de temps _____ faire des choses inutiles.

9. Et je n'ai pas l'intention _____ le faire.

10. Les étudiants ont besoin _____ étudier encore un peu.

11. Je te dérange, tu as peut-être autre chose _____ faire.

12. Il a eu raison _____ se fâcher l'autre jour.

13. Combien de temps avez-vous mis _____ écrire cette composition ?

**EXERCICE XXII**  L'exercice suivant vous fera utiliser les connaissances acquises dans le chapitre 7. Il s'agit de reconstituer des questions en remplaçant par des noms les pronoms contenus dans les réponses. Quand cela est possible, remplacez le pronom **le** par une proposition infinitive. (Cet exercice sera corrigé en classe.)

**Ex.** — Est-ce que tu demanderas à Hélène de venir nous voir ?
— Oui, je le lui demanderai.

1. — Est-ce que _____ ?

— Oui, je leur ai proposé.

2. — Est-ce que _____ ?

   — Oui, elle les y a amenés.

3. — Est-ce que _____ ?

   — Oui, on le lui a conseillé.

4. — Est-ce que _____ ?

   — Oui, nous l'avons annoncé.

5. — Est-ce que _____ ?

   — Oui, ils les en ont empêchés.

6. — Est-ce que _____ ?

   — Oui, je la lui ai donnée.

7. — Est-ce que _____ ?

   — Oui, nous l'en avons avertie.

8. — Est-ce que _____ ?

   — Oui, nous le lui avons dit.

9. — Est-ce que _____ ?

   — Oui, elle le leur a écrit.

10. — Est-ce que _____ ?

    — Oui, nous y tenons absolument.

## VI. L'adjectif et son complément

Il est important de savoir que certains adjectifs peuvent aussi être reliés à leur complément par une préposition. Consultez *Grammaire française*, Chapitre 21, p. 329, IV, 1 et p. 330, IV, 2, b et c.

Décrire le type d'adjectif qui sera suivi de la préposition **de** n'est pas une chose facile. En général, on s'entend pour dire que les adjectifs exprimant un sentiment (ex.: heureux), un état (ex.: obligé) ou une habileté (ex.: capable) sont suivis de la préposition **de** (*Grammaire française*, p. 329, IV, 1). Par contre, ces caractéristiques peuvent tout aussi bien s'appliquer à certains adjectifs construits avec **à** (voir p. 330, n° 2. b, c). Retenez donc les plus courants qui expriment souvent une disposition: *apte à, décidé à, déterminé à, disposé à, intéressé à, prêt à*, etc.

De plus, il faudra vous rappeler que les adjectifs exprimant une comparaison requièrent la préposition **à** (pareil, semblable, supérieur, égal, etc., ... **à**) sauf l'adjectif **différent** qui, pour marquer sa *différence*, est suivi de **de.**

Faites maintenant les exercices qui suivent.

**EXERCICE XXIII**  *Mettez **à** ou **de**, selon le cas, et encerclez la préposition quand l'infinitif a un sens passif, c'est-à-dire quand le sujet de l'action n'est pas le sujet de la phrase.*

**Ex.** Cette écriture est impossible **à** déchiffrer.

(Le sujet de *déchiffrer* n'est pas *écriture*, qui est le sujet de la phrase.)

1. Laurence était bien contente _____ apprendre sa nomination.
2. Je suis désolé _____ t'avoir fait de la peine.
3. André est amoureux _____ la belle Françoise.
4. Voici un livre intéressant _____ lire.
5. Enchanté _____ faire votre connaissance.
6. Ce paquet est trop lourd _____ porter.
7. J'ai une histoire effrayante _____ raconter.
8. Monique était bien déçue _____ avoir raté le spectacle.
9. Cette formule mathématique est bien difficile _____ comprendre.
10. Oui, mais les prépositions sont bien plus pénibles _____ mémoriser.
11. Laure est bien fatiguée _____ entendre ses voisins se disputer.
12. Je n'ai pas très faim, donne-moi quelque chose de léger _____ manger.
13. François était furieux _____ se faire réveiller si tôt.
14. L'entraîneur était fier _____ présenter son équipe.
15. Le trajet Montréal-Gaspé est long _____ faire en autobus.
16. Ton argument est difficile _____ prouver.
17. Danielle a été très heureuse _____ recevoir de vos nouvelles.
18. Es-tu sûr _____ ne pas t'être trompé de chemin ?
19. Les enfants étaient vraiment curieux _____ connaître la fin de l'histoire.
20. Copernic était certain _____ avoir raison.

**EXERCICE XXIV**  *Mettez **à** ou **de**. Lorsque vous mettez **à**, indiquez-en la raison en vous servant des explications suivantes :*

a) réaction produite;     b) nombre ordinal seul;     c) comparaison;     d) disposition.

1. Ce film est ennuyeux _____ mourir.
2. Je suis décidé _____ me lever tôt.
3. Tu es bien courageux _____ sortir par ce temps.

4. Ils sont sûrs _____ l'avoir reconnu.

5. Je ne suis pas fâché _____ avoir terminé mon travail.

6. De tous les étudiants, il est le seul _____ comprendre.

7. Le dernier _____ partir éteint toutes les lumières.

8. Il pleut _____ boire debout.

9. Je suis toujours le dernier _____ être averti.

10. Audrey est déterminée _____ parler le français comme une francophone.

11. Es-tu prête _____ partir ?

12. Pauvre Albert, il se sent inférieur _____ tout le monde.

13. Éric est pareil _____ son frère : une vraie tête de mule !

14. Votre version de l'histoire est bien différente _____ la mienne.

15. Bonsoir Robert, vous êtes le premier _____ arriver.

16. C'était bien méchant _____ dire ça.

17. Je suis incapable _____ me souvenir de l'accident.

18. Ce n'est pas raisonnable _____ jeûner.

19. Hélène est toujours égale _____ elle-même : elle ne change pas.

20. N'achète pas cette robe, elle est trop semblable _____ ta bleue.

**EXERCICE XXV** *Complétez les phrases en associant de façon logique les éléments de la colonne A à ceux de la colonne B.*

| A | B |
| --- | --- |
| 1. Son avocat est le seul | a. d'avoir averti tout le monde. |
| 2. Louis n'est pas content | b. à se plaindre de ce produit. |
| 3. J'étais pourtant certain | c. d'avoir reçu le 1er prix. |
| 4. Ce roman est bien différent | d. à faire peur. |
| 5. C'est le deuxième client | e. à savoir la vérité. |
| 6. Les notes sont rapides | f. à une autre. |
| 7. Je suis enchanté | g. de me remplacer. |
| 8. La solution est impossible | h. des deux autres du même auteur. |
| 9. Les sorcières sont toutes laides | i. d'avoir reçu une mauvaise note. |
| 10. Aucune fleur n'est pareille | j. à m'aider. |
| 11. Sens-toi bien libre | k. de tout leur dire. |
| 12. C'est plus facile | l. à calculer. |
| 13. Ma collègue est capable | m. à dire qu'à faire. |
| 14. Mes parents sont disposés | n. d'accepter ou de refuser. |
| 15. Je ne suis pas forcé | o. à trouver. |

# Corrigé des exercices

## EXERCICE I

1. avant de, au, de, Enfin, ne... plus, pour, pour
2. depuis, sans, de
3. ne... pas, contre
4. vite, en, souvent, derrière
5. au coin de, juste, en face
6. derrière
7. avant de, dans, pas, après
8. Depuis, plus
9. de, ne, sans

## EXERCICE II

1. pour
2. sans
3. avant de
4. sans que
5. d', jusqu'à
6. Pour que, à
7. de peur de
8. avant que
9. jusqu'à ce qu', pour

## EXERCICE III

1. croire
2. être allés
3. écrivant
4. partant
5. offrir
6. faire
7. entendre
8. fleurir
9. s'être levé, dire

## EXERCICE IV

1. à, à, à, à, à } rapport d'usage
2. à, à, à, à, à } rapport d'usage
3. à, à, à, aux, à } rapport de caractéristique
4. au, au, à, au, au } rapport de lieu
5. à, à, à, à, à } rapport de lieu
6. au, aux, au, au, au } rapport de lieu
7. à, à, À, à, à } rapport de temps
8. à, à, à, à, à } rapport de moyen de locomotion
9. à, aux, à, à } rapport de possession
10. au, à, à, à, à } rapport de mode d'exécution
11. à, à, à, à, à } rapport de mode de fonctionnement
12. au, à, à, à, à } rapport de manière d'être ou de faire
13. Au, Au, à, À, À } rapport de requête, de souhait ou d'incitation

236

## EXERCICE V

1. de, de, de, d', de } rapport de provenance
2. des, des, d', de, de } rapport de possession
3. de, de, de, de, de } rapport de contenu
4. de, de, des, d', de } rapport d'usage
5. d', d', d', de } rapport de manière
6. de, de, de, de } rapport de cause
7. de, de, de, de } rapport de matière
8. de, De, de, de } rapport de comparaison
9. de, de, de, de } rapport de durée
10. d', de, de, de, de } à cause des expressions de quantité
11. d', de, d', d', de, de } à cause des expressions de quantité
12. de, d', de } à cause des pronoms indéfinis

## EXERCICE VI

1. à
2. d'
3. de
4. à
5. à
6. de
7. à
8. de
9. de
10. de
11. de
12. à
13. à
14. d', de
15. de
16. de
17. à
18. De
19. à
20. à
21. à
22. de
23. de
24. Au
25. à
26. à

## EXERCICE VII

1. du
2. à
3. de
4. De, d'
5. de
6. de
7. À
8. de, au, d', à, à
9. à
10. de
11. à, au
12. À
13. à
14. au, à, de
15. au
16. à, au
17. à
18. à, de, au, à
19. de, au
20. Aux, qu'au
21. à
22. à, à
23. à
24. à
25. d', de

## EXERCICE VIII

1. en, dans
2. en
3. en, en, en
4. dans
5. dans, en
6. Dans
7. en
8. En, dans
9. Dans
10. en
11. En, dans
12. En, en
13. En, dans
14. dans
15. dans
16. en
17. en
18. En, dans, en
19. en, dans
20. dans, en
21. *En, Dans*
22. En, dans, dans

## EXERCICE IX

1. jusqu'à
2. avant
3. après
4. de, à
5. en
6. Dans
7. pour
8. à
9. en
10. pendant / durant
11. depuis
12. À
13. pendant / durant
14. pour
15. pendant / durant
16. depuis

## EXERCICE X

1. derrière
2. devant
3. dans
4. sous
5. sur
6. dans
7. derrière
8. dans
9. devant
10. par
11. vers
12. entre
13. loin de, au nord de
14. chez
15. en
16. jusqu'au
17. de
18. à / jusqu'à
19. en
20. à, chez

## EXERCICE XI

1. —
2. de
3. —
4. de
5. —
6. de
7. —
8. de
9. de
10. —
11. —
12. d'
13. —
14. d'
15. —
16. de
17. de
18. —
19. —
20. de
21. —
22. de
23. —
24. de

## EXERCICE XII

1. —
2. à
3. —
4. à
5. —
6. à
7. —
8. à
9. —
10. à

## EXERCICE XIII

1. de
2. —
3. —
4. de
5. —
6. de
7. —
8. —
9. de
10. —
11. —
12. de
13. —
14. de
15. de
16. de
17. —
18. d'
19. de
20. —
21. —
22. de
23. —
24. —
25. de

## EXERCICE XIV

1. —
2. à
3. —
4. à
5. —
6. —, —
7. —, —
8. —
9. à
10. à
11. —, —
12. —, à

## EXERCICE XV

| 1. — | 2. — | 3. — | 4. de, de, de, —, — |
|---|---|---|---|
| d' | de | —, de, de, d' | à |
| à | —, — | à | —, — |
| de | de, à | —, — | —, de, —, à |
| d' | — | de | |

## EXERCICE XVI

| 1. —, à | 6. —, à | 11. — | 16. à, de |
|---|---|---|---|
| 2. aux, de | 7. à, de | 12. —, à | 17. aux, de |
| 3. à, de | 8. aux, de | 13. de | 18. — |
| 4. —, à | 9. — | 14. à, d' | 19. — |
| 5. à, de | 10. à, d' | 15. — | 20. à, d' |

## EXERCICE XVII

| 1. —, à | 4. —, à | 7. à, de | 10. —, à |
|---|---|---|---|
| 2. à, d' | 5. —, à | 8. à, de | 11. à, d' |
| 3. à, de | 6. à, de | 9. —, à | 12. à, de |

## EXERCICE XVIII

| 1. —, d' | 4. —, de | 7. —, à | 9. —, de |
|---|---|---|---|
| 2. —, à | 5. —, de | 8. —, à | 10. —, à |
| 3. —, de | 6. —, de | | |

## EXERCICE XIX

1. acheter le journal
2. sortir
3. à peindre
4. comprendre
5. à me débrouiller seule
6. me rendre folle
7. prendre l'avion
8. à me faire rire
9. à conduire
10. étudier
11. se joindre à nous
12. rester
13. à raconter des blagues
14. accepter cet emploi
15. à terminer

## EXERCICE XX

1. réfléchir
2. partir
3. être arrivé premier
4. de prendre
5. nous aider
6. me reposer
7. vous asseoir
8. de t'inquiéter
9. d'avoir à vous dire cela
10. d'engager
11. de fumer
12. de ne pas parler
13. m'avertir
14. aller au cinéma
15. démissionner
16. de parler
17. de lui prêter
18. de s'entraîner
19. de lire
20. t'amuser

## EXERCICE XXI

| 1. de | 5. de | 8. à | 11. à |
|---|---|---|---|
| 2. à | 6. de | 9. de | 12. de |
| 3. à | 7. à | 10. d' | 13. à |
| 4. de | | | |

## EXERCICE XXII

(À corriger en classe.)

## EXERCICE XXIII

| 1. d' | 6. ⓐ | 11. d' | 16. ⓐ |
| 2. de | 7. ⓐ | 12. ⓐ | 17. de |
| 3. de | 8. d' | 13. de | 18. de |
| 4. ⓐ | 9. ⓐ | 14. de | 19. de |
| 5. de | 10. ⓐ | 15. ⓐ | 20. d' |

## EXERCICE XXIV

| 1. à a) | 6. à b) | 11. à d) | 16. de |
| 2. à d) | 7. à b) | 12. à c) | 17. de |
| 3. de | 8. à a) | 13. à c) | 18. de |
| 4. de | 9. à b) | 14. de | 19. à c) |
| 5. d' | 10. à d) | 15. à b) | 20. à c) |

## EXERCICE XXV

| 1. e | 5. b | 9. d | 13. g |
| 2. i | 6. l | 10. f | 14. j |
| 3. a | 7. c | 11. n | 15. k |
| 4. h | 8. o | 12. m | |

# CHAPITRE 9
## La place des mots dans la phrase
### Hélène Poulin-Mignault   Hélène Riel-Salvatore

## Table des matières

Objectifs   241
Introduction   241
Test préliminaire   243
Corrigé du test préliminaire   247

I.  La place de l'adjectif qualificatif   247
    A.  La règle générale   248
        Exercices   248
    B.  Les changements de sens selon la place de l'adjectif   252
        Exercices   252
II. La formation et la place de l'adverbe   255
    A.  La formation de l'adverbe   255
        Exercice   255
    B.  La place de l'adverbe   256
        Exercices   256
III. La place des pronoms personnels   261
    A.  Le pronom sujet   261
    B.  Le pronom complément   261
        Exercices   262
Corrigé des exercices   264

## Objectifs

1. Vous sensibiliser au rôle que joue la place des mots dans la phrase, en français.
2. Démontrer comment la place qu'occupe le mot dans la phrase peut modifier et le sens du mot et le sens de la phrase.

## Introduction

Nous allons nous pencher, dans le présent chapitre, sur le rôle et l'importance de la place des mots dans la phrase en français. Nous limiterons notre étude aux adjectifs, aux adverbes et aux pronoms personnels.

Vous avez déjà vu abordé l'adjectif qualificatif au chapitre 2, La notion de genre. La section portant sur l'adverbe sera entièrement nouvelle, quoique vous sachiez déjà qu'il s'agit d'un mot invariable dont la fonction est de modifier le sens d'un verbe, d'un adjectif, d'un autre adverbe, d'une préposition ou de toute une phrase. Enfin, dans la troisième section, sur les pronoms personnels, nous reviendrons sur les notions étudiées dans les chapitres 4, 5 et 7 de ce cahier, en y intégrant la phrase infinitive.

# Test préliminaire

**I** *Récrivez les phrases en mettant les adjectifs entre parenthèses à la place qui convient et faites les transformations et les accords qui s'imposent. (10 × 2 points)*

1. (beau, blanc) Ce rosier donne des roses.

   _____

2. (rafraîchissant, bon) Après une partie de hockey, rien ne vaut une bière.

   _____

3. (mou) Savez-vous jouer à la balle ?

   _____

4. (sourd, petit, muet) Helen Keller était une fille.

   _____

5. (fiable, discret) Véronique est une employée.

   _____

**II** *Selon le sens de la phrase, placez les adjectifs avant ou après le nom et accordez-les. Ajoutez ou retranchez un article ou une préposition quand cela s'impose. (10 × 2 points)*

1. (nouveau) Impossible de boire du _____ Beaujolais _____ pour le _____ An _____, ce n'est pas la saison !

2. (triste, pauvre) Connaissez-vous la _____ histoire _____ du _____ Giulio _____ ?

3. (drôle, même) Ils ont une _____ façon _____ de nier ce qui est la _____ évidence _____.

4. (dernier, sale) La _____ semaine _____ de cours, les étudiants font toujours une _____ tête _____.

5. (certain, différent) La pédagogie collaborative est une _____ approche _____ que des _____ professeurs _____ privilégient dans leurs cours.

**III** *Formez l'adverbe à partir de l'adjectif entre parenthèses et récrivez la phrase en le mettant à la place qui convient. (5 × 4 points)*

1. (vrai) Il est difficile de les satisfaire.

2. (récent, heureux) Il a perdu son emploi, mais il vient d'hériter d'un richissime grand-oncle.

3. (sec, gentil) Elle lui a parlé, mais il lui a répondu malgré tout.

**IV** *Récrivez les phrases en mettant les adverbes à la place qui convient. (5 × 2 points)*

1. (souvent) Je ne l'ai pas entendu chanter.

2. (peut-être) Vous ne savez pas où placer cet adverbe.

3. (bien) Avez-vous réfléchi ?

4. (déjà, aussi) On s'est trompés, nous.

**V**

1) *Mettez les phrases suivantes à la forme impérative et à la forme interrogative (en employant l'inversion). (6 × 3 points)*

a. Tu me la donnes.

b. On y va.

c. Vous leur en envoyez.

_____

_____

*2) Mettez les phrases suivantes à la forme infinitive. (3 × 3 points)*

a. Garde-m'en.

Il faut _____

b. Promets-le-moi.

Il faut _____

c. Demandez-le-nous.

Il faut _____

*3) Répondez affirmativement à la question suivante. (1 × 3 points)*

Vous l'a-t-on assez expliqué ?

Oui, _____

| **Résultats** | | | |
|---|---|---|---|
| I | / 20 | 1. | / 18 |
| II | / 20 | 2. | / 9 |
| III | / 20 | 3. | / 3 |
| IV | / 10 | Total | / 100 |
| V | | | |

# Corrigé du test préliminaire

**I**

1. de belles roses blanches
2. une bonne bière rafraîchissante
3. la balle molle
4. une petite fille sourde et muette
5. une employée fiable et discrète

**II**

1. du Beaujolais nouveau, le Nouvel An
2. la triste histoire du pauvre Giulio
3. une drôle de façon, l'évidence même
4. La dernière semaine de cours, une sale tête
5. une approche différente que certains professeurs

**III**

1. Il est vraiment difficile de les satisfaire.
2. Il a perdu son emploi récemment, mais heureusement...
3. Elle lui a parlé sèchement, mais il lui a répondu gentiment...

**IV**

1. Je ne l'ai pas souvent entendu chanter.
2. Vous ne savez peut-être pas... / Peut-être que vous ne savez pas... / Peut-être ne savez-vous pas...
3. Avez-vous bien réfléchi ?
4. On s'est déjà trompés, nous aussi.

**V**

*1)* a. Donne-la-moi.
   Me la donnes-tu ?
b. Allons-y.
   Y va-t-on ?
c. Envoyez-leur-en.
   Leur en envoyez-vous ?

*2)* a. m'en garder.
b. me le promettre.
c. nous le demander.

*3)* on nous l'a assez expliqué. / vous nous l'avez assez expliqué.

# I. La place de l'adjectif qualificatif

Dans le chapitre 1 de ce cahier, nous vous avons fourni des définitions et des exemples : l'adjectif qualificatif (II.A.4.a), le participe passé employé comme adjectif (II.A.1.b).

Dans le chapitre 2, au point III, vous avez travaillé l'accord selon les différentes formes de l'adjectif qualificatif. Vous avez donc vu que l'adjectif qualificatif accompagne un nom et qu'il s'accorde en genre et en nombre avec ce nom.
**Ex.** Mon **beau petit** foulard **neuf** conviendrait mieux que cette **longue** écharpe **blanche**.

Or, il n'est pas suffisant de choisir la bonne forme de l'adjectif; il faut également savoir où le placer dans la phrase. Pour vous décourager, on vous dit, dans *Grammaire française*, Chapitre 3, p. 57, que : « La place de l'adjectif est une question complexe, car il y a des exceptions aux règles. »

Bien sûr, vous ne vous attendiez pas à ça ! Pour vous encourager, nous ajouterons que la place des adjectifs est une question relativement simple si on la compare à la place des adverbes !

## A. La règle générale

Étudiez d'abord la section C, I et II, p. 57-58, dans *Grammaire française*, et faites l'exercice d'*Application immédiate*, p. 59. Avant de faire l'exercice I ci-dessous, relisez bien les explications données au point II, p. 58.

**EXERCICE I**  *Récrivez les phrases en mettant l'adjectif entre parenthèses à la place qui convient et faites les accords et les transformations qui s'imposent.*

1. (blanc) Je n'aime pas le vin.

2. (long) Les soirées me fatiguent.

3. (passionnant) Je suis en train de lire un roman.

4. (psychologique) Il s'agit d'une intrigue qui se déroule en Hollande.

5. (joli) Sur la porte, on a peint des motifs.

6. (exigeant) Vous suivez un cours n'est-ce pas ?

7. (bon) Est-ce que c'est un cours de grammaire ?

8. (mauvais) J'espère que vous n'avez pas donné la réponse à la question précédente.

9. (grand) Le printemps, c'est le temps du ménage.

10. (vieux) Je vais jeter tous mes vêtements.

11. (neuf) J'ai hâte de m'acheter une robe.

12. (foncé) Les couleurs sont à la mode cette année.

13. (pire) Mon problème, c'est l'argent : je n'en ai pas !

14. (excellent) C'est une idée !

15. (pittoresque) Je connais un endroit où on peut faire un pique-nique.

16. (blanc) Cette blouse de soie est très sophistiquée.

17. (ouvert) De quelle couleur est ce tiroir ? Il est tout vert !

18. (beau) On a des gravures à vous montrer.

19. (charmant) Avez-vous déjà rencontré la dame qui habite au-dessus de chez vous ?

20. (comique) C'est une pièce qui vaut le déplacement.

Lisez attentivement les explications données au point III, p. 59 et faites l'exercice d'*Application immédiate*, p. 60. Notez que l'ordre habituel des adjectifs multiples placés devant le nom est le suivant : la *qualité* devant la *taille* devant l'*âge*.
**Ex.** Un **beau grand jeune** homme.

Lisez les *REMARQUES*, dans la section E, p. 63-64 et faites les exercices II et X, p. 65 et 67. Passez ensuite au point IV, p. 60 et 61 et faites l'exercice d'*Application immédiate*.

Vérifiez votre compréhension en complétant l'exercice qui suit.

**EXERCICE II**  *Placez dans la phrase les adjectifs entre parenthèses et accordez-les. Faites les accords et les transformations qui s'imposent.*

1. (beau, neuf) Je me suis acheté un chapeau pour célébrer l'arrivée du printemps.

2. (petit, animé) (joli) (chaleureux) (bon) J'aime me promener dans les rues du quartier Saint-Louis. On y découvre des boutiques, une atmosphère et des restaurants.

3. (grand, roux) (excellent) Qui est cette fille qui discute avec l'animatrice de l'émission *C'est dans l'air* ?

4. (inquiétant) (précis) (favorable) Vous vous êtes placé dans cette situation. Vous devrez fournir une réponse si vous voulez un rapport.

5. (deux, premier) Connaissez-vous les strophes du poème de Nelligan, *Le vaisseau d'or* ?

6. (mauvais) (soigné) Pourquoi auriez-vous une note si vous remettez un travail ?

7. (jeune, charmant, blond) (germain) Saviez-vous que cet homme est mon cousin ?

8. (agréable à entendre) (premier) (merveilleux) Non, mais c'est une nouvelle. J'espère qu'à l'occasion, tu penseras à lui présenter ta copine.

9. (vieux, français) (grand, bourgeois) C'est un écrivain qui descend d'une famille dont on n'a pas fini d'entendre parler.

10. (nerveux, petit) (malodorant, gros) Qui est cet homme qui fume un cigare ?

11. (important) (socialiste, italien) Il s'agit d'un membre du parti.

12. (grand, rond) (délicieux) (meilleur, blanc) Nous étions assis à une table. On nous a servi un repas arrosé du vin de la maison.

13. (beau, bon) On a passé une soirée chez eux.

14. (enivrant) (vilain) Ce parfum vous jouera des tours.

15. (subtil, mordant) Votre remarque ne m'a pas laissée indifférente.

16. (beau, gentil) À l'aube, le loup-garou redevenait un garçon.

17. (intelligent, sensible) Virginie est une enfant.

18. (doux, calme, reposant) Jouez-moi une mélodie afin que je me détende.

19. (troublant, grave) (vif, pénétrant) Plus que ses paroles, c'est son regard qui a impressionné son auditoire.

20. (dernier, deux) Les exercices de ce chapitre ne sont pas faciles.

## B. Les changements de sens selon la place de l'adjectif

Certains adjectifs peuvent être placés avant **ou** après le nom, mais, attention, ce changement de place entraîne un changement de sens. Devant le nom, l'adjectif a un sens plutôt abstrait : avoir de **sérieux** problèmes (c'est-à-dire graves, importants) alors qu'après le nom, il prend un sens plus concret : un air **sérieux** (c'est-à-dire qui n'exprime aucune gaieté).

Voyez la liste qui vous est donnée dans le tableau du point IV, p. 60-61, *Grammaire française*. Étudiez également les observations 1 et 5 du point D, p. 61-62. Faites l'exercice III, p. 65. Vous terminerez avec les exercices ci-dessous.

### EXERCICE III
*Selon le sens de la phrase, mettez l'adjectif entre parenthèses à la place qui convient et accordez-le. Ajoutez ou retranchez un article ou une préposition quand cela s'impose.*

1. (dernier) Jeudi, j'ai terminé le chapitre 8.

2. (nouveau) Pour combattre les insectes qui menacent les récoltes, on expérimente des techniques moins nocives pour l'environnement.

3. (même) Quand il s'agit de sauver la planète, tous les pays partagent la responsabilité.

4. (drôle) Qu'est-ce qui vous arrive ? Vous en faites une tête ce matin !

5. (cher) Dans cette boutique, il n'y a que des vêtements.

6. (triste) C'est un cas mais vous n'y pouvez rien.

7. (différent) Il faudra étudier des solutions avant de prendre une décision.

8. (propre) Ne vous inquiétez pas, je saurai me débrouiller par mes moyens.

9. (bon) Savez-vous la réponse à cette question ?

10. (prochain) Non, mais lundi, je la saurai !

11. (grand) Connaissez-vous les dames de l'Antiquité ?

12. (sale) Il est brillant, mais il a le caractère de son père.

13. (pauvre) Soyez indulgents pour les étudiants qui travaillent si fort !

14. (seul) Vous n'êtes pas les étudiants qui se sont plaints.

15. (certain) Ces professeurs n'ont aucune pitié !

**EXERCICE IV**  *Selon le sens de chacune des phrases, utilisez deux fois l'adjectif entre parenthèses avant ou après le nom qu'il qualifie et accordez-le. Ajoutez ou retranchez un article ou une préposition quand cela s'impose.*

1. (pauvre) Les efforts de ces citoyens généreux ne suffiront pas à améliorer la situation des familles de leur quartier.

2. (certain) Avec des méthodes éprouvées, on obtient des résultats.

3. (ancien) Imagine-toi que j'ai revu mon professeur d'histoire de l'art; il vient de transformer une chapelle en musée d'objets d'art.

4. (dernier) Il a donné sa conférence au mois d'avril. C'est la fois que je l'ai vu.

5. (cher) Monsieur, il s'agit là d'un traitement douloureux.

6. (même) Ils ne vont pas faire l'erreur deux fois, c'est l'évidence! Croyez-moi, leur candidat sera solide.

7. (seul) La chose dont je suis sûre, c'est qu'il y aura peu de personnes à cette soirée.

8. (grand) Tous les hommes ne sont pas des hommes!

9. (simple) Il faut trouver une solution efficace. Un détail pourrait faire toute la différence.

10. (propre) Si vous voulez un appartement, il faudra faire faire les travaux à vos frais.

## II. La formation et la place de l'adverbe

### A. La formation de l'adverbe

Plusieurs adverbes sont formés à partir du féminin de l'adjectif qualificatif et se terminent par **-ment.** Il vous sera donc utile de revoir les règles qui régissent les formes des adjectifs au féminin dans *Grammaire française*, Chapitre 3, p. 49-52. Lisez ensuite attentivement les sections A, B, et C du Chapitre 8, p. 131-134, et faites les exercices d'*Application immédiate*, p. 133, afin de vérifier vos connaissances.

Faites ensuite l'exercice VIII, p. 140, dans *Grammaire française*, et l'exercice ci-dessous.

**EXERCICE V** *Complétez les phrases en employant les adverbes formés à partir des adjectifs entre parenthèses.*

1. Vous finirez (probable) _____ cet exercice en peu de temps.

2. Vous n'aurez (sûr) _____ pas de difficultés avec les adjectifs réguliers !

3. Répondez-nous (franc) _____, est-ce que vous travaillez (réel) _____ autant que vous le prétendez ?

4. Vous savez, ils m'ont tous traité très (gentil) _____, mais ils ne m'ont pas offert d'emploi !

5. C'est (précis) _____ la raison pour laquelle ils ont été aussi courtois.

6. Mieux vaut (évident) _____ se faire dire non (poli) _____ que (sec) _____.

7. Anouk est (naturel) _____ bonne, mais quand on lui parle (méchant) _____, cela l'affecte (profond) _____ et elle oublie (difficile) _____ par la suite.

8. Tous ceux qui étaient présents ont donné (généreux) _____ de leur temps et de leur argent, mais, (malheureux) _____, on était trop peu nombreux pour être (vrai) _____ efficaces.

9. Célébrons (gai) _____ puisque c'est le printemps et que vous semblez (fou) _____ amoureux.

10. Expliquez-nous (bref) _____ comment vous arrivez à retenir toutes ces exceptions.

## B. La place de l'adverbe

Étudiez les sections D et E dans *Grammaire française*, p. 134-138 ; faites l'exercice d'*Application immédiate*, p. 135 et vérifiez vos réponses.

Vous savez déjà que l'adverbe sert à compléter le sens du mot qu'il modifie, qu'il s'agisse d'un verbe, d'un adjectif ou d'un autre adverbe. Il peut aussi modifier toute une phrase.
**Ex.** Comment danse-t-il ? Il danse **mal.** (verbe)
Quand est-il disponible ? Il est **toujours** disponible. (adjectif)
Quand sortent-ils ensemble ? Ils sortent **rarement** ensemble. (adverbe)
Ils viendront **tôt. Gentiment,** ils rangeront tout. **Franchement,** ils m'épatent. (phrase)

Notez qu'un adverbe qui modifie un verbe conjugué n'est **jamais** devant ce verbe. Il se place **après** le verbe lorsque le verbe est conjugué à un temps simple.
**Ex.** Elle chantait **bien.**
Il viendra **souvent.**

Lorsqu'il modifie un verbe conjugué à un temps composé, un adverbe court **ou** très courant se placera **entre** l'auxiliaire et le participe passé.
**Ex.** Il a **mal** dansé. (court et courant)
Elle avait **bien** chanté. (court et courant)
Il serait **peut-être** venu. (courant)
Nous aurons **sûrement** compris. (courant)
Vous êtes **probablement** arrivés trop tard. (courant)

Par contre, un adverbe long **et** moins courant se placera **après** le participe passé.
**Ex.** Il a dansé **convenablement.**
Elle aurait conduit **prudemment.**
Nous avions répondu **franchement.**

**EXERCICE VI** *Formez l'adverbe à partir de l'adjectif entre parenthèses et récrivez la phrase en le mettant à la place qui convient.*

1. (patient) Je vous écoute depuis vingt minutes, ça suffit comme ça !

_____

2. (malheureux) Il ne nous en reste plus un seul exemplaire.

_____

3. (frais) Il est arrivé avec cet air mi-craintif, mi-insolent du jeune professeur sorti de l'université.

4. (courant, convenable) Après un bon cours de conversation, vous parlerez français et, grâce à ce cours, vous l'écrirez.

5. (vrai) Je ne sais pas comment vous allez vous sortir de cette impasse.

6. (discret) Il devra agir s'il ne veut blesser personne.

7. (poli) Parlez si vous voulez qu'on vous écoute !

8. (récent, relatif) Je ne l'ai pas revu, mais je sais qu'il est à Montréal et qu'il se porte bien.

**EXERCICE VII**  *Récrivez les phrases suivantes en mettant les adverbes donnés à la place qui convient.*

1. (très) Je suis satisfaite de votre travail.

2. (bien) Réfléchissez avant de prendre une décision.

3. (mal) Dormez-vous sans oreiller ?

4. (souvent) Je ne lis pas les journaux, mais j'écoute la radio.

5. (toujours) Ils ne comprenaient pas la première fois.

6. (déjà) Nous serions là si vous nous aviez appelés plus tôt.

7. (très) J'ai été contente de faire sa connaissance.

8. (bien) Avez-vous réfléchi avant de prendre cette décision ?

9. (mal) Auriez-vous compris ce qu'il vous a dit ?

10. (souvent) Il m'a parlé de cet ami, mais je ne le connais toujours pas.

11. (toujours) Vous n'aviez pas compris la première fois.

12. (déjà) Ils auraient téléphoné s'ils avaient su.

13. (surtout) J'ai fait beaucoup de choses, mais j'ai essayé de ne pas me fatiguer.

14. (bien) Je vous conseille de réfléchir avant de prendre une décision.

15. (mal) Elle est sûre de dormir si elle prend un ou deux verres.

16. (souvent) Vas-tu nous écrire pendant ton absence ?

17. (souvent) Il devra écrire s'il ne veut pas qu'on l'oublie.

18. (bien) Restez tranquille et écoutez-moi.

19. (surtout) N'allez pas tout oublier pendant les vacances.

20. (peut-être) Ils vont suivre un cours d'immersion cet été.

21. (beaucoup) On a travaillé, mais ça en valait la peine, vous ne trouvez pas ?

22. (aussi) Il m'a servi du café et des biscuits.

23. (plutôt) Je le trouve froid avec moi.

24. (peut-être) Tu l'as blessé sans le vouloir.

25. (vraiment) C'est possible, mais je ne l'ai pas fait exprès, je t'assure !

**EXERCICE VIII** *Récrivez les phrases suivantes en mettant les adverbes entre parenthèses aux places qui conviennent.*

1. (consciencieusement, auparavant) Faites cet exercice, mais relisez les pages 134 à 138 dans votre grammaire.

2. (hier, très) Je me suis couché tard.

3. (souvent, vraiment) J'ai pensé que mes efforts ne serviraient à rien.

4. (mieux, plus) Vous nagez depuis que vous allez souvent à la piscine.

5. (seulement, beaucoup) J'ai fait les deux premiers exercices, mais ils m'ont aidé.

6. (aussi, peut-être) Pierre a l'intention de venir; il pourra nous aider.

7. (toujours, encore) Ils parlent de déménager, mais dans deux ans vous les retrouverez dans le même logement.

8. (trop, peut-être, demain) Vous aurez des choses à faire.

9. (tout de suite, volontiers, bien) Je le ferais, mais j'ai peur que ce soit inutile.

10. (moins, aujourd'hui, bien) Il va.

# III. La place des pronoms personnels

Dans le chapitre 7 de ce cahier, section A, vous avez déjà étudié les pronoms personnels. Vous avez alors appris à les substituer aux noms qu'ils remplacent dans une phrase et à les placer dans une séquence de pronoms.

Le pronom personnel peut avoir comme fonction d'être soit sujet, soit complément. Vous avez constaté que, selon sa fonction, le pronom occupe une place *habituelle* dans la phrase; par exemple, le pronom personnel sujet est habituellement placé avant le verbe. Le but de cette section est de vous montrer comment la place habituelle du pronom est amenée à changer lorsque l'on veut modifier le sens de la phrase; par exemple, lors de la modification d'une affirmation en une interrogation.

**Ex.** **Tu** veux un crayon.
　　Veux-**tu** un crayon ?

## A. Le pronom sujet

Le pronom personnel sujet est facilement repérable dans une phrase déclarative à cause de sa forme particulière. Consultez *Grammaire française*, Chapitre 4, A.I.1, p. 72-73.

On le trouve avant le verbe à un temps simple ou à un temps composé.

**Ex.** **Je** parle.
　　J'ai parlé.

Dans une phrase interrogative (voir chapitre 5 de ce cahier, I, L'interrogation et Le discours indirect), le pronom sujet se place après le verbe à un temps simple, et après l'auxiliaire à un temps composé (voir *Grammaire française*, 2.b, p. 73-74.). Cette inversion du pronom sujet caractérise bien la phrase interrogative.

**Ex.** Vois-**tu** ?
　　As-**tu** vu ?

Vous pouvez toujours revoir le chapitre 5 de ce cahier et même refaire les exercices I à X pour vous assurer que le mécanisme de l'inversion est bien assimilé.

N'oubliez pas que le **est-ce que** est une autre caractéristique de la phrase interrogative. Lorsqu'il est employé, l'inversion n'est pas nécessaire : l'ordre des mots reste donc le même que dans la phrase déclarative.

**Ex.** **Est-ce que** tu as vu ?

Les deux autres cas où le pronom sujet se trouve affecté sont :

- l'impératif, dont l'un des signes distinctifs est précisément l'élimination du pronom sujet (voir chapitre 4 de ce chapitre);
- l'infinitif, puisqu'il s'agit de la forme nominale du verbe qui ne requiert pas de sujet.

## B. Le pronom complément

Les pronoms compléments ont aussi leur place dans la phrase. Consultez *Grammaire française*, II, p. 75-80, Pronoms compléments directs et indirects.

Le tableau qui suit vous aidera à visualiser la place qu'occupent les pronoms (sujets ou compléments) dans les différents types de phrase.

À l'aide du tableau, faites les exercices qui suivent.

| PLACE DES PRONOMS PERSONNELS | | | |
|---|---|---|---|
| | Pronom sujet | Pronoms compléments | Verbe |
| phrase déclarative | tu | lui en | parles<br>as parlé |
| phrase interrogative | ◯ | lui en | parles-tu ?<br>as-tu parlé ? |
| phrase impérative | ⊗ | ▭ | parle-lui-en |
| phrase infinitive | ⊗ | lui en | parler |

**EXERCICE IX**  *Mettez les phrases suivantes à la forme impérative.*

1. Tu me les donnes. _____.

2. Tu y vas. _____.

3. On les attend. _____.

4. Vous m'en parlez. _____.

5. Vous nous le dites. _____.

6. Tu me parles. _____.

7. Tu m'en envoies. _____.

8. Tu te rappelles. _____.

9. Tu t'en souviens. _____.

10. On le lui écrit. _____.

11. Nous la regardons. _____.

12. Vous leur en offrez. _____.

**EXERCICE X**  *Mettez les phrases suivantes à la forme interrogative.*

1. Tu les lui enverras. _____?

2. Elle l'a remarqué. _____?

3. Je vous y ai déjà rencontré. _____?

4. Vous nous en donnerez. _____?

5. Ils les leur ont offerts. _____?

6. Je le peux. _____?

7. Elle nous y rejoindra. _____?

8. Nous lui en avons donné assez. _____?

9. On la préviendra. _____?

10. Il t'y amènera. _____?

11. Je le lui ai dit. _____?

12. Tu leur en as parlé. _____?

13. Tu vas leur en parler. _____?

**EXERCICE XI**     *Mettez les phrases suivantes à la forme infinitive.*

1. Donne-les-moi.        Il faut _____.
2. Vas-y.                Il faut _____.
3. Attendons-les.        Il faut _____.
4. Parlez-m'en.          Il faut _____.
5. Dites-le-nous.        Il faut _____.
6. Parle-moi.            Il faut _____.
7. Envoie-m'en.          Il faut _____.
8. Rappelle-toi ça.      Il faut _____.
9. Souviens-t'en.        Il faut _____.
10. Offrez-leur-en.      Il faut _____.
11. Écrivons-le-lui.     Il faut _____.
12. Regardons-la.        Il faut _____.

**EXERCICE XII**     *Répondez affirmativement aux questions suivantes.*

1. Les lui enverras-tu ? Oui, _____.

2. L'a-t-elle remarqué ? Oui, _____.

3. Vous y ai-je déjà rencontré ? Oui, _____.

4. Nous en donnerez-vous ? Oui, _____.

5. Les leur ont-ils offerts ? Oui, _____.

6. Le puis-je ? Oui, _____.

7. Nous y rejoindra-t-elle ? Oui, _____.

8. Lui en avons-nous donné assez ? Oui, _____.

9. La préviendra-t-on ? Oui, _____.

10. T'y amènera-t-il ? Oui, _____.

11. Le lui ai-je dit ? Oui, _____.

12. Vas-tu leur en parler ? Oui, _____.

13. Leur en as-tu parlé ? Oui, _____.

## Corrigé des exercices

### EXERCICE I

1. le vin blanc
2. les longues soirées
3. un roman passionnant
4. une intrigue psychologique
5. de jolis motifs
6. un cours exigeant
7. un bon cours
8. la mauvaise réponse
9. du grand ménage
10. mes vieux vêtements
11. une robe neuve
12. Les couleurs foncées
13. Mon pire problème
14. une excellente idée
15. un endroit pittoresque
16. Cette blouse de soie blanche
17. ce tiroir ouvert
18. de belles gravures
19. la charmante dame
20. C'est une pièce comique

### EXERCICE II

1. un beau chapeau neuf
2. les petites rues animées, de jolies boutiques, une atmosphère chaleureuse et de bons restaurants
3. cette grande fille rousse, l'excellente animatrice / l'excellente émission
4. cette situation inquiétante, une réponse précise, un rapport favorable
5. les deux premières strophes
6. une mauvaise note, un travail soigné
7. ce charmant jeune homme blond, mon cousin germain
8. une nouvelle agréable à entendre, la première occasion, ta merveilleuse copine
9. un vieil écrivain français, une grande famille bourgeoise
10. ce petit homme nerveux, un gros cigare malodorant
11. un membre important du parti socialiste italien
12. une grande table ronde, un repas délicieux, du meilleur vin blanc
13. une belle et bonne soirée
14. Ce parfum enivrant, de vilains tours
15. Votre remarque subtile et mordante
16. un beau et gentil garçon

17. une enfant intelligente et sensible
18. une mélodie douce, calme et reposante
19. ses paroles graves et troublantes, son regard vif et pénétrant
20. Les deux derniers exercices

## EXERCICE III

1. Jeudi dernier
2. de nouvelles techniques
3. la même responsabilité
4. une drôle de tête
5. des vêtements chers
6. un triste cas
7. étudier différentes solutions
8. mes propres moyens
9. la bonne réponse
10. lundi prochain
11. les grandes dames
12. le sale caractère
13. les pauvres étudiants
14. les seuls étudiants
15. Certains professeurs

## EXERCICE IV

1. Les pauvres efforts, des familles pauvres
2. Avec certaines méthodes, des résultats certains
3. mon ancien professeur, une ancienne chapelle en musée d'objets d'art anciens
4. sa dernière conférence au mois d'avril dernier, la dernière fois
5. Cher monsieur, un traitement douloureux et cher
6. la même erreur, l'évidence même
7. La seule chose, peu de personnes seules
8. les hommes grands, des grands hommes / les grands hommes, des hommes grands
9. une solution simple et efficace, Un simple détail
10. un appartement propre, à vos propres frais

## EXERCICE V

1. probablement
2. sûrement
3. franchement, réellement
4. gentiment
5. précisément
6. évidemment, poliment, sèchement
7. naturellement, méchamment, profondément, difficilement
8. généreusement, malheureusement, vraiment
9. gaiement / gaîment, follement
10. brièvement

## EXERCICE VI

1. Je vous écoute patiemment...
2. Malheureusement, il ne nous en reste... / Il ne nous en reste malheureusement plus... / ... exemplaire, malheureusement.
3. ... du jeune professeur fraîchement sorti...
4. ... vous parlerez couramment français... / ... vous parlerez français couramment, vous l'écrirez convenablement.
5. Je ne sais vraiment pas...
6. Il devra agir discrètement...
7. Parlez poliment...
8. Je ne l'ai pas revu récemment..., ... il se porte relativement bien.

## EXERCICE VII

1. Je suis très satisfaite...
2. Réfléchissez bien...
3. Dormez-vous mal...
4. Je ne lis pas souvent les journaux, mais j'écoute souvent la radio. / Je ne lis pas souvent les journaux, mais j'écoute la radio. / Je ne lis pas les journaux, mais j'écoute souvent la radio.
5. Ils ne comprenaient pas toujours la première fois.
6. Nous serions déjà là si vous...
7. J'ai été très contente...
8. Avez-vous bien réfléchi...
9. Auriez-vous mal compris...
10. Il m'a souvent parlé...
11. Vous n'aviez toujours pas compris...
12. Ils auraient déjà téléphoné...
13. ... j'ai surtout essayé de...
14. Je vous conseille de bien réfléchir...
15. Elle est sûre de mal dormir...
16. Vas-tu nous écrire souvent...
17. Il devra écrire souvent...
18. Restez bien tranquille et écoutez-moi. / Restez tranquille et écoutez-moi bien.
19. N'allez surtout pas...
20. Ils vont peut-être suivre... / Peut-être qu'ils vont... / Peut-être vont-ils...
21. On a beaucoup travaillé...
22. Il m'a aussi servi du café... / Il m'a servi du café et aussi des biscuits.
23. Je le trouve plutôt froid...
24. Tu l'as peut-être blessé... / Peut-être que tu l'as blessé... / Peut-être l'as-tu blessé...
25. ... je ne l'ai vraiment pas fait exprès...

## EXERCICE VIII

1. Faites cet exercice consciencieusement, mais, auparavant, relisez...
2. Hier, je me suis couché très tard. / Je me suis couché très tard hier.
3. J'ai souvent pensé... ne serviraient vraiment à rien.
4. Vous nagez mieux depuis que vous allez plus souvent à la piscine.
5. J'ai fait seulement les deux... ils m'ont beaucoup aidé.
6. Pierre aussi a l'intention de venir; il pourra peut-être nous aider. / ... peut-être qu'il pourra nous aider / ... peut-être pourra-t-il nous aider.
7. Ils parlent toujours de déménager... vous les retrouverez encore dans le même logement.
8. Vous aurez peut-être trop de choses à faire demain. / Demain, vous aurez peut-être trop de choses à faire. / Peut-être que vous aurez trop de choses à faire demain. / Peut-être que demain, vous aurez trop de choses à faire. / Peut-être aurez-vous trop de choses à faire demain.
9. Je le ferais volontiers tout de suite, mais j'ai bien peur que...
10. Aujourd'hui, il va moins bien. / Il va moins bien aujourd'hui.

## EXERCICE IX

1. Donne-les-moi.
2. Vas-y.
3. Attendons-les.
4. Parlez-m'en.
5. Dites-le-nous.
6. Parle-moi.
7. Envoie-m'en.
8. Rappelle-toi.
9. Souviens-t'en.
10. Écrivons-le-lui.
11. Regardons-la.
12. Offrez-leur-en.

## EXERCICE X

1. Les lui enverras-tu ?
2. L'a-t-elle remarqué ?
3. Vous y ai-je déjà rencontré ?
4. Nous en donnerez-vous ?
5. Les leur ont-ils offerts ?
6. Le puis-je ?
7. Nous y rejoindra-t-elle ?
8. Lui en avons-nous donné assez ?
9. La préviendra-t-on ?
10. T'y amènera-t-il ?
11. Le lui ai-je dit ?
12. Leur en as-tu parlé ?
13. Vas-tu leur en parler ?

## EXERCICE XI

1. me les donner.
2. y aller.
3. les attendre.
4. m'en parler.
5. nous le dire.
6. me parler.
7. m'en envoyer.
8. te rappeler ça.
9. t'en souvenir.
10. leur en offrir.
11. le lui écrire.
12. la regarder.

## EXERCICE XII

1. je les lui enverrai.
2. elle l'a remarqué.
3. vous m'y avez déjà rencontré.
4. nous vous en donnerons. / on vous en donnera. / je vous en donnerai.
5. ils les leur ont offerts.
6. vous le pouvez. / tu le peux.
7. elle nous y rejoindra.
8. nous lui en avons donné assez. / on lui en a donné assez.
9. on la préviendra.
10. il m'y amènera.
11. tu le lui as dit. / vous le lui avez dit.
12. je vais leur en parler.
13. je leur en ai parlé.

# CHAPITRE 10
## La négation

### Hélène Poulin-Mignault    Gilles Six

## Table des matières

Objectifs 269
Introduction 269
Test préliminaire 271
Corrigé du test préliminaire 275

I. Les fonctions des mots négatifs 275
   Exercice 276
   A. Les adverbes négatifs 277
      1. La négation simple : *ne... pas* 277
         Exercice 277
      2. Les autres négations 279
         Exercice 279
      3. La forme restrictive :
         *ne... que* 281
         Exercices 281
   B. Les déterminants et les pronoms
      négatifs 283
      Exercices 283

   C. Les conjonctions négatives 288
      Exercices 288
II. La négation multiple 290
    Exercice 290
III. La négation dans les phrases impérative
     et infinitive 292
     A. La phrase impérative négative 292
     B. La phrase infinitive négative 292
        Exercices 293
     C. La phrase interrogative
        négative 294
Corrigé des exercices 295

## Objectifs

1. Passer systématiquement en revue les différents mots négatifs et restrictifs.
2. Montrer, à l'aide d'exemples variés, quelle négation employer et où la placer dans la phrase.
3. Créer chez vous des réflexes quant au bon usage et à l'expression d'une idée négative ou contradictoire.

## Introduction

Bien que la négation se compose d'au moins deux éléments (**ne** et un ou plusieurs autres mots négatifs), on utilise souvent, dans la conversation, une formule elliptique lorsque l'on veut répondre négativement à une question posée.

**Ex.** Qui t'a dit ça ?                    **Personne.**
      Qu'est-ce que tu fais ?              **Rien.**
      Êtes-vous prêt ?                     **Pas encore.**
      Est-ce que je vous dérange ?         **Pas du tout.**
      De qui parlez-vous ?                 De **personne.**
      À quoi penses-tu ?                   À **rien.**

Y a-t-il un volontaire ? **Pas** moi.
Où allez-vous ? **Nulle part.**
M'abandonnerais-tu ? **Jamais.**

Parfois, on peut également répondre négativement en utilisant **non** et une phrase déclarative contradictoire.

**Ex.** Est-ce que tu peux encore **rester ?**
Non, je dois **partir.**

Est-ce que vous **savez** la réponse ?
Non, je l'**ignore.**

Font-ils **beaucoup** de progrès ?
Non, ils en font **peu.**

Quelqu'un vous a-t-il **aidé ?**
Non, j'ai fait ça tout **seul.**

Avez-vous voté **pour** ce projet de loi ?
Non, j'ai voté **contre.**

Par ailleurs, dans la langue parlée comme dans la langue écrite, on est fréquemment amené à faire des observations ou même à poser des questions nécessitant une négation. L'ellipse n'est alors plus possible.

**Ex.** Imagine-toi qu'on **ne** m'avait **rien** dit à ce sujet !
Zut ! je **ne** trouve mes clés **nulle part.**
Rassure-toi ! Elle a promis de **ne plus** en discuter.
Écoute, **ne** parle de cela à **personne !**
Mais enfin, pourquoi est-ce que tu **ne** me l'as **jamais** mentionné avant ?

**Remarque**

Dans la langue familière parlée, on omet généralement le **ne**.

Savoir quel mot négatif employer dans une phrase négative et où le placer ne présente guère de difficulté puisque chacun correspond à un mot affirmatif dans la phrase affirmative et en occupe généralement la place. Il suffit d'ajouter **ne** après le sujet du verbe.

# Test préliminaire

**I**   *Mettez les phrases suivantes à la forme négative, au présent, au passé composé et au futur proche, sans remplacer les noms par des pronoms. (2 × 3 points)*

1. Ils apportent du vin.

2. Vous êtes élu.

**II**   *Répondez négativement aux questions suivantes en remplaçant les mots soulignés par des pronoms. (10 × 4 points)*

1. Est-ce qu'il s'est déjà aperçu <u>de son erreur</u> ?

2. Pourrez-vous un jour retourner <u>dans votre pays d'origine</u> ?

3. As-tu vu <u>mes gants</u> quelque part ?

4. Habite-t-elle toujours <u>rue Saint-Denis</u> ?

5. Aurais-tu quelques <u>pièces de cinq cents</u> ?

6. Le communisme ou le socialisme attire-t-il <u>ce pays en voie de développement</u> ?

7. Est-ce que lui aussi aime <u>le chocolat</u> ?

8. Est-ce que quelqu'un a parlé <u>à André</u>?

   _____

9. Est-ce qu'<u>André</u> a besoin de quelque chose?

   _____

10. Parle-t-on d'autre chose que de la négation <u>dans ce chapitre</u>?

    _____

**III** *Répondez négativement aux questions suivantes en remplaçant les mots soulignés par des pronoms. (4 × 6 points)*

1. A-t-elle finalement remarqué <u>quelque chose de louche</u>?

   _____

2. Est-ce que quelqu'un pense encore <u>à ce scandale</u>?

   _____

3. As-tu déjà vu <u>cette affiche</u> quelque part?

   _____

4. Certains étudiants vous ont-ils parfois offert <u>un cadeau</u>?

   _____

**IV** *Mettez les phrases suivantes à la forme impérative négative et à la forme infinitive négative. Remplacez les mots soulignés par des pronoms. (3 × 5 points + 3 × 3 points)*

1. Racontez-leur encore <u>des histoires</u>.

   _____

   Je vous conseille de _____.

2. Apporte-moi <u>quelque chose</u>.

   _____

   Je te dis de _____.

3. Amenons quelqu'un <u>à cette réunion</u>.

_____

On nous a recommandé de _____.

**V** *Mettez la phrase suivante à la forme interrogative négative avec l'inversion, et répondez-y affirmativement en remplaçant le nom par un pronom. (2 + 4 points)*

1. Est-ce que vous n'êtes pas fiers de vos progrès ?

_____

_____

| **Résultats** | | | |
|---|---|---|---|
| I | / 6 | IV | / 24 |
| II | / 40 | V | / 6 |
| III | / 24 | Total | / 100 |

# Corrigé du test préliminaire

**I**

1. Ils n'apportent pas de vin.
   Ils n'ont pas apporté de vin.
   Ils ne vont pas apporter de vin.

2. Vous n'êtes pas élu.
   Vous n'avez pas été élu.
   Vous n'allez pas être élu.

**II**

1. Non, il ne s'en est pas encore aperçu. / Non, il ne s'en est toujours pas aperçu.
2. Non, je ne pourrai jamais y retourner. / Non, nous ne pourrons jamais y retourner.
3. Non, je ne les ai vus nulle part.
4. Non, elle n'y habite plus.
5. Non, je n'en ai aucune. / Non, je n'en ai pas une (seule). / Non, je n'en ai pas.
6. Non, ni le communisme ni le socialisme ne l'attire. / Non, ni l'un ni l'autre ne l'attire.
7. Non, il ne l'aime pas non plus. / Non, lui non plus ne l'aime pas.
8. Non, personne ne lui a parlé.
9. Non, il n'a besoin de rien.
10. Non, on n'y parle que de la négation. / Non, on n'y parle pas d'autre chose. / Non, on n'y parle de rien d'autre.

**III**

1. Non, elle n'a encore rien remarqué de louche. / Non, elle n'a toujours rien remarqué de louche.
2. Non, personne n'y pense plus.
3. Non, je ne l'ai encore vue nulle part. / Non, je ne l'ai jamais vue nulle part.
4. Non, aucun étudiant ne m'en a jamais offert. / Non, aucun ne m'en a jamais offert. / Non, pas un (seul) ne m'en a jamais offert.

**IV**

1. Ne leur en racontez plus. (*5 points*)
   Je vous conseille de ne plus leur en raconter. (*3 points*)
2. Ne m'apporte rien. (*5 points*)
   Je te dis de ne rien m'apporter. (*3 points*)
3. N'y amenons personne ! (*5 points*)
   On nous a recommandé de n'y amener personne. (*3 points*)

**V**

1. N'êtes-vous pas fiers de vos progrès ?
   Si, nous en sommes même très fiers. / Si, j'en suis très fier (fière).

## I. Les fonctions des mots négatifs

La négation en français est toujours en deux parties : **ne** placé devant le verbe, et **pas** ou un autre mot négatif placé après le verbe ou l'auxiliaire. Cet autre mot négatif peut être un adverbe, un déterminant, un pronom ou une conjonction (voir le tableau dans *Grammaire française,* p. 421-422). Il remplit la même fonction que sa contrepartie dans la phrase affirmative.

**Ex.** On peut trouver ça **n'importe où.**
   On ne peut trouver ça **nulle part.**
   **n'importe où** : adverbe de lieu, modifie *trouver*
   **nulle part** : adverbe de lieu, modifie *trouver*

Ils avaient **plusieurs** questions à poser.
Ils n'avaient **aucune** question à poser.
**plusieurs**: déterminant indéfini, détermine *questions*
**aucune**: déterminant indéfini, détermine *question*

**Quelque chose** leur est arrivé.
**Rien** ne leur est arrivé.
**quelque chose**: pronom indéfini, sujet de *est arrivé*
**rien**: pronom indéfini, sujet de *est arrivé*

J'ai son adresse **et** son numéro de téléphone.
Je n'ai **ni** son adresse **ni** son numéro de téléphone.
**et**: conjonction, relie *adresse* et *numéro de téléphone*
**ni**: conjonction, relie *adresse* et *numéro de téléphone*

**EXERCICE 1** *Dans les phrases suivantes, soulignez les mots négatifs autres que* **ne** *et dites quelles sont leur nature (adverbe, déterminant, pronom, conjonction) et leur fonction dans la phrase.*

1. Je ne serai pas chez moi dimanche.

2. Elle ne regarde jamais la télévision.

3. Je ne pensais à rien.

4. Tu n'as eu aucune chance.

5. Ils n'ont pas encore compris la négation.

6. Ni Mireille ni Jérémie n'est venu.

7. Il ne sort avec personne.

8. Pas un candidat n'a été élu au premier tour.

9. On ne fréquente plus cet endroit.

10. Comment ! Vous ne savez ni lire ni écrire ?

## A. Les adverbes négatifs

### 1. La négation simple : *ne... pas*

Vous vous rappelez sans doute que l'**adverbe** est un mot invariable qui modifie le sens d'un verbe, d'un adjectif ou d'un autre adverbe (voir chapitre 1, II.C.3). L'adverbe de négation *simple* est **ne... pas.** Il n'a pas de contrepartie dans la phrase affirmative puisqu'il sert simplement à rendre cette phrase négative.

Si vous étudiez attentivement, dans *Grammaire française*, les pages 422-423 (B.I, n<sup>os</sup> 1 à 3) et la page 424 (n° 8), vous noterez que :

- le **ne** suit immédiatement le sujet ;
- le **pas** suit le verbe à un temps simple et l'auxiliaire à un temps composé ;
- lorsque dans une phrase affirmative, un adverbe suit le verbe ou l'auxiliaire, le **pas** précède généralement cet adverbe dans la phrase négative.

**Ex.** Il comprend **bien.**
Il ne comprend **pas bien.**

Il a **bien** compris.
Il **n'**a **pas bien** compris.

Il va **bien** comprendre.
Il **ne** va **pas bien** comprendre.

Les articles partitifs (*du, de la, de l'*) et les articles indéfinis (*un, une, des*) deviennent **de** lorsqu'ils précèdent un nom complément direct.

**Ex.** Je veux **un** fruit.      Je veux **des** fruits.
Je ne veux pas **de** fruit.      Je ne veux pas **de** fruits.

*mais* C'est **un** fruit.      Ce sont **des** fruits.
Ce n'est pas **un** fruit.      Ce ne sont pas **des** fruits.

**EXERCICE II**     *Mettez les phrases suivantes à la forme négative, au présent au passé composé et au futur proche.*

1. On travaille ici.

2. Ils sortent souvent.

3. Je fais du ski.

4. Il a l'occasion de se reposer.

5. Nous leur achetons des fleurs.

6. Elle est très satisfaite.

7. Cette soirée est une réussite.

8. Elles ont de la peine.

## 2. Les autres négations

Maintenant, étudiez les autres adverbes négatifs. (*Grammaire française*, p. 427-428, C.I, nos 3 à 6, 8 et 9; p. 425-426, II.1. Attention aux exceptions **nulle part** et **non plus.**) Faites ensuite les exercices III, IV et V ci-dessous et terminez avec l'exercice d'*Application immédiate*, *Grammaire française*, p. 429.

### EXERCICE III
*Mettez les phrases suivantes à la forme négative en utilisant les adverbes négatifs qui vous sont indiqués.*

a) *Ne... pas du tout*

1. Je suis fatigué.

2. Ils ont aimé ce film.

3. Nous comprenons cet exercice.

b) *Ne... pas encore / ne... toujours pas*

1. Comment ! vous avez déjà terminé le chapitre ?

2. Charlotte est déjà partie.

3. J'ai déjà envoyé ma contribution.

4. Les invités ont déjà été servis.

*c) Ne... plus*

1. Il reste encore du gâteau.

2. J'ai encore faim.

3. Tu sors toujours avec Stéphanie, n'est-ce pas ?

4. Ils vivent encore aux États-Unis.

*d) Ne... jamais*

1. Ils travaillent souvent le samedi.

2. Je suis déjà allée à ce restaurant.

3. On vous pose parfois des questions difficiles.

4. Elle me téléphone de temps en temps.

5. Vous le verrez quelquefois chez Martine.

*e) Ne... nulle part*

1. Je l'ai vu quelque part.

2. On a cherché partout.

3. Vous trouverez ça quelque part dans cette ville.

*f) Ne... pas... non plus*

1. J'ai envie d'y aller aussi.

2. Lui aussi aime le jazz.

3. Tu as l'air en forme, toi aussi.

## 3. La forme restrictive : *ne... que*

L'adverbe **ne... que** donne un sens restrictif à une phrase affirmative. Il a le même sens que l'adverbe **seulement**. (Voir *Grammaire française*, p. 425-426, II. Attention à la remarque qui limite l'emploi de **ne... que**.)

**EXERCICE IV**    *Remplacez **seulement** par **ne... que** quand cela est possible.*

1. Il me reste seulement 2 $.

2. J'ai lu seulement un des romans de Balzac.

3. Il t'en reste alors seulement 99 à lire !

4. J'espère que tu me taquines seulement.

5. Cette maison me cause seulement des soucis.

6. J'avais pourtant dit que je l'appellerais seulement.

Faites maintenant l'exercice d'*Application immédiate*, p. 426, et si nécessaire, l'exercice III, p. 436 que vous pourrez corriger en classe.

**EXERCICE V**  *Répondez négativement aux questions suivantes en employant les adverbes négatifs entre parenthèses. Remplacez les mots soulignés par des pronoms.*

1. Es-tu allé au musée dimanche ? (ne... pas)
   _____

2. Est-ce que la fumée vous dérange ? (ne... pas du tout)
   _____

3. Est-ce que Pierrot va déjà à l'école ? (ne... pas encore)
   _____

4. Ont-ils enfin compris cette règle ? (ne... toujours pas)
   _____

5. Travaille-t-il toujours chez Bell Canada ? (ne... plus)
   _____

6. Parlez-vous aux Lemay de temps en temps ? (ne... jamais)
   _____

7. Auriez-vous vu mon sac quelque part ? (ne... nulle part)
   _____

8. Je ne me sens pas très bien. Et toi ? (ne... pas... non plus)
   _____

9. Avez-vous plus d'un enfant ? (ne... que)
   _____

10. Est-ce que Carol Ann a encore son gros chien ? (ne... plus)
    _____

11. As-tu eu le temps de téléphoner à Julie ? (ne... pas encore)
    _____

12. Oserais-tu dire ça à Julie ? (ne... jamais)
    _____

# B. Les déterminants et les pronoms négatifs

Tout comme les autres déterminants et les autres pronoms que vous avez étudiés dans les chapitres 2 et 7, le déterminant négatif accompagne le nom, et le pronom négatif le remplace. Au début du présent chapitre, vous avez pu constater qu'ils avaient, comme les adverbes négatifs, leur contrepartie dans la phrase affirmative.

Étudiez, dans *Grammaire française*, les pages 429-432 (II et III). Vous verrez que, comme dans la phrase affirmative, c'est la fonction du mot négatif qui détermine la place qu'il occupe dans la phrase.

Le déterminant négatif s'accorde en genre avec le nom qu'il accompagne, mais il est toujours au singulier.

**Ex.** J'ai quelques idées.   J'ai plusieurs amis.
Je **n**'ai **aucune** idée.   Je **n**'ai **aucun** ami.

La même règle s'applique au pronom négatif.

**Ex.** Toutes sont belles.   Plusieurs sont gentils.
**Aucune n**'est belle.   **Aucun n**'est gentil.

Vous remarquerez que lorsque le pronom négatif est sujet du verbe, le **ne** se place immédiatement après lui.

### EXERCICE VI
*Mettez les phrases suivantes à la forme négative en employant les mots négatifs qui vous sont indiqués.*

a) *Aucun(e)... ne / ne... aucun(e)*

1. Plusieurs candidats se sont présentés.

2. Plusieurs se sont présentés.

3. Quelques meubles ont été abîmés.

4. Quelques-uns ont été abîmés.

5. Toutes les photos étaient réussies.

6. Toutes étaient réussies.

7. Certains exercices sont faciles.

8. Certains sont faciles.

9. On a volé quelques gravures.

10. On en a volé quelques-unes.

11. La hausse des taxes a surpris plusieurs citoyens.

12. La hausse des taxes en a surpris plusieurs.

13. Cet horaire cause certains problèmes aux étudiants.

14. Cet horaire leur en cause certains.

b) *Pas un[e] (seul[e])... ne / ne... pas un[e] (seul[e])*

1. Toutes ces brochures semblent intéressantes.

2. Toutes semblent intéressantes.

3. J'ai plusieurs lettres à écrire.

4. J'en ai plusieurs à écrire.

5. Plusieurs participants ont fait des interventions.

6. Plusieurs ont fait des interventions.

7. Charles a vu des films de Fellini.

8. Charles en a vu un.

c) *Personne... ne / ne... personne*

1. Il est en train de parler à quelqu'un.

2. Tout le monde sait ça.

3. Ils viendront avec quelqu'un.

4. Quelqu'un m'avait dit cela.

5. Quelqu'un veut essayer.

6. Elle réprimande tout le monde.

7. On s'occupe de moi.

8. Nous invitions des gens le dimanche.

9. Je connais tout le monde ici.

10. Quelqu'un d'intéressant a parlé.

*d) Rien... ne / ne... rien*

1. Il peint quelque chose d'original.

2. Quelque chose me dérange.

3. Elles achèteront tout.

4. J'avais quelque chose à te dire.

5. Quelque chose de grave va se passer.

6. Je pensais à quelque chose.

7. Ils ont tout vendu.

8. Quelque chose de meilleur a été suggéré.

9. Tout peut nous arriver.

10. Une chose m'a gêné dans son comportement.

Il est bien évident qu'on ne répond pas toujours de façon aussi absolue. On peut nuancer ses réponses en employant, par exemple, l'expression **pas grand-chose** à la place de **rien** (voir *Grammaire française*, p. 432, n° 4).

**EXERCICE VII**  *Répondez négativement aux questions suivantes de deux façons différentes : d'abord avec un adjectif et ensuite avec un pronom.*

1. Est-ce que notre candidate avait beaucoup d'adversaires ?

2. Combien d'évadés ont été repris ?

3. Est-ce qu'il y a eu des objections ?

4. As-tu reçu plusieurs cadeaux ?

5. Est-ce que tous tes amis étaient présents ?

6. Va-t-elle acheter quelques meubles ?

**EXERCICE VIII**   *Répondez négativement aux questions suivantes en faisant des phrases complètes.*

1. Quelqu'un t'a-t-il rendu visite ?

2. A-t-il appris quelque chose de nouveau ?

3. Est-ce qu'elle a téléphoné à quelqu'un ce matin ?

4. De quoi est-ce que vous avez parlé ?

5. Qui t'a demandé de venir ?

6. Avec qui sors-tu maintenant ?

7. Qu'est-ce qui a été envoyé hier ?

8. Est-ce que tout le monde était d'accord ?

9. Ont-ils tout saisi ?

Faites maintenant les exercices VII, VIII et IX dans *Grammaire française*, p. 437-438.

## C. Les conjonctions négatives

Les conjonctions négatives sont des conjonctions de coordination qui marquent un rapport entre des mots ou des propositions de même fonction (voir chapitre 1, II.C.2.a); elles correspondent aux conjonctions affirmatives **et, ou, soit**. Si vous étudiez attentivement, dans *Grammaire française*, les pages 432-434 (IV, n$^{os}$ 1 à 6), vous noterez :

- qu'il faut répéter le **ne** devant chaque verbe des propositions principales ayant un même sujet;
  **Ex.** Nous **ne** l'aimons **ni ne** la détestons.
- qu'il faut répéter la préposition après **ni**;
  **Ex.** Je ne m'expliquerai **ni avec** lui **ni avec** elle.
- que seuls les articles partitifs et indéfinis disparaissent après **ni... ni**;
  **Ex.** Ils ne boivent **ni** vin **ni** bière.
  mais : Ils n'aiment **ni le** vin **ni la** bière.
- et qu'ils deviennent **de** après **pas... ni**.
  **Ex.** Elle n'a **pas d'**auto **ni de** bicyclette.

**EXERCICE IX**   *Mettez les phrases suivantes à la forme négative en donnant les deux formes **ne... ni... ni** et **ne... pas... ni** quand c'est possible.*

1. Jacqueline et Yvon ont pu venir.

2. Elle et lui étaient disponibles.

3. Ce sera toi ou moi.

4. Ils aiment le cyclisme et l'alpinisme.

5. Nous avons des amis et des parents en Europe.

6. Tes gants sont sur la table ou dans le tiroir.

7. J'ai rangé ma chambre et passé l'aspirateur.

8. Vous pouvez soit la louer soit l'acheter.

9. Il en écrit et en reçoit.

10. Le professeur accepte qu'on l'appelle par son prénom et qu'on le tutoie.

**EXERCICE X**   *Répondez négativement aux questions suivantes en faisant des phrases complètes.*

1. Sais-tu quel mot négatif employer et où le placer ?

2. Est-ce que le dessert et le café sont compris ?

3. Votera-t-il pour le Parti conservateur ou pour le Parti libéral ?

4. Ont-ils fait le lavage et le repassage ?

5. T'attends-tu à ce qu'il te donne de l'argent ou à ce qu'il t'en prête ?

6. Est-ce qu'il prend du sucre et du lait ?

7. Est-ce que sa sœur ou son cousin va venir ?

8. As-tu écrit ou téléphoné à tes parents ?

Faites maintenant l'exercice d'*Application immédiate* dans *Grammaire française*, p. 434, et l'exercice XII, p. 439 que vous pourrez corriger en classe.

## II. La négation multiple

Les règles qui régissent la négation multiple sont les mêmes que celles qui s'appliquent à la négation simple. Chaque mot négatif a sa fonction et, par le fait même, sa place dans la phrase négative comme c'est le cas dans la phrase affirmative. Il faut cependant respecter un certain ordre qui vous est donné dans *Grammaire française*, tableau, p. 435. Étudiez attentivement les exemples qui illustrent ce tableau et faites ensuite l'exercice suivant.

**EXERCICE XI**   *Répondez négativement aux questions suivantes en remplaçant les noms par des pronoms.*

1. Recommanderais-tu encore ce restaurant à quelqu'un ?

2. Avait-elle déjà vu ce livre quelque part ?

3. A-t-on finalement dit quelque chose à ses parents ?

4. Allez-vous encore leur prêter votre automobile de temps à autre ?

5. Ont-ils déjà interviewé plusieurs candidats ?

6. Est-ce qu'il a déjà parlé de cette histoire à quelqu'un ?

7. Est-ce que quelqu'un vous a parfois posé des questions embarrassantes ?

8. Est-ce qu'il y avait encore beaucoup de monde quand tu es arrivé ?

9. As-tu enfin trouvé quelque chose quelque part ?

10. Quelque chose peut-il encore faire plaisir à cet enfant gâté ?

11. Embêtent-ils toujours tout le monde avec leurs histoires à dormir debout ?

12. Est-ce qu'elle a déjà vu Paul se battre avec quelqu'un ?

13. Un enfant a-t-il déjà composé quelque chose de comparable à l'œuvre de Mozart ?

14. Sors-tu encore très souvent, toi aussi ?

Faites maintenant l'exercice V dans *Grammaire française*, p. 437.

# III. La négation dans les phrases impérative et infinitive

## A. La phrase impérative négative

Vous avez vu, au chapitre 9, que l'impératif modifiait la place des pronoms compléments.

**Ex.** Tu **me la** donnes.      Tu **m'en** donnes.
Donne-**la-moi**.      Donne-**m'en**.

Par contre, dans la phrase impérative négative, on retrouve l'ordre habituel de la phrase déclarative.

**Ex.** Tu **me la** donnes.      Tu **m'en** donnes.
Ne **me la** donne pas.      Ne **m'en** donne pas.

## B. La phrase infinitive négative

Dans la phrase infinitive négative, on place **ne pas** devant l'infinitif et devant les pronoms compléments.

**Ex.** On vous dit de lui en donner.
On vous dit de **ne pas** lui en donner.

Quant aux autres mots négatifs, ils continuent d'occuper la même place que dans la phrase infinitive affirmative sauf **rien,** complément direct, qui est placé devant l'infinitif et devant les pronoms compléments, alors que dans la phrase affirmative, sa contrepartie **quelque chose** vient après.

**Ex.** On vous dit de leur demander **quelque chose.** (CD)
On vous dit de ne **rien** leur demander.
*mais:* On vous dit de penser à **quelque chose.** (CI)
On vous dit de ne penser à **rien.**

En ce qui concerne la place des pronoms personnels dans les phrases négatives, consultez le tableau suivant et comparez-le avec celui du chapitre 9, III.B.

| PLACE DES PRONOMS PERSONNELS ||||
|---|---|---|---|---|
| | Pronom sujet | | Pronoms compléments | Verbe |
| phrase déclarative | tu | NE | lui en | parles PAS<br>as PAS parlé |
| phrase interrogative | ◯ | NE | lui en | parles-tu PAS ?<br>as-tu PAS parlé ? |
| phrase impérative | ⊗ | NE | lui en | parle PAS |
| phrase infinitive | ⊗ | NE PAS | lui en | parler ▢<br>avoir ▢ parlé |

292

**EXERCICE XII** — *Mettez les phrases suivantes à la forme impérative négative, puis à la forme infinitive négative.*

1. Dis-le-lui. _____

    Je te recommande de _____

2. Parlez-leur-en. _____

    On vous suggère de _____

3. Amène-les-y. _____

    Il m'a dit de _____

4. Prête-la-leur. _____

    Elle nous a promis de _____

5. Allons-y. _____

    On nous a conseillé de _____

6. Apportes-en. _____

    Ils m'ont demandé de _____

7. Prends-le. _____

    On m'a ordonné de _____

8. Faites-la. _____

    Ils nous permettront de _____

**EXERCICE XIII** — *Mettez les phrases suivantes à la forme impérative négative et à la forme infinitive négative. Remplacez les mots soulignés par les pronoms appropriés.*

1. Donne-moi encore du café. _____

    Je te demande _____

2. Apporte quelque chose à Pierre. _____

    Je te recommande de _____

3. Va quelque part avec tes amis. _____

    On te conseille de _____

4. Parlez de cette histoire à quelqu'un. _____

    On nous a ordonné de _____

5. Sortons sans <u>les enfants</u> de temps en temps. _____

   On a décidé de _____

6. Allez souvent <u>au cinéma</u>, vous aussi. _____

   Je vous dis de _____

7. Faites quelques <u>suggestions</u> <u>à ces étudiants</u>. _____

   On vous conseille de _____

8. Offrons quelque chose <u>à Luc</u>. _____

   On a décidé de _____

9. Occupe-toi de quelque chose. _____

   Ils te permettent de _____

10. Téléphonez <u>à Hélène et à Gilles</u> seulement après 11 h. _____

    _____

    Ils vous suggèrent de _____

11. Revenez encore ici quelquefois. _____

    On vous ordonne de _____

12. Donnez-moi encore <u>quelques conseils de ce genre</u>. _____

    _____

    Je vous dis de _____

## C. La phrase interrogative négative

Dans le tableau du chapitre 9, vous avez vu la place des pronoms dans la phrase interrogative avec l'inversion du verbe et du pronom sujet.
**Ex.** **M'en** donnez-**vous** ?   **M'en** avez-**vous** donné ?

Dans la phrase interrogative négative avec inversion, le **ne** est placé devant les pronoms compléments du verbe conjugué, le **pas** après l'inversion *verbe* ou *auxiliaire* et *pronom sujet* (voir *Grammaire française*, p. 423, n° 4).
**Ex.** **Ne** m'en *donnez-vous* **pas** ?   **Ne** m'en *avez-vous* **pas** donné ?

Pour répondre à une question à la forme négative, on remplace *oui* par *si*.
**Ex.** N'avais-tu pas l'intention de sortir ce soir ?   **Si,** mais j'ai changé d'avis.
**NB :** L'usage de la phrase interrogative négative est assez formel. On la retrouve donc plus souvent dans des textes écrits que dans la conversation courante.

**EXERCICE XIV**   *Mettez les phrases suivantes à la forme interrogative négative, en utilisant l'inversion.*

1. Est-ce qu'elle te comprend mieux maintenant ?

   _____

2. Est-ce qu'il s'en est occupé tout de suite ?

   _____

3. Est-ce que ta sœur y va tous les soirs ?

   _____

4. Est-ce que tu devrais l'accompagner ?

   _____

5. Est-ce qu'ils vous la prêtent régulièrement ?

   _____

6. Est-ce qu'on leur en a envoyé pour Noël ?

   _____

# Corrigé des exercices

## EXERCICE I

1. pas : adverbe, modifie *serai*
2. jamais : adverbe, modifie *regarde*
3. rien : pronom, complément indirect de *pensais*
4. aucune : déterminant, détermine *chance*
5. pas encore : adverbe, modifie *ont compris*
6. Ni... ni : conjonction, relie *Mireille* et *Jérémie*
7. personne : pronom, complément adverbial de *sort*
8. pas un : déterminant, détermine *candidat*
9. plus : adverbe, modifie *fréquente*
10. ni... ni : conjonction, relie *lire* et *écrire*

## EXERCICE II

1. On ne travaille pas ici.
   On n'a pas travaillé ici.
   On ne va pas travailler ici.
2. Ils ne sortent pas souvent.
   Ils ne sont pas sortis souvent.
   Ils ne vont pas sortir souvent.
3. Je ne fais pas de ski.
   Je n'ai pas fait de ski.
   Je ne vais pas faire de ski.
4. Il n'a pas l'occasion de se reposer.
   Il n'a pas eu l'occasion de se reposer.
   Il ne va pas avoir l'occasion de se reposer.
5. Nous ne leur achetons pas de fleurs.
   Nous ne leur avons pas acheté de fleurs.
   Nous n'allons pas leur acheter de fleurs.
6. Elle n'est pas très satisfaite.
   Elle n'a pas été très satisfaite.
   Elle ne va pas être très satisfaite.
7. Cette soirée n'est pas une réussite.
   Cette soirée n'a pas été une réussite.
   Cette soirée ne va pas être une réussite.
8. Elles n'ont pas de peine.
   Elles n'ont pas eu de peine.
   Elles ne vont pas avoir de peine.

## EXERCICE III

*a)* 1. Je ne suis pas du tout fatigué. / Je ne suis pas fatigué du tout.
2. Ils n'ont pas du tout aimé ce film. / Ils n'ont pas aimé ce film du tout.
3. Nous ne comprenons pas du tout cet exercice. / Nous ne comprenons pas cet exercice du tout.

*b)* 1. Comment ! vous n'avez pas encore terminé le chapitre ?
Comment ! vous n'avez toujours pas terminé le chapitre ?
2. Charlotte n'est pas encore partie. Charlotte n'est toujours pas partie.
3. Je n'ai pas encore envoyé ma contribution. Je n'ai toujours pas envoyé ma contribution.
4. Les invités n'ont pas encore été servis. Les invités n'ont toujours pas été servis.

*c)* 1. Il ne reste plus de gâteau.
2. Je n'ai plus faim.
3. Tu ne sors plus avec Stéphanie, n'est-ce pas ?
4. Ils ne vivent plus aux États-Unis.

*d)* 1. Ils ne travaillent jamais le samedi.
2. Je ne suis jamais allée à ce restaurant.
3. On ne vous pose jamais de questions difficiles.
4. Elle ne me téléphone jamais.
5. Vous ne le verrez jamais chez Martine.

*e)* 1. Je ne l'ai vu nulle part.
2. On n'a cherché nulle part.
3. Vous ne trouverez ça nulle part dans cette ville.

*f)* 1. Je n'ai pas envie d'y aller non plus.
2. Lui non plus n'aime pas le jazz.
3. Tu n'as pas l'air en forme, toi non plus.

## EXERCICE IV

1. Il ne me reste que 2 $.
2. Je n'ai lu qu'un des romans de Balzac.
3. Il ne t'en reste alors que 99 à lire !
4. —
5. Cette maison ne me cause que des soucis.
6. —

## EXERCICE V

1. Non, je n'y suis pas allé.
2. Non, elle ne me dérange pas du tout.
3. Non, il n'y va pas encore.
4. Non, ils ne l'ont toujours pas comprise.
5. Non, il n'y travaille plus.
6. Non, je ne leur parle jamais. / Non, nous ne leur parlons jamais.
7. Non, je ne l'ai vu nulle part. / Non, nous ne l'avons vu nulle part.
8. Je ne me sens pas très bien non plus. / Je ne me sens pas très bien, moi non plus.
9. Non, nous n'en avons qu'un. / Non, je n'en ai qu'un.
10. Non, elle ne l'a plus.
11. Non, je n'ai pas encore eu le temps de lui téléphoner.
12. Non, je n'oserais jamais lui dire ça.

## EXERCICE VI

a)  1. Aucun candidat ne s'est présenté.
    2. Aucun ne s'est présenté.
    3. Aucun meuble n'a été abîmé.
    4. Aucun n'a été abîmé.
    5. Aucune photo n'était réussie.
    6. Aucune n'était réussie.
    7. Aucun exercice n'est facile.
    8. Aucun n'est facile.
    9. On n'a volé aucune gravure.
    10. On n'en a volé aucune.
    11. La hausse des taxes n'a surpris aucun citoyen.
    12. La hausse des taxes n'en a surpris aucun.
    13. Cet horaire ne cause aucun problème aux étudiants.
    14. Cet horaire ne leur en cause aucun.

b) 1. Pas une (seule) brochure ne semble intéressante.
    2. Pas une (seule) ne semble intéressante.
    3. Je n'ai pas une seule lettre à écrire.
    4. Je n'en ai pas une seule à écrire.
    5. Pas un (seul) participant n'a fait d'interventions.
    6. Pas un (seul) n'a fait d'interventions.
    7. Charles n'a pas vu un seul film de Fellini.
    8. Charles n'en a pas vu un seul.

c) 1. Il n'est en train de parler à personne.
    2. Personne ne sait ça.
    3. Ils ne viendront avec personne.
    4. Personne ne m'avait dit cela.
    5. Personne ne veut essayer.
    6. Elle ne réprimande personne.
    7. Personne ne s'occupe de moi.
    8. Nous n'invitions personne le dimanche.
    9. Je ne connais personne ici.
    10. Personne d'intéressant n'a parlé.

d) 1. Il ne peint rien d'original.
    2. Rien ne me dérange.
    3. Elles n'achèteront rien.
    4. Je n'avais rien à te dire.
    5. Rien de grave ne va se passer.
    6. Je ne pensais à rien.
    7. Ils n'ont rien vendu.
    8. Rien de meilleur n'a été suggéré.
    9. Rien ne peut nous arriver.
    10. Rien ne m'a gêné dans son comportement.

## EXERCICE VII

1. Non, elle n'avait aucun adversaire. / Non, elle n'avait pas un seul adversaire.
   Non, elle n'en avait aucun. / Non, elle n'en avait pas un seul.
2. Aucun évadé n'a été repris. / Pas un (seul) évadé n'a été repris.
   Aucun n'a été repris. / Pas un (seul) n'a été repris.

3. Non, il n'y a eu aucune objection. / Non, il n'y a pas eu une seule objection.
   Non, il n'y en a eu aucune. / Non, il n'y en a pas eu une seule.
4. Non, je n'ai reçu aucun cadeau. / Non, je n'ai pas reçu un seul cadeau.
   Non, je n'en ai reçu aucun. / Non, je n'en ai pas reçu un seul.
5. Non, aucun de mes amis n'était présent. / Non, pas un (seul) de mes amis n'était présent.
   Non, aucun n'était présent. / Non, pas un (seul) n'était présent.
6. Non, elle ne va acheter aucun meuble. / Non, elle ne va pas acheter un seul meuble.
   Non, elle ne va en acheter aucun. / Non, elle ne va pas en acheter un seul.

## EXERCICE VIII

1. Non, personne ne m'a rendu visite.
2. Non, il n'a rien appris de nouveau.
3. Non, elle n'a téléphoné à personne.
4. Nous n'avons parlé de rien.
5. Personne ne m'a demandé de venir.
6. Je ne sors avec personne.
7. Rien n'a été envoyé.
8. Non, personne n'était d'accord. / Non, tout le monde n'était pas d'accord.
9. Non, ils n'ont rien saisi. / Non, ils n'ont pas tout saisi.

## EXERCICE IX

1. Ni Jacqueline ni Yvon n'ont pu venir.
   —
2. Ni elle ni lui n'étaient disponibles.
   —
3. Ce ne sera ni toi ni moi.
   Ce ne sera pas toi ni moi.
4. Ils n'aiment ni le cyclisme ni l'alpinisme.
   Ils n'aiment pas le cyclisme ni l'alpinisme.
5. Nous n'avons ni amis ni parents en Europe.
   Nous n'avons pas d'amis ni de parents en Europe.
6. Tes gants ne sont ni sur la table ni dans le tiroir.
   Tes gants ne sont pas sur la table ni dans le tiroir.
7. Je n'ai ni rangé ma chambre ni passé l'aspirateur.
   Je n'ai pas rangé ma chambre ni passé l'aspirateur.
8. Vous ne pouvez ni la louer ni l'acheter.
   Vous ne pouvez pas la louer ni l'acheter.
9. Il n'en écrit (pas) ni n'en reçoit.
   —
10. Le professeur n'accepte ni qu'on l'appelle par son prénom ni qu'on le tutoie.
    Le professeur n'accepte pas qu'on l'appelle par son prénom ni qu'on le tutoie.

## EXERCICE X

1. Non, je ne sais ni quel mot négatif employer ni où le placer. / Non, je ne sais pas quel mot négatif employer ni où le placer.
2. Non, ni le dessert ni le café ne sont compris. / Non, ni l'un ni l'autre ne sont compris.
3. Il ne votera ni pour le Parti conservateur ni pour le Parti libéral. / Il ne votera pas pour le Parti conservateur ni pour le Parti libéral. / Il ne votera ni pour l'un ni pour l'autre.
4. Non, ils n'ont fait ni le lavage ni le repassage. / Non, ils n'ont pas fait le lavage ni le repassage. / Non, ils n'ont fait ni l'un ni l'autre.

5. Je ne m'attends ni à ce qu'il m'en donne ni à ce qu'il m'en prête. / Je ne m'attends pas à ce qu'il m'en donne ni à ce qu'il m'en prête.
6. Non, il ne prend ni sucre ni lait. / Non, il ne prend pas de sucre ni de lait. / Non, il ne prend ni l'un ni l'autre.
7. Ni sa sœur ni son cousin ne va venir. / Ni elle ni lui ne va venir. / Ni l'un ni l'autre ne va venir.
8. Je ne leur ai ni écrit ni téléphoné. / Je ne leur ai pas écrit ni téléphoné. / Je n'ai fait ni l'un ni l'autre.

## EXERCICE XI

1. Non, je ne le recommanderais plus à personne.
2. Non, elle ne l'avait encore vu nulle part. / Non, elle ne l'avait jamais vu nulle part.
3. Non, on ne leur a toujours rien dit. / Non, on ne leur a encore rien dit.
4. Non, je ne vais plus jamais (jamais plus) la leur prêter. / Non, nous n'allons plus jamais (jamais plus) la leur prêter.
5. Non, ils n'en ont encore interviewé aucun. / Non, ils n'en ont toujours interviewé aucun.
6. Non, il n'en a encore parlé à personne. / Non, il n'en a jamais parlé à personne.
7. Non, personne ne m'en a jamais posé (aucune).
8. Non, il n'y avait plus personne. / Non, il n'y avait plus beaucoup de monde.
9. Non, je n'ai toujours rien trouvé nulle part. / Non, je n'ai encore rien trouvé nulle part.
10. Non, rien ne peut plus lui faire plaisir.
11. Non, ils n'embêtent plus (jamais) personne.
12. Non, elle ne l'a jamais vu se battre avec personne.
13. Non, aucun n'a encore (jamais) rien composé de comparable. / Non, aucun n'a encore (jamais) composé rien de comparable.
14. Non, je ne sors plus très souvent, moi non plus. / Non, je ne sors plus jamais (jamais plus), moi non plus.

## EXERCICE XII

1. Ne le lui dis pas.
   Je te recommande de ne pas le lui dire.
2. Ne leur en parlez pas.
   On vous suggère de ne pas leur en parler.
3. Ne les y amène pas.
   Il m'a dit de ne pas les y amener.
4. Ne la leur prête pas.
   Elle nous a promis de ne pas la leur prêter.
5. N'y allons pas.
   On nous a conseillé de ne pas y aller.
6. N'en apporte pas.
   Ils m'ont demandé de ne pas en apporter.
7. Ne le prends pas.
   On m'a ordonné de ne pas le prendre.
8. Ne la faites pas.
   Il nous permettront de ne pas la faire.

## EXERCICE XIII

1. Ne m'en donne plus.
   Je te demande de ne plus m'en donner.
2. Ne lui apporte rien.
   Je te recommande de ne rien lui apporter.
3. Ne va nulle part avec eux.
   On te conseille de n'aller nulle part avec eux.
4. N'en parlez à personne.
   On nous a ordonné de n'en parler à personne.

5. Ne sortons jamais sans eux.
   On a décidé de ne jamais sortir sans eux.
6. N'y allez jamais, vous non plus.
   Je vous dis de ne jamais y aller, vous non plus.
7. Ne leur en faites aucune. / Ne leur en faites pas une seule.
   On vous conseille de ne leur en faire aucune. / On vous conseille de ne pas leur en faire une seule.
8. Ne lui offrons rien.
   On a décidé de ne rien lui offrir.
9. Ne t'occupe de rien.
   Ils te permettent de ne t'occuper de rien.
10. Ne leur téléphonez qu'après 11 h.
    Ils vous suggèrent de ne leur téléphoner qu'après 11 h.
11. Ne revenez plus jamais (jamais plus) ici.
    On vous ordonne de ne plus jamais (jamais plus) revenir ici.
    Ne m'en donnez plus aucun. / Ne m'en donnez plus un seul.
    Je vous dis de ne plus m'en donner aucun. / ... donner un seul.

## EXERCICE XIV

1. Ne te comprend-elle pas mieux maintenant ?
2. Ne s'en est-il pas occupé tout de suite ?
3. Ta sœur n'y va-t-elle pas tous les soirs ?
4. Ne devrais-tu pas l'accompagner ?
5. Ne vous la prêtent-ils pas régulièrement ?
6. Ne leur en a-t-on pas envoyé pour Noël ?